55 RÉCOMPENSES AUX EXPOSITIONS ET CONGRÈS

CERTIFICAT D'HONNEUR : LONDRES, 1871 — MÉDAILLES DE 1re CLASSE : PARIS, 1872 ; VIENNE, 1873 ; CONGRÈS GÉOGRAPHIQUE DE PARIS, 1875
Médailles d'or ou Diplômes d'honneur, à Paris, 1878 ; à Rio-de-Janeiro, 1883 ; à Londres et à Toulouse, 1884
à Anvers et à la Nouvelle-Orléans, 1885 ; à Bruxelles, à Barcelone, 1888 ; à Cologne, 1889 ; à Berne, 1891 ; à Chicago, 1893
à Anvers, 1894, 1902 ; à Bruxelles, 1897 ; à Liège, 1905 ; à Bruxelles, 1910
Prix Ch. Grad, décerné par la Société de Géographie de Paris, 1896
GRAND PRIX *(in part.)* ET DEUX MÉDAILLES D'OR A PARIS, 1900

GÉOGRAPHIE-ATLAS

DU

COURS MOYEN

TEXTE, CARTES ET DEVOIRS

PAR UNE RÉUNION DE PROFESSEURS

ÉCOLES PRIMAIRES SUPÉRIEURES Pour les 3 Années.	ENSEIG. SECONDAIRE Classe de 7e : La France. — 8e : La Terre.

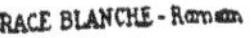
RACE BLANCHE - Romain

RACE JAUNE — Chinois

RACE NOIRE - Cafre

RACE ROUGE - Indien

TOURS
MAISON A. MAME ET FILS
IMPRIMEURS-ÉDITEURS

PARIS
J. DE GIGORD
RUE CASSETTE, 15

ET CHEZ LES PRINCIPAUX LIBRAIRES

N° 130

SÉRIE DE GÉOGRAPHIES-ATLAS (TEXTE ET CARTES)

Cours préparatoire, petit in-4°, 36 pages.
Cours élémentaire, in-4°, 32 pages.
Cours moyen, in-4°, 64 pages.
Cours supérieur, in-4°, 160 pages.

GÉOGRAPHIE-ATLAS

DU

COURS MOYEN

TEXTE, CARTES ET DEVOIRS

PAR UNE RÉUNION DE PROFESSEURS

RACE BLANCHE - Romain

RACE JAUNE - Chinois

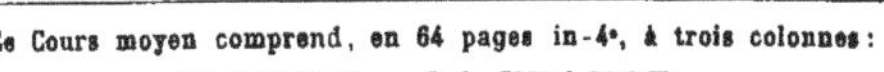

Ce Cours moyen comprend, en 64 pages in-4°, à trois colonnes :

Ire PARTIE — LA FRANCE

43 pages de texte avec 45 cartes et 40 figures	I. Exercices de **Géographie locale**	5 figures.
	II. Notions préliminaires et définitions	25 figures.
	III. Cosmographie. **Mappemonde**	1 carte et 10 figures.
	IV. **FRANCE** géologique, hypsométrique et hydrographique	12 cartes de France.
	V. — Provinces et départements	2 cartes.
	VI. — administrative et militaire	5 cartes.
	VII. — agricole et industrielle	3 cartes.
	VIII. — Chemins de fer. Voies navigables	4 cartes.
	IX. — En 9 régions : Nord, N.-E., N.-O., Ouest, Centre, etc.	4 cartes.
	X. **Colonies françaises**	15 petites cartes.

IIe PARTIE — LA TERRE

21 pages de texte avec 12 cartes et figures	I. **EUROPE** physique et politique	2 cartes générales.
	II. Les États de l'Europe	2 cartes.
	III. **ASIE**	1 carte.
	IV. **AFRIQUE**	1 carte.
	V. **AMÉRIQUE**	1 carte.
	VI. **OCÉANIE**. Planisphère	2 cartes.
	VII. **PALESTINE**	Cartes et plan.
	VIII. Productions végétales et animales	62 figures.

En outre, **150 devoirs**, ou série de questions à résoudre oralement ou par écrit.

RACE NOIRE - Cafre

RACE BRUNE - Malais

TOURS
MAISON A. MAME & FILS
IMPRIMEURS-ÉDITEURS

PARIS
J. DE GIGORD
RUE CASSETTE, 15

1914

N. 130

EXERCICES PRÉLIMINAIRES DE GÉOGRAPHIE LOCALE

NOTA. Les exercices ci-après se font *oralement* avec tous les élèves en général. En outre, les plus avancés *copient* les questions et y répondent *par écrit* à titre de devoirs à faire en classe ou à domicile.

Pour la *Géographie locale*, il est nécessaire que le maître prépare d'avance les réponses aux questions posées. (Voir *Méthodologie*, page 81.)

On mettra successivement sous les yeux des élèves les plans de la classe, de l'école et de la commune et les cartes du canton, de l'arrondissement, du département.

(Voir *Méthodologie*, page 73.)

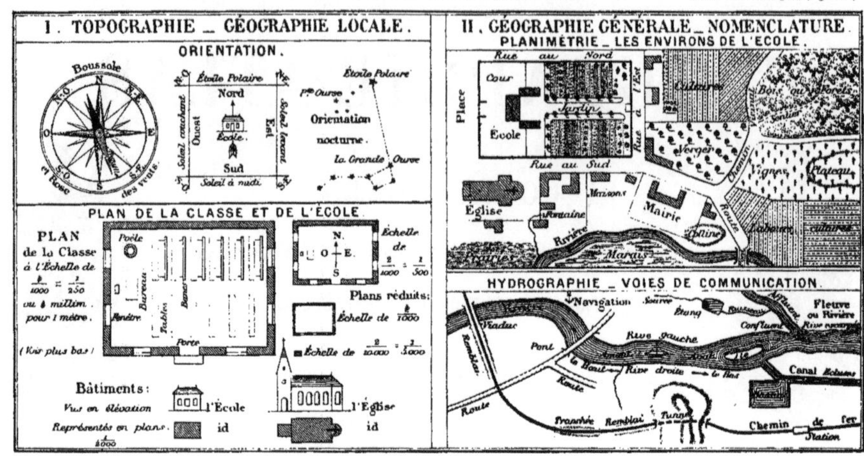

DEVOIRS ORAUX OU PAR ÉCRIT

Devoir 1. Quelle localité ou quelle commune habitons-nous?
2. Nommez quelques localités voisines.
3. Indiquez le côté où le soleil se lève.
4. Citez une localité qui se trouve dans cette direction.
5. Qu'est-ce que le *levant?*
6. Indiquez le côté où le soleil se couche. — Nommez une localité dans cette direction.
7. Qu'est-ce que le *couchant?*
8. Qu'est-ce que le *midi?*
9. Le *nord?*
10. Indiquez des localités dans ces directions.

Devoir 2 (*oral*). LA CLASSE. — Voici le plan de la classe que nous occupons.
1. Quel est le côté de la classe tourné au nord, au sud, à l'est, à l'ouest?
2. Quelles sont les choses représentées sur ce plan de la classe?
3. Montrez les bancs, le bureau, le poêle, la porte, les fenêtres.
4. Comment représente-t-on chaque chose?
5. Quelles sont les dimensions de la classe, en longueur, largeur et hauteur? Mesurons-les avec le mètre.

Devoir 3 (*oral*). L'ÉCOLE. — Voici le plan de l'école tout entière.
1. Comment sont orientés la façade et les autres côtés de ce bâtiment?
2. Montrez les diverses classes de l'école, les portes, les fenêtres, le logement de l'instituteur.
3. Montrez le préau, la cour, le jardin, le mur de clôture, les rues ou propriétés voisines.

Devoir 4. LA COMMUNE : *son territoire.* —
1. Qu'est-ce qu'une *commune?* (C'est une petite partie du territoire français administrée par un maire.)
2. Quelle est notre commune?
3. Quelles sont les *bornes* ou limites de notre commune?
4. Notre commune est-elle une ville ou un village?
5. Nommez les *quartiers* ou les hameaux.
6. Dans quelle partie de la commune se trouve notre école?
7. Citez quelques *rues* avoisinant l'école.
8. Dans quelle direction se trouve l'*église*, et par quel chemin s'y rend-on?
9. Où se trouve la *mairie*, et par quel chemin y arrive-t-on?
10. Indiquez les *places publiques*.
11. Nommez quelques *édifices*.

Devoir 5. *Géographie physique.* 1. Le *territoire* de la commune est-il tout à fait plat? N'est-il pas *montueux*, accidenté, plus élevé ou plus bas dans certains endroits?
2. Citez les endroits les plus élevés.
3. Le point le plus bas du territoire.
4. Y a-t-il dans la commune quelque *montagne, colline* ou *plateau?*
5. Y a-t-il quelque *plaine* ou *vallée?*
6. Citez quelque *fleuve, rivière* ou *ruisseau* qui traverse la commune.
7. Citez quelque *canal, lac, étang, source* ou *fontaine.*
8. Citez d'*autres accidents* géographiques remarquables dans la commune ou dans les environs.

Devoir 6. *Industrie et commerce.* 1. Quels sont les principaux *produits agricoles* de la commune ou des environs?
2. Quels sont les *animaux domestiques?*
3. Quels sont les principaux *produits industriels* concernant les aliments, la boisson, le vêtement et le logement?
4. Quels sont les produits des *carrières*, des *mines* et des *usines* qui travaillent les métaux?
5. Quels sont les produits qui se rapportent à la *littérature, aux sciences* et aux *arts?*
6. Quelles sont les *rues* ou les *routes* qui traversent la commune, et vers quelles localités se dirigent-elles?
7. Avons-nous quelque *canal, rivière navigable* ou *chemin de fer?*

Devoir 7. *Administration communale.*
1. Quelle est la *population* de la commune?
2. Quelle est sa *superficie* en hectares?
3. Quels sont les *administrateurs* de la commune? (le maire, les adjoints et les conseillers...)
4. Citez d'autres fonctionnaires.
5. Par qui et dans quelles *écoles* l'instruction se donne-t-elle?
6. Combien la commune compte-t-elle de *paroisses*, et quels sont les ministres du culte?
7. De quel *doyenné* et de quel *diocèse* notre paroisse fait-elle partie?

Devoir 8. — LE CANTON, L'ARRONDISSEMENT. — 1. De quel *canton* notre commune fait-elle partie? — 2. Nommez quelques communes de ce canton. — 3. De quel *arrondissement* notre canton de... fait-il partie? — 4. Quels sont les cantons de cet arrondissement? — 5. Comment appelle-t-on l'administrateur de l'arrondissement? — 6. Comment appelle-t-on la ville où réside le sous-préfet?

Devoir 9. LE DÉPARTEMENT. *La Patrie.* — 1. De quel *département* notre arrondissement fait-il partie? — 2. Quels sont les autres arrondissements de ce département? — 3. Comment appelle-t-on l'administrateur d'un département? — 4. Comment appelle-t-on la ville où réside le préfet? — 5. Quelle est la population de notre département? — 6. Combien de communes compte-t-on dans ce département? — 7. Quelles sont ses villes principales? — 8. Combien y a-t-il de départements dans toute la France? — 9. Quelle est la capitale de la France? (Paris.)

Devoirs *supplémentaires*, 10. — Les élèves dessineront ou reproduiront les *croquis* des plans (la classe, l'école et ses environs: la commune, etc. d'après les cartes ci-dessus).

GÉOGRAPHIE-ATLAS DU COURS MOYEN

TEXTE, CARTES ET DEVOIRS

(Pour les détails sur la Méthode d'enseignement, voir la *Partie du maître.*)

GÉOGRAPHIE LOCALE

(*Voir page précédente.*)

Lecture. — CHERS ÉLÈVES, vous aimez la Terre que nous habitons, car Dieu l'a créée pour nous et l'a peuplée de millions d'hommes, qui sont nos frères. C'est la *Géographie* qui vous en décrira les différents pays, les montagnes, les plaines, les mers, les fleuves et les rivières, les richesses de tous genres, et les différents peuples qui l'habitent.

Vous désirez surtout connaître la France, notre belle patrie. Mais, en France même, il y a un petit pays que vous aimez avant tous les autres : c'est la *localité*, la *ville* ou le *village* qui vous a vus naître et que vous habitez.

Commençons donc par la GÉOGRAPHIE LOCALE. La *commune* et ses environs nous offriront l'exemple, l'idée d'un grand nombre d'accidents géographiques : rivières, collines, etc., et l'observation des choses qui sont autour de nous et que nous pouvons voir facilement, nous fera comprendre les choses qui sont plus éloignées.

Panorama ou paysage présentant des types d'accidents ou formes géographiques.

PAYSAGE IDÉAL

Explication du panorama. Ces deux écoliers sont en promenade. Ils examinent, du haut d'une *colline rocheuse* et *boisée*, le *paysage* qui se déroule à leurs yeux :

Au premier plan, la *plaine* cultivée, le *hameau*, le *village* et son *église*. — Plus loin, l'embouchure d'un *fleuve*, une *rivière* ou un *canal* navigable; un train de *chemin de fer*, qui traverse un *pont-viaduc* et se dirige vers le *tunnel* perçant la colline;

Au delà, dans le fleuve, un *archipel;* puis un *port*, avec des *vaisseaux;* sur la rive gauche, des *rochers*, une *cascade*, un *volcan*. Une *presqu'île*, dont l'*isthme* est très étroit, s'avance dans la *baie*, où se trouve aussi une *île*.

Sur la rive droite, un *phare*, puis une chaîne de *collines* séparant un *lac* et allant se rattacher à une chaîne de *montagnes :* celle-ci aboutit par un *cap* dans l'*Océan*, où un navire à vapeur vogue à l'*horizon* vers des pays lointains.

N. B. L'*interrogation* amènera aisément d'autres *observations* et donnera lieu à des *explications* plus complètes. Il en est de même pour les vignettes des pages suivantes.

L'*enseignement par l'image* est essentiel lorsqu'on ne peut *faire* voir les choses en nature. Le maître se servira de vues, gravures, photographies, cartes et reliefs géographiques.

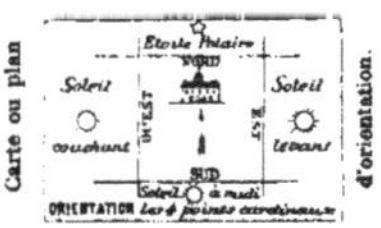

NOTIONS PRÉLIMINAIRES

Les points cardinaux.

1. La **Géographie** est la description de la surface de la *Terre*.

2. La **Terre est un astre**, aussi bien que la Lune et le Soleil. *Sa forme est ronde*, ou mieux *sphéroïdale*. Elle a 40000 kilomètres de tour. On la représente par une SPHÈRE ou un GLOBE TERRESTRE (Voir la couverture), et les détails de sa surface par des *cartes géographiques*, telles que la *carte de France* de la page 13.

Pour étudier une carte, il est nécessaire de connaître les quatre *points cardinaux* de l'*horizon*.

3. L'**horizon** est le cercle qui, bornant notre vue au loin, semble réunir le ciel et la terre.

4. Les quatre **points cardinaux** de l'horizon sont : le *Levant*, le *Couchant*, le *Midi* et le *Nord*.

5. On appelle **Levant** le côté du ciel où le soleil se lève.

Le **Couchant** est le côté où le soleil se couche.

Le **Midi** est le côté où le soleil se trouve à l'heure de midi.

Le **Nord** est le côté opposé au Midi. La nuit, on y observe l'*étoile polaire* et les *sept* étoiles de la Grande-Ourse.

6. Le *Levant* s'appelle encore **est** ou *orient*.

Le *Couchant* s'appelle encore **ouest** ou *occident*.

Le *Midi* est aussi appelé **sud**.

Le *Nord* est aussi appelé **septentrion**, à cause des *sept* étoiles de la Grande-Ourse.

7. Il y a quatre **points collatéraux** situés entre les points cardinaux.

Ce sont : le *nord-est*, entre le N. et l'E.;
le *sud-est*, entre le S. et l'E.;
le *sud-ouest*, entre le S. et l'O.;
le *nord-ouest*, entre le N. et l'O.

8. **S'orienter**, c'est reconnaître la direction de l'*orient* et des autres points cardinaux.

9. *On s'oriente*, pendant le jour, au moyen du soleil; pendant la nuit, au moyen de l'étoile polaire, et, en tout temps, au moyen de la boussole.

10. POUR S'ORIENTER, il faut se placer de manière à avoir le côté droit tourné vers le lieu du soleil levant; alors on **a** l'est ou *orient* à droite, l'ouest à gauche, le nord en face, et le sud derrière soi.

11. La **boussole** est une aiguille aimantée, qui, mobile sur un pivot, se tourne toujours au nord-nord-ouest.

12. La **rose des vents** est une figure étoilée qui représente les points cardinaux et collatéraux dans leur direction relative.

13. Les quatre points cardinaux sont indiqués au sommet de quelques édifices par deux tiges de fer assemblées en forme de croix, et portant aux extrémités les lettres N, S, E, O, qui signifient *nord*, *sud*, *est*, *ouest*.

Devoir 11 (*oral ou par écrit*). — 1. Qu'est-ce que la *Géographie?* — 2. Qu'est-ce que *la Terre?* — Quelle est sa *forme?* — Comment la représente-t-on? — 3. Quels sont les quatre *points cardinaux* ou principaux de l'horizon? — 4. Quels autres noms donne-t-on encore au levant? — 5. Quelles *lettres initiales* emploie-t-on pour désigner les points cardinaux? — 6. Qu'est-ce que *s'orienter?* — 7. Quels sont les *trois moyens* de s'orienter? — 8. Comment faut-il se placer de préférence pour s'orienter? — 9. Qu'est-ce que la *boussole?* — 10. Qu'est-ce que la rose des vents?

1. Golfe Baie

2. Rade, Port, Bassin

3. Détroit Cap

4. Archipel Ile

5. Presqu'ile, Isthme, Cap.

Vue — Carte ou Plan

NOMENCLATURE GÉOGRAPHIQUE

DÉFINITIONS GÉNÉRALES

14. La Géographie en général comprend la **Géographie physique**, qui traite du sol et des accidents naturels, et la **Géographie politique**, qui traite spécialement des peuples.

15. La *surface de la Terre* n'est pas uniforme : elle présente un grand nombre d'accidents géographiques.

16. Les **accidents géographiques** peuvent se classer en quatre divisions : 1° *parties de mer :* mers, golfes, détroits ; 2° *parties de terre :* continents, îles, caps ; 3° parties formant le *relief du sol :* montagnes, plateaux, plaines ; 4° *eaux continentales :* fleuves, rivières, lacs, etc.

I. — Parties de mer.

17. **Description.** — L'Océan forme un tout continu qui enveloppe de toutes parts les portions de terre, en y formant des avancements plus ou moins profonds. Ces avancements, d'après leur forme et leur étendue, sont désignés sous les noms de **mers, golfes, baies, rades, lagunes, détroits**, etc. Ils établissent des rapports plus intimes entre l'élément solide et l'élément liquide, et ils ont une grande influence sur les climats, les productions naturelles, les rapports politiques et commerciaux.

18. **Définitions.** — L'Océan est la masse d'eau salée qui couvre les trois quarts du globe.

Une **mer** est une partie de l'Océan.

Ex. : la mer Méditerranée, située au sud de l'Europe.

19. Un **golfe** est une partie de mer s'avançant dans les terres. Une **baie** est un petit golfe. — Ex...

20. Une **rade** est une partie de la mer plus ou moins abritée des vents, où les vaisseaux peuvent tenir à l'ancre. — Ex...

21. Un **port** est un endroit du rivage de la mer ou d'un fleuve propre à recevoir les vaisseaux. — Ex...

22. Un **détroit** est un bras de mer resserré entre deux terres et qui unit deux mers ou deux parties de mer. — Ex...

Un détroit s'appelle parfois *canal, manche, pas, pertuis*, etc. — Ex.

II. — Parties de terre.

23. **Description.** — Les *terres*, ou parties solides du Globe, ne forment pas un tout continu : elles sont divisées en une foule de fragments séparés par les eaux de la mer. Les trois plus grandes portions de terre ont reçu le nom de **continent**, ce qui veut dire que chacune d'elles forme un tout dont les parties *tiennent* ensemble.

Certaines parties des continents s'avancent en mer sous forme de **caps** ou de **presqu'îles** rattachées par des **isthmes**. — Des terres beaucoup plus petites que les continents portent le nom d'**îles** ; isolées, ou groupées en **archipels**, ce sont les sommets émergés de montagnes ou de plateaux sous-marins.

On désigne sous les termes assez vagues de **région, contrée**, *pays*, des divisions continentales envisagées à quelque point de vue particulier, soit physique, soit politique. — On appelle **déserts** des régions sèches, improductives et inhabitables ; — **landes**, *bruyères, steppes*, des régions presque inhabitées et incultes, quoique herbeuses ; — **marais**, des terrains très humides, partiellement couverts d'eau ; — **deltas**, des atterrissements ou terres basses, formées par les alluvions qu'un fleuve dépose à son embouchure dans une mer peu profonde.

24. **Définitions.** — **Un continent** est une grande étendue de terre non interrompue par la mer. — Ex...

Une **île** est une terre beaucoup plus petite qu'un continent, entourée d'eau de tous côtés. — Ex...

Un **archipel** est une réunion d'îles plus ou moins nombreuses. Un petit archipel forme un *groupe d'îles*. — Ex...

25. Une **presqu'île** ou *péninsule* est une terre entourée d'eau, excepté d'un seul côté. — Ex...

Un **isthme** est un terrain étroit réunissant deux terres de dimensions plus considérables. — Ex...

26. Un **cap** est un avancement de la côte dans la mer. — Ex...

La **côte** ou le *littoral* est le rivage ou le bord de la mer. La *grève* ou *plage* est la partie basse du rivage que la mer recouvre par le flux.

Une **falaise** est une côte élevée et escarpée.

Les **dunes** sont des monticules sablonneux amoncelés par le vent de la mer sur une côte basse. Il y en a aussi dans les régions sablonneuses

III. — Relief du sol.

27. **Description.** — La surface des terres n'est pas uniforme : certaines parties sont en **relief** ou en saillie au-dessus du niveau général : elles forment les **collines** et les **montagnes** ; d'autres parties, en dépression ou en creux, constituent les **vallées**. — Les parties les moins accidentées sont les **plaines**, que l'on distingue en *plaines basses*, ayant généralement moins de 300 mètres d'altitude, et les **plateaux**, ou plaines hautes, qui atteignent jusqu'à 4000 mètres d'altitude.

28. Les **montagnes**. — La partie la plus élevée d'une montagne s'appelle *cime*, **sommet** ou *crête*. — La partie inférieure est la *base* ou le *pied*. Les côtés sont les *flancs* ou les **versants** de la montagne. — Les diverses montagnes d'une même chaîne sont séparées par des **vallées**, des *vallons* ou des *ravins*, des *gorges* ou des **défilés**, qui sont plus ou moins étroits et profonds. — Les sommets d'une même montagne sont séparés par des **cols**, qui sont les parties les moins élevées de la crête. — C'est par les *cols* que l'on franchit les montagnes, en y traçant des sentiers ou des routes ; comme, par exemple, le col du Mont-Cenis, qui traverse les Alpes. — Les montagnes sont recouvertes de pâturages, de forêts, de rochers et même de glaciers ou de neiges perpétuelles. — On utilise les **pâturages** des montagnes en y conduisant les troupeaux en été. — Les forêts nous donnent les bois de construction et de chauffage. — Les **glaciers** sont de grands amas de glace qui couvrent les plus hautes montagnes. — En été, les glaciers fondent en partie et alimentent abondamment les sources des fleuves. — Les montagnes, par leur **climat** relativement froid, provoquent la formation des nuages et la chute de pluies abondantes, qui alimentent aussi les cours d'eau. Le relief du sol, ou les inégalités du terrain, donne la pente nécessaire pour que les eaux se réunissent en courants et descendent vers la mer.

29. **Définitions.** — Une **montagne** est une élévation considérable du sol au-dessus des parties environnantes. — **Ex.** : le Mont-Blanc, 4810 m.

L'*altitude* d'une montagne, ou d'un point quelconque du sol, est sa **hauteur** au-dessus du niveau de la mer. — **Ex...**

Une petite élévation du sol s'appelle **colline**, *butte, coteau, monticule*, etc. — **Ex...**

Devoir 12. — 1. Comment divise-t-on la *Géographie?* — 2. La surface de la terre est-elle uniforme? — 3. Comment groupe-t-on les accidents géographiques? — 4. Quelle *différence* y a-t-il entre l'océan et une mer? — entre un golfe et une baie? — 5. Citez un golfe dans l'océan Atlantique, — un dans la Méditerranée. — 6. Où est la baie de Saint-Malo? — la rade de Toulon? — la baie de Brest? — 7. *Dessinez* un golfe, une baie, un détroit, un port, d'après les figures ci-dessus.

Devoir 13. — 1. Qu'est-ce qu'un *continent?* — une *île?* — une *presqu'île?* — 2. Citez deux exemples de chaque sorte. — 3. Comment appelle-t-on une pointe de terre s'avançant dans la mer? — une partie de mer s'avançant dans les terres? — une terre située au milieu de la mer? — une réunion d'îles? — 4. Citez sur les côtes de France deux îles, — trois caps, — deux presqu'îles. — 5. Citez-en d'autres sur la carte de l'Europe. — 6. *Dessinez* un grand golfe, renfermant un archipel, une presqu'île, deux caps et un détroit.

Devoir 14. — 1. Qu'est-ce qu'une *montagne?* — une chaîne de montagnes? — un *volcan?* — un plateau? — 2. Citez en Europe deux volcans ; — en France trois chaînes de montagnes, — un plateau, — une plaine, — deux vallées. — 3. Quels noms donne-t-on aux petites montagnes? — 4. Qu'entend-on par *altitude?* — 5. *Dessinez* la chaîne des Pyrénées et celle des Alpes (d'après la carte page 13).

Vue

6. Montagnes, Collines — 7. Plaine, Plateau, Volcan — 8. Fleuve, Rivière, Cascade — 9. Lac — 10. Tunnel, Viaduc

Carte ou Plan

30. Une **chaîne de montagnes** est un ensemble de montagnes qui se touchent par la base. — Ex...

31. Un **volcan** est une montagne ayant une ouverture appelée ***cratère***, par où s'échappent de la fumée, des gaz, des pierres, des cendres, des matières en fusion ou *laves*. — Ex...

32. Une **plaine** est un terrain plat ou sensiblement de même niveau, qui a généralement moins de 300 mètres d'altitude.— Ex...

Un **plateau** est une plaine élevée, plus ou moins accidentée. — Ex...

Une **vallée** est une dépression du sol entre deux lignes de hauteurs, et ordinairement parcourue par un cours d'eau. — Ex...

Un **désert** est une grande contrée stérile et peu ou point habitée. — Une **oasis** est une partie du désert fertilisée par l'humidité.

IV. — Eaux continentales.

33. Circulation générale des eaux. — Le Soleil, échauffant les eaux de l'Océan, y provoque la formation des **vapeurs**, qui s'élèvent dans l'atmosphère et deviennent les **nuages**, que le vent transporte au-dessus des continents.

Par l'effet du refroidissement de l'air, ces nuages se déversent en **pluies** ou tombent en *neige*, laquelle, sur les hautes montagnes, se transforme en *glaciers*. Les eaux pluviales arrosent et fertilisent les campagnes; elles entretiennent la vie des plantes, dont les hommes et les animaux se nourrissent; elles pénètrent en partie sous terre pour jaillir plus loin sous forme de **sources**, ou bien elles coulent à la **surface** en descendant toujours dans les plis du terrain, où elles se rassemblent successivement en **ruisseaux**, **rivières** et **fleuves**.

Les fleuves recueillent ainsi les eaux continentales et les conduisent à l'Océan, où elles se purifient pour recommencer la même circulation dans l'atmosphère et sur les continents.

34. Définitions. — Le **bassin** *d'une mer* ou *d'un fleuve* est l'ensemble des terres dont les eaux se rendent dans cette mer ou dans ce fleuve.

Ex. : le bassin de la Manche; — le bassin de la Seine.

Le bassin est dit *hydrographique*, du mot hydrographie, signifiant *description des eaux*.

Les plus grands bassins sont les bassins *océaniques*, ou de chaque océan; ils se subdivisent en bassins *maritimes*, ou de mers; en bassins *fluviaux*, ou de fleuves; en bassins *de rivières* ou *de lacs*.

35. Un **versant** est une partie de bassin.

Ex. : le versant français de la Manche; — le versant de la rive droite de la Seine.

36. Une **ligne de partage des eaux** est la ligne de séparation de deux bassins. Elle suit tantôt la crête des montagnes, tantôt les ondulations de la plaine.

COMPARAISON. La *toiture* d'une maison offre ordinairement deux pentes, qui sont les *versants*; la crête ou *faîte* est la ligne de partage des eaux; les *rangées de tuiles concaves* peuvent figurer les *ruisseaux*; les *chéneaux* sont les *rivières*, et la *gouttière* est le *fleuve*.

37. Cours d'un fleuve. — Un fleuve, même considérable, n'est souvent, à sa naissance, qu'un mince *filet d'eau*, un *ruisseau* qui sort d'une **source**, d'un *lac* ou d'un *glacier*, et qui se réunit successivement à d'autres ruisseaux pour devenir une rivière plus importante, laquelle, *confluant* avec d'autres rivières, forme enfin un grand fleuve.

Dans les régions hautes, le cours d'eau, suivant une forte pente, s'élance en **torrent** impétueux, qui parfois se précipite en *chute*, en *cascade*, en *cataracte* mugissante. Plus loin il s'arrête et forme un **lac** d'eau dormante dans une dépression du sol, ou bien il parcourt une vallée plus ou moins longue, profonde et sinueuse. Dans la plaine, le fleuve, moins rapide, élargissant son lit de plus en plus, serpente en décrivant de nombreux replis ou *méandres*; alors ses eaux généralement troubles sont chargées de vase ou *limon*, qu'elles déposent sur ses bords à l'époque des inondations, et elles ont assez de profondeur pour être *navigables*.

En parcourant ainsi un **bassin** hydrographique plus ou moins étendu, qu'il arrose et assèche tout à la fois, le fleuve reçoit par ses deux rives un certain nombre d'affluents, et il baigne des villes souvent considérables, dont il favorise le commerce par la navigation. Enfin il se déverse dans la mer par une **embouchure**, qui s'appelle **estuaire** quand elle est très élargie, comme celle de la Seine, ou qui forme un **delta** quand elle se divise en plusieurs branches ou bras, comme pour le Rhône.

38. Définitions. — Un **fleuve** est un cours d'eau considérable qui se rend dans la mer. — Ex...

Une **rivière** est un cours d'eau moins considérable qu'un fleuve; — un ***ruisseau*** est un cours d'eau moins considérable qu'une rivière. — Ex...

Un **torrent** est un cours d'eau rapide et momentané, produit dans les pays montagneux par une pluie abondante ou par la fonte des neiges.

39. Un **affluent** est un cours d'eau qui se jette dans un autre. — Ex...

Un **confluent** est l'endroit où deux cours d'eau se réunissent. — Ex...

40. La **source** d'un cours d'eau est l'endroit où il commence; — l'**embouchure** est l'endroit où il se jette dans un autre ou dans la mer. — Ex...

Le *haut* ou l'*amont* d'un cours d'eau, par rapport à l'un de ses points, est la partie située vers la source ou à l'opposé du courant; — le *bas* ou l'*aval* est la partie située vers l'embouchure ou dans le sens du courant.

41. La **rive droite** et la **rive gauche** *d'un cours d'eau* sont les rives situées respectivement à droite et à gauche d'une personne qui se trouverait en bateau, le visage tourné dans le sens du courant.

42. Le **lit** d'un cours d'eau est le creux du sol dans lequel il coule et où il est maintenu par les deux rives ou bords.

La **chute** d'un cours d'eau prend le nom de *cascade*, *chute* ou *cataracte*; le *rapide* est produit par une forte pente.

Un **lac** est une grande étendue d'eau renfermée dans les terres. — Ex...

43. Un **canal** est une rivière artificielle, creusée par les hommes pour les besoins de la navigation. — Ex...

Un **tunnel** est une galerie souterraine pratiquée pour le passage d'une route, d'un canal, d'un chemin de fer. — Un **viaduc** est un pont en arcades sur lequel passe un chemin de fer.

V. — Atmosphère et climat.

44. L'**atmosphère** est la masse d'air qui entoure le Globe sur une hauteur de plus de 100 kilomètres.

45. L'**air** est un mélange formé d'oxygène (gaz que les hommes et les animaux respirent), d'azote, avec un peu d'acide carbonique (respiré par les plantes) et de vapeur d'eau.

46. Les **vents** sont des mouvements de l'air qui change de place, transportant avec lui les nuages et les pluies.

Devoir 15. — 1. Quelle différence y a-t-il entre un *bassin* et un *versant?* — 2. Qu'est-ce qu'un *fleuve?* — une rivière? — 3. Citez le cours d'eau qui traverse notre commune. — 4. *Dessinez* un fleuve avec ses affluents. — 5. Nommez en France quatre fleuves, — trois rivières, — deux lacs. — 6. Dans quelles villes passent la Seine, — le Rhône, — la Loire? — 7. Dans quelles directions cardinales coulent ces fleuves?

Devoir 16. — *Dessinez* les cartes 1, 2, 3 (page 4), relatives aux *parties de mer*.

Devoir 17. — *Dessinez* les cartes 4, 5, 6, 7 (pages 4 et 5), relatives aux *parties de terre*.

Devoir 18. — *Dessinez* les cartes 8, 9 (page 5), et la figure *Hydrographie* (page 2), relatives aux *eaux courantes*, etc.

Devoir 19. — 1. Quelle différence y a-t-il entre l'air et l'atmosphère? — 2. A quoi servent le thermomètre et le baromètre?

Devoir 20. — 1. De quoi s'occupe la géographie politique? — 2. Quelles sont les formes de gouvernement? — 3. Comment se distinguent les communes?

47. L'**humidité** de l'air provient surtout de l'**évaporation des eaux** de l'Océan, sous l'action de la chaleur du soleil.

48. La **température** est le degré de chaleur de l'atmosphère. On la mesure au moyen du *thermomètre*, comme on mesure le poids de l'air par le *baromètre*.

49. Le **climat** est la disposition habituelle plus ou moins chaude ou froide, humide ou sèche, de l'atmosphère d'une contrée.

On distingue les climats *froids*, comme, par exemple, en Sibérie; *tempérés*, comme dans l'Europe centrale; *chauds*, comme en Afrique. — Le climat **maritime**, dû à l'influence de la mer, est humide et constant; le climat **continental**, ou de l'intérieur des continents, est sec, excessif dans le chaud comme dans le froid.

VI. — Géographie politique.

50. La *géographie politique* traite spécialement des *peuples*, de leur gouvernement, des villes, de l'industrie, du commerce, etc.

Un **peuple**, ou une nation, est un ensemble d'hommes appartenant à un même État ou à une même famille ethnographique. — Ex. : le peuple français.

51. Un **État** est un pays soumis à un même gouvernement et formant une individualité politique. — Ex...

Le **gouvernement** est l'autorité souveraine qui régit un État.

Un État est une **monarchie** lorsqu'il a pour chef un souverain héréditaire appelé empereur, roi, prince. — Ex. : la Russie.

Un État est une **république** lorsqu'il n'a qu'un chef temporaire appelé président. — Ex. : la France.

Une **confédération** est un ensemble d'États associés pour la défense de leurs intérêts communs. — Ex. : les cantons suisses.

52. Les grandes *divisions administratives* d'un État prennent le nom de *départements*, en France; de *provinces*, en Belgique; de *gouvernements*, en Russie; de *comtés*, en Angleterre; de *cantons*, en Suisse, etc.

La *commune* est la plus petite division administrative. — On distingue les communes *urbaines*, formées par les villes avec leurs faubourgs, et les communes *rurales*, formées par les bourgs et les villages, avec les hameaux qui en dépendent.

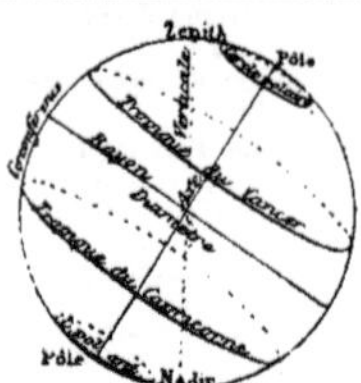

Points et lignes. Petits cercles.

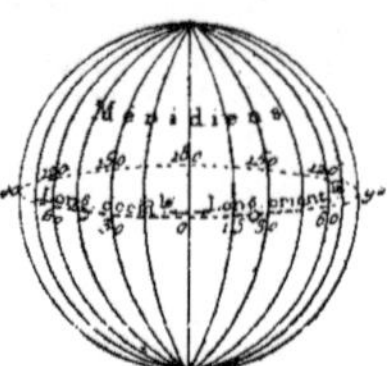

Méridiens et longitudes.

Parallèles et latitudes.

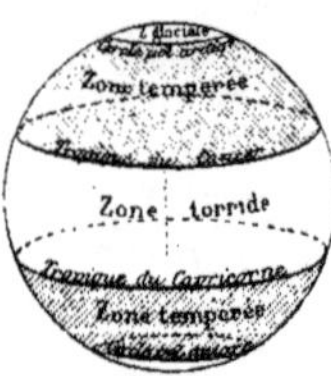

Zones astronomiques.

LA TERRE

I. La Terre : sa représentation.

53. La **Terre est un astre**, circulant dans l'espace, aussi bien que la Lune et le Soleil. *Sa forme est ronde*, ou mieux *sphéroïdale*, étant un peu aplatie aux pôles et renflée à l'équateur : elle a 40 000 kilomètres de circonférence.

54. **Mouvements de la Terre.** La Terre a deux mouvements : 1° elle *tourne* sur elle-même en vingt-quatre heures de l'ouest à l'est; ce mouvement de *rotation* produit la succession du *jour* et de la *nuit*; — 2° elle accomplit en un an autour du Soleil un mouvement de *translation*, qui est une des causes de la succession des *quatre saisons* de l'année : printemps, été, automne, hiver. (Voir fig. page 64.)

Une *toupie* tournant sur sa pointe (rotation) et décrivant un cercle (translation) imite ces deux mouvements.

55. **La Terre est ronde** : si elle nous paraît plate, c'est que nous n'en voyons qu'une petite partie à la fois. Voici des *preuves* de la rondeur de la Terre :

Lorsque sur le bord de la mer on observe *un vaisseau* qui s'éloigne, on voit sa partie *inférieure* disparaître insensiblement, puis les voiles et enfin le haut des mâts, comme si le vaisseau s'enfonçait sous l'eau. Donc la surface de la mer n'est pas plate. — Et si le vaisseau continue son voyage, il pourra revenir au port par un chemin opposé à celui du départ : il reviendra par l'ouest, s'il est parti par l'est; ce qui n'aurait pas lieu si la Terre était plate. Donc la Terre est ronde. — Il y a chaque année des voyageurs qui font le *tour du monde*.

Les **montagnes** n'altèrent pas la rondeur générale du globe, car elles sont proportionnellement à la Terre beaucoup moins sensibles que les aspérités de la peau d'une orange ou de la coquille d'un œuf.

Si nous étions sur la Lune, la Terre nous apparaîtrait suspendue dans le ciel, ronde et brillante, comme nous y voyons la Lune elle-même. — La Terre n'est soutenue dans l'espace que par la seule puissance de Dieu et les lois providentielles qu'il a établies.

56. On représente la **Terre** par un *globe terrestre*, et les détails de sa surface par des *cartes géographiques*.

Un **globe** ou une **sphère terrestre** est une boule qui représente la Terre avec les différents accidents géographiques : continents, mers, etc. (V. la couverture.)

57. Une **carte** est un plan ou dessin qui représente la surface de la Terre ou de l'une de ses parties.

La **mappemonde** est une carte qui représente la sphère terrestre coupée, suivant un méridien, en deux parties égales ou *hémisphères*, l'un *oriental*, l'autre *occidental*.

Le **planisphère** représente aussi la Terre, mais déployée en surface rectangulaire (p. 59).

Sur une carte, les *côtes* et les rivières sont marquées par des lignes sinueuses; les *canaux*, les *chemins de fer*, les *routes*, par des lignes plus ou moins droites ou brisées; le relief du sol ou les *montagnes*, par des hachures ou par des courbes de niveau; les *limites politiques*, par des lignes pointillées, les positions des *villes*, par des ronds, blancs ou noirs, etc.

Les globes représentent la Terre beaucoup plus exactement que les cartes; mais ils sont moins commodes.

58. L'**échelle** d'une carte est le rapport qui existe entre les dimensions du sol et celles du dessin qui le représente.

Une carte géographique est à $\frac{1}{1\,000\,000}$ lorsqu'un millimètre sur la carte représente 1 000.000 de millim. ou 1.000 mètres = 1 kilomètre sur le sol.

II. Les éléments de la sphère.

59. On appelle **axe** terrestre le diamètre ou ligne imaginaire autour de laquelle la Terre fait sa rotation.

Les **pôles** sont les deux points extrêmes de l'axe. On distingue le pôle *nord, boréal* ou *arctique*, et le pôle *sud, austral* ou *antarctique*.

60. On appelle **grands cercles** de la sphère les cercles qui la partagent en deux parties égales : tels sont le méridien et l'équateur. — On appelle **petits cercles** de la sphère les cercles qui la divisent en deux parties inégales : tels sont les deux tropiques et les deux cercles polaires.

Chaque cercle de la sphère se divise en **360** parties égales, qu'on appelle **degrés**; le degré se divise en 60 minutes, et la minute en 60 secondes. — La valeur du degré en kilomètres est la même pour les grands cercles (environ 111 kilomètres); mais elle varie d'un petit cercle à l'autre.

61. On appelle **méridien** tout grand cercle qui passe par les pôles. Un méridien partage la sphère en deux hémisphères : l'un *oriental*, du côté du levant; l'autre *occidental*, du côté du couchant.

Il y a une infinité de méridiens. En France, on adopte comme *premier méridien* (méridien initial) celui qui passe par l'Observatoire de *Paris*. — Les autres nations prennent généralement pour premier méridien celui de *Greenwich*, près de Londres, passant à 2° 20′ ouest de Paris.

Dans le *planisphère* (page 59), les méridiens et les parallèles sont représentés par des lignes droites.

62. L'**équateur** est un grand cercle situé à égale distance des deux pôles. — L'équateur partage la sphère en deux parties égales : l'*hémisphère septentrional* ou boréal, du côté du nord, et l'*hémisphère méridional* ou austral, du côté du sud.

Les **parallèles** sont des cercles parallèles à l'équateur. — Les principaux sont les deux *tropiques* et les deux *cercles polaires*.

63. Les **tropiques** sont deux petits cercles parallèles à l'équateur, dont ils sont éloignés de 23 degrés 27 minutes. Celui du nord se nomme *tropique du Cancer*, et celui du sud *tropique du Capricorne*.

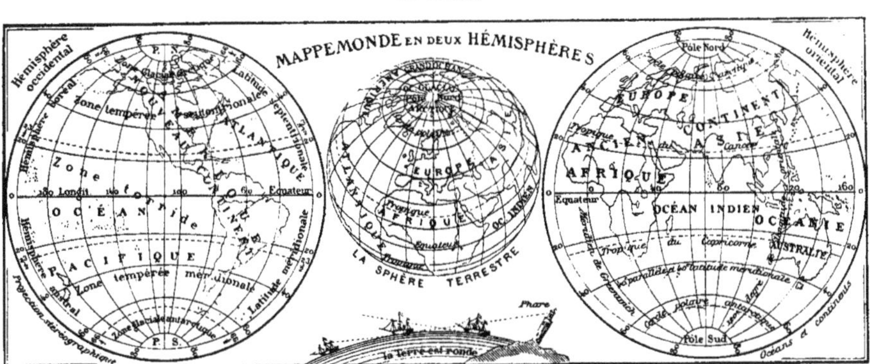

Les **cercles polaires** sont deux petits cercles parallèles à l'équateur, et éloignés des pôles de 23 degrés 27 minutes. Celui du nord se nomme cercle polaire *arctique*, et celui du sud cercle polaire *antarctique*.

64. Zones. On appelle *zones* les divisions formées sur la sphère par les tropiques et les cercles polaires. — On compte cinq zones, qui tirent leur nom de leur climat général : la zone *torride*, ou très chaude, comprise entre les tropiques; les deux zones *tempérées*, comprises entre les tropiques et les cercles polaires, et les deux zones *glaciales*, qui s'étendent des cercles polaires aux pôles.

65. La **longitude** d'un lieu est la distance, en degrés, du méridien de ce lieu au premier méridien.

On compte 180 degrés de longitude orientale et 180 degrés de longitude occidentale. — Les degrés de longitude sont ordinairement marqués sur le haut et le bas des cartes.

66. La **latitude** d'un lieu est la distance de ce lieu à l'équateur, mesurée en degrés sur son méridien.

On compte 90 degrés de latitude nord, et 90 degrés de latitude sud. — Les degrés de latitude se marquent ordinairement à droite et à gauche des cartes.

La *position d'un lieu* sur le globe ou sur la carte est déterminée par sa latitude et par sa longitude, c'est-à-dire par le point de rencontre du méridien et du parallèle de ce lieu.

67. Fuseaux horaires. — On appelle ainsi des divisions de 15 *degrés* en longitude, ou *d'une heure* en temps, adoptées pour les chemins de fer d'abord au Canada et aux Etats-Unis, où les cinq fuseaux sont de 4, 5, 6, 7 et 8 heures en retard sur l'heure anglaise de Greenwich.

En Europe, on distingue : 1° L'*heure occidentale* (pour l'Angleterre, la Hollande, la Belgique, la France, l'Espagne et le Portugal).

2° L'*heure centrale*, en avance d'une heure sur Greenwich (Suède, Norvège, Danemark, Allemagne, Autriche-Hongrie, Suisse, Italie, Grèce).

3° L'*heure orientale*, en avance de deux heures (Russie, Roumanie, Serbie, Bulgarie, Turquie).

Aux Etats-Unis, au Canada, en Italie et, pour les chemins de fer en France, etc., on compte les heures de la journée en *une série de 1 à 24* : celles de l'après-midi se disent 13 (pour 1), 14, 15... jusqu'à 24. Cet usage tend à se généraliser.

III. Divisions générales du Globe.

68. La *surface* du Globe présente des parties solides, ou **terres**, et une grande masse d'eau salée, qui constitue l'Océan.

Les terres se composent de trois *continents* et d'un grand nombre d'îles. Elles forment les *cinq Parties du monde*.

69. L'**Océan** est la masse d'eau salée qui couvre presque les trois quarts du globe (V. p. 58). On le divise en *cinq océans* particuliers, qui sont :

L'*océan Atlantique*, situé entre l'Europe, l'Afrique et l'Amérique.

L'*océan Pacifique* ou *Grand Océan*, situé entre l'Asie et l'Amérique.

L'*océan Indien*, situé entre l'Afrique, l'Asie et l'Australie.

L'*océan Glacial du Nord*, au nord de l'Europe, de l'Asie et de l'Amérique.

L'*océan Glacial du Sud*, au sud de l'Afrique et de l'Amérique.

69 *bis*. Détails sur l'**Océan**, les **Marées**, les **Courants**, la **Géologie**. (V. p. 58.)

70. Les **trois continents** sont : l'*Ancien Continent*, — le *Nouveau Continent*, ou l'Amérique, découverte en 1492, — et l'*Australie*, découverte au XVIIe siècle.

Les **cinq Parties du monde** sont :

L'*Europe*, l'*Asie* et l'*Afrique*, qui forment l'Ancien Continent;

L'*Amérique*, ou le Nouveau Continent;

L'*Océanie*, formée de l'Australie et d'un grand nombre d'îles.

IV. Statistique et ethnographie.

71. La **superficie** totale du globe est de 510 000 000 de km², dont **135 000 000** pour les terres.

La superficie de l'Europe est de 10 000 000 de km², ce qui équivaut environ à 19 fois celle de la France.

Les terres réunies de l'Océanie égalent presque la superficie de l'Europe. — L'Afrique égale trois fois l'Europe, ou 56 fois la France.

L'Amérique et l'Asie égalent chacune plus de quatre fois la superficie de l'Europe, ou 77 et 83 fois celle de la France.

72. La **population** totale du globe est d'environ 1 680 000 000 d'habitants.

Europe	10 000 000	km²	450 000 000	d'hab
Asie	44 000 000	—	910 000 000	—
Afrique	30 000 000	—	130 000 000	—
Amérique	41 000 000	—	180 000 000	—
Océanie	9 000 000	—	7 500 000	—

73. **Races**. L'espèce humaine, considérée au point de vue de la forme et des couleurs, présente quatre variétés principales désignées sous le nom de *races*.

La *race blanche* peuple surtout l'Europe, l'Asie méridionale, l'Afrique septentrionale, l'Amérique et l'Australasie.

La *race jaune* peuple la plus grande partie de l'Asie.

La *race noire* ou nègre peuple l'Afrique centrale et méridionale et une partie de l'Océanie.

La *race rouge* comprend les indigènes de l'Amérique.

74. **Religions**. Les peuples de race blanche connaissent généralement le vrai Dieu.

Le *christianisme* domine en Europe et en Amérique; — le *mahométisme*, dans l'Asie occidentale et l'Afrique septentrionale. — Le *judaïsme* est professé par les Juifs.

Les autres races sont généralement *païennes* : — le *bouddhisme*, ou culte de Bouddha, domine parmi les jaunes (Chinois, etc.); — le *brahmanisme*, ou culte de Brahma, parmi les Indiens d'Asie; — le *fétichisme*, ou culte des idoles de toute espèce, parmi les nègres, en Afrique.

74 *bis*. **Les grandes découvertes**. (V. p. 59.)

Devoir 101. — 1. Qu'appelle-t-on astres? Nommez-en et indiquez leurs différences. — 2. Quels sont les mouvements du Soleil? — Ceux de la Lune? — 3. Nommez les planètes. — 4. Quels sont les mouvements de la Terre? — 5. Prouvez que la Terre est ronde.

Devoir 102. — 1. Qu'appelle-t-on axe? — pôles? — méridien? — 2. Montrez-les sur le planisphère et la mappemonde. — 3. Nommez les cinq zones déterminées par les parallèles. (Voir hémisph. occid.) — 4. Nommez les Parties du monde situées dans l'hémisphère oriental, — occidental, — septentrional, — méridional.

Devoir 103. — 1. Quelle couleur a-t-on affectée à chaque partie du monde sur les deux hémisphères? — 2. Rangez les Parties du monde d'après leur étendue, — d'après leur population. — 3. Où habite la race noire? — la race jaune? — 4. Où règne le christianisme? — le mahométisme? — le paganisme?

LA FRANCE

CH. I. — GÉOGRAPHIE PHYSIQUE

§ 1. Préliminaires.

75. **Définition.** La **France**, *notre patrie*, le pays de nos pères, est l'un des grands États de l'Europe occidentale et maritime.

76. **Bornes.** Des six frontières françaises, trois sont **maritimes** et conséquemment *naturelles* : au nord-ouest, la *mer du Nord* et la *Manche*; à l'ouest, l'*Atlantique*; au sud-est, la *Méditerranée*.

Les trois autres sont **terrestres** et *politiques*, ou conventionnelles; mais deux d'entre elles coïncident avec des accidents naturels ou physiques : au sud-ouest, la *frontière espagnole* s'accorde avec l'arête des Pyrénées; à l'est, les *frontières italienne et suisse* concordent avec les Alpes et le Jura. Au nord-est seulement, à part l'arête des Vosges méridionales, la *frontière allemande, luxembourgeoise et belge* n'est marquée que par des lignes de pure convention politique.

Le **développement** des *frontières de terre* est de 2320 kilomètres, et celui des *côtes* d'environ 2900 kilomètres.

77. **Configuration.** Les contours de la France affectent la forme harmonieuse d'un **hexagone**, dont les sommets sont : — au *nord*, la ville de Dunkerque; — à l'*ouest*, le cap Saint-Mathieu; — au *sud-ouest*, l'embouchure de la Bidassoa; — au *sud*, le cap Cerbère; — au *sud-est*, la ville de Menton, près de l'embouchure de la Roya; — au *nord-est*, le mont Donon, dans les Vosges (avant la perte de l'Alsace, le confluent de la Lauter et du Rhin).

78. **Superficie.** La superficie de la France est de 537000 kilomètres carrés; ce qui en fait la 4e contrée de l'Europe.

§ 2. Les côtes.

79. Le **littoral** français de la *mer du Nord*, où se trouve DUNKERQUE, est *bas*, formé de **polders** endigués et de **dunes**.

La côte du *Pas de Calais*, avec la ville de même nom, est caractérisée par des **falaises de craie**, formant le cap *Gris-Nez*.

Le détroit ou « pas » de Calais est le passage le plus fréquenté du globe par les navires.

80. **Littoral de la Manche.** Du cap Gris-Nez, la *falaise* se continue au sud et s'entr'ouvre pour former le port de BOULOGNE; puis la côte est *basse*, bordée de *dunes* et percée par l'*estuaire ensablé* de la Somme.

Ensuite jusqu'à la Seine se dressent les **falaises** *de Normandie* ou du pays de **Caux**, hautes de 60 à 120 mètres. Dans les anfractuosités, s'abritent des villes avec ports et plages balnéaires : LE TRÉPORT, DIEPPE, SAINT-VALERY-EN-CAUX, FÉCAMP.

81. Au sud du cap de *la Hève*, s'ouvre

l'*estuaire de la Seine*, large de 13 kilomètres, baignant le grand port du HAVRE et HONFLEUR, port de cabotage; puis la côte offre les plages fréquentées de TROUVILLE et CABOURG; en mer, les *rochers du Calvados*, émergés à marée basse.

82. La *presqu'île du Cotentin* présente la rade de *la Hougue*, puis la pointe de *Barfleur* et le cap de **la Hague**, entre lesquels se trouve le **port militaire** de CHERBOURG.

A l'ouest, la côte cotentine possède le port de GRANVILLE; au large, se trouvent les îles anglo-normandes de *Guernesey* et *Jersey*. Au fond du **golfe de Saint-Malo**, les baies du *Mont-Saint-Michel* et de *Saint-Brieuc* ont de vastes plages sablonneuses.

83. Les **côtes de la Bretagne**, généralement **granitiques**, sont très déchiquetées, surtout à l'ouest, par la mer qui est très agitée. Au nord, se trouvent les ports de SAINT-MALO, SAINT-SERVAN, SAINT-BRIEUC et MORLAIX.

L'extrémité occidentale du *Finistère* présente les îles d'*Ouessant* et de *Sein*, le cap **Saint-Mathieu**, la presqu'île de *Crozon*, qui sépare la *rade de* BREST, port militaire, de la baie de *Douarnenez*; puis les pointes du *Raz* et de *Penmarch*.

La **côte méridionale** de la Bretagne présente l'île *Groix*, près de Lorient, la presqu'île de *Quiberon*, les baies du **Morbihan** et de la *Vilaine*, en face de *Belle-Ile*.

La **Loire**, après avoir baigné NANTES et SAINT-NAZAIRE, développe son embouchure entre les pointes du *Croisic* et de *Saint-Gildas*.

84. **De la Loire à la Gironde.** La côte est bordée de dunes dans la Vendée, de **polders et de marais salants** dans la Charente-Inférieure. — Après l'île *Noirmoutier*, viennent l'île d'*Yeu* et le port des SABLES-D'OLONNE. Les îles fortifiées de *Ré*, d'*Oleron* et d'*Aix* protègent une vaste baie ouverte par les *pertuis Breton* et d'*Antioche*; là s'abritent LA ROCHELLE, port marchand, et ROCHEFORT, **port militaire** sur la Charente.

Entre les pointes de *la Coubre* et de *Grave*, s'étale l'estuaire de la **Gironde**; large de 3 à 10 km, il a 75 km de long jusqu'au *bec d'Ambès*, où se réunissent la Garonne et la Dordogne; il donne accès au port de BORDEAUX.

85. **Golfe de Gascogne.** De la presqu'île du **Médoc** à la Bidassoa, la côte est **droite**, bordée par les **dunes de Gascogne**, larges de 4 à 8 km, hautes de 20 à 90 mètres et fixées en partie par des plantations de pins. L'entrée de la **baie d'Arcachon**, l'embouchure de l'*Adour*, avec son port de BAYONNE, et celle de la *Bidassoa*, sur la frontière espagnole, sont les seules échancrures de cette **côte inhospitalière**.

86. **Méditerranée.** Le littoral méditerranéen est généralement **bas et sablonneux** du *cap Cerbère* à Marseille, **élevé et rocheux** au delà jusqu'en Italie.

Au fond du **golfe du Lion**, la côte du Roussillon et du Languedoc renferme, derrière les **cordons de sable**, une suite d'**étangs**, tels que ceux de *Thau* et de *Mauguio*, avec les ports de PORT-VENDRES et CETTE. — Le **delta** du Rhône comprend l'île marécageuse de la *Camargue*, avec l'étang de *Vaccarès*; un peu à l'est, se trouve l'étang de *Berre*.

87. La **haute côte provençale** est creusée de bons ports; tels surtout le port marchand de **Marseille** et le port militaire de **Toulon**. De la rade et des îles d'*Hyères*, le littoral se dirige au nord-est, présentant les baies et villes de *Fréjus*, de *Cannes*, près des îles *Lérins*, d'ANTIBES, de NICE, de MONACO, cité princière, enfin de MENTON, près de la frontière italienne : ce sont aussi des stations hivernales de la délicieuse « côte d'Azur ».

88. **Corse.** L'île s'étend en ovale allongé de la presqu'île du **cap Corse** au détroit de *Bonifacio*, qui la sépare de la Sardaigne. Ses côtes sont généralement **élevées**, rocheuses et découpées, sauf à l'est. Elles offrent les **golfes** et les ports de *Saint-Florent* et d'AJACCIO, à l'ouest; la baie et ville de PORTO-VECCHIO, au sud-est, et le port de BASTIA, au nord-est.

CH. II. — OROGRAPHIE OU LE RELIEF

89. **Relief général du sol.** Envisagé d'une manière générale, le sol de la France

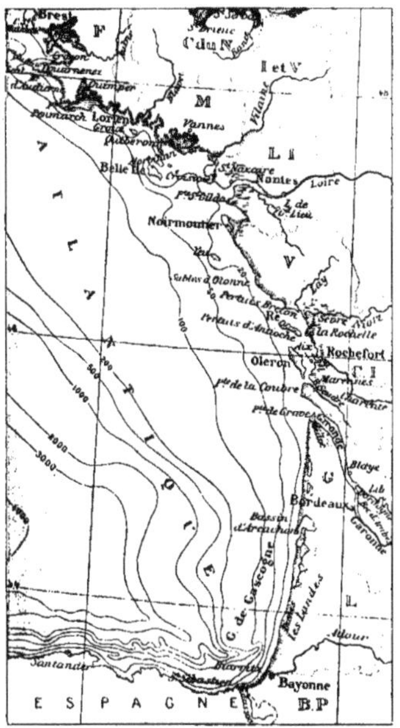

forme un plan relevé à l'E. et au S.; incliné à l'O. et au N.-O. vers l'Atlantique et la Manche.

90. **Montagnes des frontières.** Les chaînes de montagnes situées sur les frontières de la France sont : les *Pyrénées*, les *Alpes*, le *Jura* et les *Vosges*.

91. Les **Pyrénées**, orientées de l'O. à l'E., séparent la France de l'Espagne en formant une chaîne montagneuse d'environ **450 km** de longueur, et **120 km** de largeur moyenne.

On les divise en trois parties, qui sont :

1° Les Pyrénées occidentales, comprenant le pic du *Midi d'Ossau* et le mont *Vignemale*, 3290 m., la plus haute cime des Pyrénées françaises; le mont *Perdu*, 3352 m., en Espagne;

2° Les Pyrénées centrales, comprenant le pic du *Midi de Bigorre*, 2877 m., et le pic du *Port-d'Oo*, 3154 m.; la *Maladetta*, ou mont Maudit, point culminant des Pyrénées (3404 m.), en Espagne;

3° Les Pyrénées orientales, comprenant le pic de *Carlitte*, 2921 m.; le *Canigou* et les *Corbières*.

Parmi les *ports* ou cols des Pyrénées, on cite, à l'ouest, le *Somport*; au centre, le défilé du *Pont-du-Roi*, 590 m., par lequel la Garonne entre en France; à l'est, le col de *la Perche*, 1622 m., et le col de *Perthus*.

92. Les **Alpes**, dont la partie *occidentale* seule est en France, sont la première et la plus belle chaîne de montagnes de l'Europe, par leur étendue, leur masse, leur élévation, leur aspect varié.

Les *Alpes occidentales*, orientées du S. au N., séparent la France de l'Italie sur une longueur d'environ **400 km**, avec une largeur de **200 km** entre les plaines du Rhône et du Pô.

On les divise en trois parties :

1° Les Alpes de Provence se rattachent, à la frontière, aux **Alpes Maritimes**, ou l'*Aiguille de Chambeyron* (3400 m.) est située en France; à l'O., le mont *Ventoux* a 1912 m. (Vaucluse).

2° Les Alpes du Dauphiné se rattachent, à la frontière, aux **Alpes Cottiennes** (monts *Viso*, italien, et *Thabor*, français); le massif du *Pelvoux* (4103 m.) renferme la plus haute cime des Alpes françaises.

3° Les Alpes de Savoie se rattachent, à la frontière, aux **Alpes Graies**, 3655 m., et au massif du Mont-*Blanc*, 4810 m., le point culminant de toute l'Europe.

Parmi les *cols* ou passages des Alpes, on cite le col de l'*Argentière* (ou de Larche); le col du *Mont-Genèvre*, 1860 m., près de Briançon; le col de *Fréjus*, sous lequel passe le tunnel franco-italien; le col du *Mont-Cenis*, 2032 m.

93. Le **Jura**, formé de nombreux chaînons parallèles, s'étend du S.-O. au N.-E. sur une longueur de **300 km**, depuis le coude du Rhône jusqu'à la trouée de Belfort. Il sépare la France de la Suisse; on y remarque le *Grand Crêt d'Eau* (ou Credo) et le *Crêt de la Neige*, 1723 m., point culminant, au S. de Saint-Claude.

94. Les passages sont : le *défilé du Rhône*, le *val de Travers*, à l'E. de Pontarlier; la *dépression de Valdieu* ou *trouée de Belfort*, entre le Jura et les Vosges.

95. Les **Vosges** se dirigent du S. au N. et séparent en partie la France de l'Allemagne. Elles renferment le *Ballon de Guebwiller*, 1426 m., point culminant situé en Alsace; le *Ballon d'Alsace*, le *Hohneck*, 1366 m., sur la frontière.

96. **Montagnes de l'intérieur.** A l'O. du Rhône se développe le *Massif central*, auquel se rattachent la plupart des plateaux et des collines de l'intérieur de la France.

1° Les **Cévennes**, qui forment le talus oriental du Massif central, se développent depuis le canal du Midi jusqu'au canal du

89. TABLEAU SYNOPTIQUE DES MERS ET DES CÔTES

Mers et Golfes	Mer du Nord	(ou *mer Germanique*).
	Manche	Estuaires de la *Somme* et de la *Seine*; *Golfe de Saint-Malo*, baies du Mont-Saint-Michel et de Saint-Brieuc.
	Atlantique	Baie ou rade de *Brest*, baies de *Douarnenez* et du Morbihan; Estuaires de la *Vilaine* et de la *Loire*. *Golfe de Gascogne*, *Gironde*, bassin d'Arcachon.
	Méditerranée	*Golfe du Lion*; étangs de Thau, de Mauguio, de Vaccarès, de *Berre*; baie de Marseille; rades de Toulon et d'Hyères. En Corse : golfes de Saint-Florent et d'Ajaccio, baie de Porto-Vecchio.

Détroits	Mer du Nord et Manche	*Pas de Calais*.
Détroits	Atlantique	Pertuis Breton et d'Antioche.
	Méditerranée	*Détroit de Bonifacio*.
Iles	Atlantique	*Ouessant*, Sein, Groix, *Belle-Ile*. *Noirmoutier*, *Yeu*, *Ré*, *Oleron*.
	Méditerranée	Iles d'Hyères, Lérins, de *Corse*.
Presqu'îles	Manche et Atlantique	Presqu'îles du *Cotentin*, de *Bretagne*, avec celles de Brest, de Crozon et de Quiberon; du Médoc.
	Méditerranée	Presqu'île du cap Corse.
Caps	Mer du Nord et Manche	Caps *Gris-Nez*, de *la Hève*, pointe de Barfleur, cap de *la Hague*.
	Atlantique	*Saint-Mathieu*, pointes du Raz, de Penmarch, du Croisic, de Saint-Gildas; de la Coubre, de *Grave*.
	Méditerranée	Caps *Cerbère* et *Corse*.

centre en une chaîne longue de plus de 500 km, que l'on divise en trois parties, savoir : au sud, la *Montagne-Noire*, l'*Espinouse* et les *Garrigues*; — au centre, les *Cévennes proprement dites*, avec le mont *Lozère*, 1 702 m.; les monts volcaniques du *Vivarais*, avec le *Gerbier de Jonc* et le mont *Mézenc*, 1 754 m.; — au nord, les monts du *Lyonnais*, du *Beaujolais* et du *Charolais*.

2° La CÔTE D'OR, le mont *Tasselot*, le *plateau de Langres* et les monts *Faucilles* continuent la ligne de partage des eaux du versant de la Méditerranée.

3° Les monts volcaniques du *Velay* et du *Forez* séparent le bassin de l'Allier du bassin de la Loire supérieure.

4° Les **monts d'Auvergne**, anciens volcans, comprennent le massif du *Cantal*, 1 858 m.; les monts *Dore*, avec le Puy de Sancy, 1 886 m., point culminant de la France centrale, et les monts *Dômes*, dominés par le Puy de Dôme, 1 465 m. Ils se rattachent aux Cévennes par les monts de la *Margeride*.

Les monts du *Limousin*, les collines de l'*Angoumois*, du *Poitou* et de la *Gâtine* prolongent les lignes de partage vers l'Océan.

5° Les monts du **Morvan**, 902 m., et les collines du *Nivernais*, à l'O. de la Côte d'Or, forment, avec le plateau d'Orléans, les collines de *Normandie*, 417 m., et celles de *Bretagne*, 391 m., la ligne de partage des versants de l'Atlantique et de la Manche.

6° L'*Argonne* et l'*Ardenne occidentale* appartiennent à la ligne de ceinture du versant de la Manche, avec les collines de la *Picardie* et de l'*Artois*, aboutissant au cap Gris-Nez. Les *Côtes de Meuse* et l'*Ardenne orientale* sont à l'E. de la Meuse.

Les *montagnes de la* **Corse** renferment le *Monte Cinto*, 2 710 m., et le *Monte Rotondo*, au centre de l'île.

97. Régions hypsométriques :

Régions hautes. Ce sont : la *Savoie*, le *Dauphiné*, la *haute Provence*, dans le massif des *Alpes*; — le Roussillon, le pays de Foix, le Bigorre, le Béarn, dans le massif des *Pyrénées*, et la Corse. — Le Massif central, le Jura et les Vosges présentent aussi des parties de plus de 1 000 m. d'altitude.

Régions moyennes, de 300 à 1 000 m. Telles sont l'*Auvergne*, la *Marche*, le *Limousin*, la *haute Guyenne*, le *haut Languedoc* le *Lyonnais*, le *Morvan*, qui forment le *Massif central*, ayant une altitude moyenne de 500 m.; les *régions des Vosges et du Jura*; la *Champagne du S.-E.*, la *hte Bourgogne*, la *hte Normandie*, la *hte Bretagne*.

Régions basses. Les régions basses, ayant une altitude de moins de 300 m., dominent en France; elles comprennent généralement toutes les provinces du nord et de l'ouest : la *Flandre*, l'*Artois*, la *Picardie*, la *Champagne occidentale* et *centrale*, l'*Ile-de-France*, la *basse Normandie*, la *basse Bretagne*, le *Maine*, l'*Orléanais*, la *Touraine*, l'*Anjou*, le *Poitou* et la *Saintonge*, ainsi que la *Guyenne* et la *Gascogne* occidentales; enfin, au sud, le *bas Languedoc* et la *basse Provence*, se continuant par la longue *vallée* du Rhône et de la Saône.

98. Lignes de partage des eaux.

PRINCIPE. — *Tout bassin de mer* ou de fleuve *est circonscrit par une ligne de partage des eaux*, formée de points relativement élevés, mais aussi quelquefois par une plaine; *aussi ne faut-il pas la confondre avec une ligne de faîte*, formée de montagnes ou de collines sensibles à la vue.

La **principale ligne de partage** est celle qui sépare le VERSANT DE LA MÉDITERRANÉE des versants de l'Atlantique, de la Manche et de la mer du Nord.

Cette ligne part du golfe de Gênes, remonte du S. au N. le haut massif des *Alpes occidentales*, en passant par les Alpes Maritimes, les Alpes Cottiennes, les Alpes Graies, les Alpes Pennines, où elle s'élève au *Mont-Blanc*, à 4 810 m. d'altitude; de là elle se dirige vers les sources du Rhône, où elle se rattache à la grande ligne de partage européenne.

Elle entre en France par le *Jura*, à plus de 1 500 m.; passe par les *Vosges* méridionales, 1 250 m., et par les monts *Faucilles*; s'abaisse sur le plateau de *Langres* à 400 m. d'altitude moyenne, se relève sur la *Côte d'Or* et les *Cévennes* (m. Mézenc, 1 754 m.); puis elle redescend à 190 m. au *col de Naurouse*, où passe le canal du Midi; elle remonte enfin par les *Corbières occidentales*, suit la crête des *Pyrénées* à une altitude de 2 000 à 3 404 m., et pénètre en Espagne par le sud du golfe de Gascogne.

99. Ceintures des bassins fluviaux :

1° La **ceinture** du bassin du **Rhin** est formée en France par le *Jura*, les *Vosges*, les Faucilles, les Côtes de Meuse et l'Ardenne orientale.

2° La **ceinture** du bassin de la **Meuse** est formée, en France, de l'Ardenne orientale, des Côtes de Meuse, des Faucilles, de l'Argonne et de l'Ardenne occidentale.

3° La **ceinture** du bassin de l'**Escaut** est formée par des plateaux et par les collines de l'Artois.

4° La **ceinture** du bassin de la **Seine**, à partir du cap de la Hève, comprend les plateaux ou collines du pays de Caux et de la Picardie, l'Ardenne occidentale, l'Argonne, le plateau de Langres, la *Côte d'Or*, les monts du *Morvan*, les collines du Nivernais, le plateau d'Orléans, les collines du Perche et du Lieuvin; elle finit près de Honfleur, en face du cap de la Hève.

5° La **ceinture** du bassin de la **Loire**, à partir de Saint-Nazaire, comprend les collines du Maine, de la *Normandie* et du Perche, le plateau d'Orléans, les collines du Nivernais, les monts du *Morvan*, la *Côte d'Or*, les *Cévennes* (monts du Charolais, du Beaujolais, du Lyonnais, du Vivarais); les monts de la Margeride, d'*Auvergne*, du Limousin, les collines du Poitou et le plateau de Gâtine, pour finir à la pointe Saint-Gildas.

6° La **ceinture** du bassin de la **Garonne**, à partir de la pointe de la Coubre, comprend la plaine de la Saintonge, les collines du Périgord, les monts du Limousin, d'*Auvergne* et de la Margeride, les *Cévennes* propres, l'Espinouse et la Montagne-Noire, les *Pyrénées* centrales, les collines de l'Armagnac et la plaine des Landes, jusqu'à la pointe de Grave.

7° La **ceinture** du bassin du **Rhône**, à partir de la plaine du Languedoc, aux environs d'Aigues-Mortes, comprend les *Cévennes* (monts du Vivarais, du Lyonnais, du Beaujolais, du Charolais), la *Côte d'Or*, le plateau de Langres, les monts Faucilles, les *Vosges* méridionales, le *Jura*, les *Alpes Bernoises* et *Pennines*, le *Mont-Blanc*, les *Alpes Graies* et *Cottiennes*, les *Alpes de Provence* jusqu'à la plaine de la Crau.

CH. IV. — HYDROGRAPHIE
OU LES EAUX

100. Versants maritimes. Le territoire français se divise en quatre versants maritimes, faisant partie des bassins des quatre mers qui le baignent. Ce sont :

Au N., le *versant de la mer du Nord;*
Au N.-O., le *versant de la Manche;*
A l'O., le *versant de l'Atlantique;*
Au S.-E., le *versant de la Méditerranée.*

Chaque versant maritime se subdivise en bassins *fluviaux.*

I. VERSANT DE LA MER DU NORD

101. Cours du Rhin. — Le Rhin prend sa source au massif du Saint-Gothard, dans les Alpes suisses; il forme le lac de Constance, coule du S. au N. dans la plaine de l'Alsace, traverse l'Allemagne occidentale et forme dans les Pays-Bas hollandais, en se jetant dans la mer du Nord, un vaste delta qui s'étend des bouches de la Meuse au Zuiderzee. — (1 300 km de longueur.)

Le **Rhin** passe à Bâle et près de Strasbourg; il baigne Mayence, Coblenz et Cologne.

Affluents. Le Rhin n'arrose plus le territoire français depuis la perte de l'Alsace; mais il reçoit la **Moselle**, grossie de la *Meurthe*, traversant nos départements des Vosges et de Meurthe-et-Moselle.

La Moselle a sa source dans les Vosges, coule au N., arrose Epinal et Toul, puis devient navigable en recevant la *Meurthe*, qui passe à Saint-Dié et à Nancy; la Moselle entre ensuite en Allemagne, arrose Metz et finit à Coblenz.

102. Cours de la Meuse. — La Meuse prend sa source à Pouilly, près de Bourbonne-les-Bains, au plateau de Langres, et coule du S. au N. dans une vallée étroite et encaissée, qui coupe l'Ardenne en France et en Belgique; elle traverse ensuite la grande plaine des Pays-Bas hollandais, et, unissant ses bouches à celles du Rhin et de l'Escaut, elle se jette dans la mer du Nord. — (900 km.)

La Meuse traverse 4 *départements.* Elle arrose la HAUTE-MARNE; — passe à Neufchâteau, dans les VOSGES; — à Verdun, dans la MEUSE; — à Sedan, Mézières, Charleville et Givet, dans les ARDENNES.

En Belgique, elle baigne Namur et Liége; — en Hollande, elle arrose Maestricht et Rotterdam.

Les cartes hypsométriques. — Aujourd'hui qu'on voit se généraliser l'usage des cartes *hypsométriques* (hypsométrie, mesure de hauteur) par des *teintes conventionnelles* limitées par des *courbes de niveau*, il est juste de rappeler que ce sont les Frères des Écoles chrétiennes qui, les premiers, les ont employées dans leurs atlas (dès 1868), et dans leurs cartes murales de Belgique (1867), d'Europe (1870) et de France (1872). — Voir les témoignages, en France, de M. Levasseur, à la Société de Géographie de Paris, 1872; de M. Buisson, Rapports sur les Expositions de Vienne, 1873, et de Philadelphie, 1875. — Voir aussi Méthodologie de Géographie, par F. I.-C. et A.-M. G.

DEVOIRS ORAUX OU PAR ÉCRIT

Devoir 21. — 1. Qu'est-ce que la France? — Pourquoi est-elle notre patrie? — 2. Quelles sont les *bornes* ou les limites de la France? — 3. Décrivez le littoral : disant où sont les dunes, les falaises, les marais salants.

Devoir 22. — 1. Quelles sont les *mers* qui baignent la France au N.-O.? — à l'O.? — au S.-E.? — 2. Citez deux *golfes* dans la Manche, — un dans l'Atlantique, — un dans la Méditerranée. — 3. Citez les *détroits* principaux. — 4. Citez les *îles* de la France, — 5. ses *presqu'îles*, — 6. ses *caps*. — 7. Qu'appelle-t-on île? — cap? golfe? mer? — 8. A quoi donne-t-on le nom de Manche, de Morbihan, de Noirmoutier, de Cotentin?

Devoir 23. — 1. Qu'est-ce qu'une montagne? — une chaîne de montagnes? — 2. Citez les *montagnes* de la France, — dites où se trouvent : les Alpes, le Jura, le Mont-Blanc, le Gévaudan, l'Argonne. — 3. Quelle est l'*altitude* du Mont-Blanc, du Jura, du Vignemale, du Mezenc? — 4. Nommez les grands *plateaux* et les *plaines* remarquables.

Devoir 24. — 1. Nommez les 4 *versants maritimes* français. — 2. Comment sont-ils séparés entre eux? — 3. Décrivez la grande *ligne de partage* de la Méditerranée : désignez les subdivisions des Alpes, l'altitude des chaînes, etc. — 4. Où sont les Corbières, la Côte d'Or, le col de Naurouze?

Devoir 25. — 1. Décrivez les montagnes, collines ou plaines qui forment la *ceinture du bassin* : 1° du Rhin, — 2° de la Meuse, — 3° de l'Escaut, — 4° de la Seine. — 2. Faites-en la carte d'après la carte 1 *bis* du cah. cart. n° 2.

Devoir 26. — Déterminez la ceinture du bassin 1° de la Loire, — 2° de la Garonne. — Dessinez-en la carte.

Devoir 27. — 1. Indiquez quelques *rivières* dont la direction générale est vers le nord, — vers le sud, — vers l'ouest, — vers le nord-ouest. — 2. Quels sont les *cours d'eau* qui descendent des Alpes, — du Jura, — des Vosges, — de la Côte d'Or, — du Massif central, — du plateau de Langres, — des Pyrénées?

Affluents. La Meuse reçoit : à DROITE, la *Chiers;* — à GAUCHE, à Namur, la *Sambre,* qui passe à Landrecies et à Maubeuge.

103. **Cours de l'Escaut.** — L'Escaut prend sa source au nord de Saint-Quentin, traverse des régions basses et riches en France et en Belgique, puis se jette en Hollande dans la mer du Nord par un large estuaire. — (400 km.)

L'Escaut traverse 2 *départements.* Il arrose en France le Catelet, dans l'AISNE; — Cambrai et Valenciennes, dans le NORD; — en Belgique, Tournai, Gand et Anvers.

Affluents. L'Escaut reçoit, à gauche, la *Scarpe,* qui baigne Arras et Douai, et la *Lys,* qui arrose Armentières.

II. VERSANT DE LA MANCHE

104. **Versant côtier au N. de la Seine.** La **Somme** arrose Saint-Quentin, Péronne, Amiens et Abbeville.

Bassin de la Seine.

105. **Cours de la Seine.** — La Seine, dont la direction générale est le N.-O., prend sa source au nord du mont Tasselot, dans la commune de Saint-Germain-Source-Seine (Côte-d'Or). La vallée de la Seine, étroite et en pente rapide d'abord, s'élargit et traverse généralement de vastes plaines. En aval de Paris, elle est bordée d'agréables coteaux, et le fleuve décrit de grands *méandres* ou détours, surtout avant de se jeter dans la Manche par un *estuaire* de 13 km d'ouverture. — (776 km.)

La Seine baigne 9 *départements.* Elle arrose Châtillon, dans la CÔTE-D'OR; — Bar, Troyes et Nogent, dans l'AUBE; — Marcilly, dans la MARNE; — Melun, dans SEINE-ET-MARNE; — Corbeil, dans SEINE-ET-OISE; — Paris et Saint-Denis, dans la SEINE; — les Andelys, dans l'EURE; — Elbeuf, Rouen et le Havre, dans la SEINE-INFÉRIEURE; — Honfleur, dans le CALVADOS.

106. **Affluents.** La Seine reçoit : à DROITE, l'*Aube,* la **Marne** et l'**Oise**, grossie de l'*Aisne;* — à GAUCHE, l'**Yonne**, le *Loing* et l'*Eure.*

L'**Aube** passe à Bar-sur-Aube et Arcis-sur-Aube.

La **Marne** passe près de Langres, à Chaumont, Saint-Dizier, où elle devient navigable, à Vitry-le-François, Châlons-sur-Marne, Épernay, Meaux, et se termine à Charenton, près de Paris.

L'**Oise** prend sa source en Belgique, arrose la Fère, Chauny, où elle devient navigable, reçoit l'*Aisne,* baignant Rethel et Soissons, arrose Compiègne et finit sous Pontoise.

L'**Yonne** descend du Morvan, passe à Clamecy et Auxerre; reçoit l'*Armançon,* arrose Joigny, Sens et finit à Montereau.

L'*Eure* passe à Chartres et à Louviers.

107. **Versant côtier à l'O. de la Seine.** L'**Orne** passe à Caen; — la *Vire* arrose Vire et Saint-Lô; — la *Rance* baigne Dinan et Saint-Malo.

III. VERSANT DE L'ATLANTIQUE

108. **Versant côtier breton,** se rattachant au bassin de la Loire : le *Blavet* baigne Lorient; — la **Vilaine** passe à Rennes, où elle reçoit l'*Ille,* et à Redon.

Bassin de la Loire.

109. **Cours de la Loire.** — La Loire prend sa source au mont Gerbier de Jonc, dans les **Cévennes (Ardèche)**, et coule bientôt vers le N., puis le N.-O. Elle parcourt le Massif central par une vallée profonde, qui s'élargit ensuite jusque dans l'Orléanais. D'Orléans, le fleuve, se dirigeant vers l'ouest par une série de courbes allongées, ne rencontre plus que de vastes plaines; il finit dans l'Atlantique, par une embouchure de 12 kilomètres de largeur. C'est le plus long fleuve français (1040 km), mais son débit très irrégulier le rend peu navigable.

La Loire traverse ou touche 12 *départements.* Née dans l'ARDÈCHE, elle passe près du Puy, dans la HAUTE-LOIRE; — près de Saint-Étienne et à Roanne, dans la LOIRE; — sépare SAÔNE-ET-LOIRE de l'ALLIER; — puis elle passe à Decize et à Nevers, dans la NIÈVRE, qu'elle sépare du CHER; — passe à Briare et à Orléans, dans le LOIRET; — à Blois, dans LOIR-ET-CHER; — à Tours, dans INDRE-ET-LOIRE; — à Saumur, dans MAINE-ET-LOIRE; — à Nantes et à Saint-Nazaire, dans la LOIRE-INFÉRIEURE.

110. **Affluents.** La Loire reçoit : à DROITE, la *Nièvre,* la **Maine**, formée par la réunion de la *Mayenne* et de la *Sarthe,* grossie du *Loir,* et l'*Erdre;* — à GAUCHE, l'**Allier**, le *Loiret,* le **Cher**, l'**Indre**, la **Vienne**, grossie de la *Creuse,* et la *Sèvre-Nantaise.*

La *Nièvre* se jette dans la Loire à Nevers.

La **Maine** baigne Angers; la *Mayenne* arrose Mayenne et Laval; la *Sarthe,* Alençon et le Mans; le *Loir,* Châteaudun, Vendôme et la Flèche.

L'**Allier** passe près de Brioude et d'Issoire, puis à Vichy, à Moulins, et se termine en aval de Nevers.

Le *Loiret* n'a que 12 km de cours; mais il a deux sources abondantes, le *Bouillon* et l'*Abîme,* formées par les infiltrations de la Loire.

Le **Cher** passe à Montluçon, à Vierzon et au S. de Tours.

L'**Indre** baigne Châteauroux et Loches.

La **Vienne** arrose Limoges, reçoit le *Clain,* baignant Poitiers, arrose Châtellerault et reçoit la *Creuse,* qui passe à Aubusson et près de Guéret. — La *Sèvre-Nantaise* se jette dans la Loire à Nantes.

111. **Versant côtier** *entre Loire et Garonne.* La **Sèvre-Niortaise** passe à Niort et reçoit la *Vendée.* — La **Charente** passe à Angoulême, Cognac, Saintes et Rochefort.

Bassin de la Garonne.

112. **Cours de la Garonne.** — La Garonne prend sa source au val d'Aran, dans les Pyrénées espagnoles, et coule rapidement vers le nord jusqu'à Toulouse, où sa vallée s'élargit. En face du Massif central, elle oblique vers le nord-ouest, traverse de vastes plaines et se réunit à la Dordogne au Bec d'Ambès, pour former un estuaire remarquable, appelé *Gironde.* — (605 km ou 680 avec la Gironde.)

La Garonne arrose 5 *départements.* Elle passe près de Saint-Gaudens, à Muret et à Toulouse, dans la HAUTE-GARONNE; — près de Castelsarrasin, dans TARN-ET-GARONNE; — à Agen et à Marmande, dans LOT-ET-GARONNE; — à la Réole, à Bordeaux et à Blaye, dans la GIRONDE; — enfin elle borde la CHARENTE-INFÉRIEURE.

113. **Affluents.** La Garonne reçoit : à DROITE, l'*Ariège,* le **Tarn**, grossi de l'*Aveyron,* le **Lot**, la **Dordogne**, grossie de la *Vézère* et de l'*Isle;* — à GAUCHE, le *Gers.*

L'*Ariège* baigne Foix et Pamiers.

Le *Tarn* passe à Millau, Albi, Gaillac et Montauban; il reçoit l'*Aveyron,* qui arrose Rodez et Villefranche.

Le *Lot* passe à Mende, Espalion, Cahors et Villeneuve-sur-Lot.

La *Dordogne* descend du mont Dore et reçoit la *Vézère,* grossie de la *Corrèze,* baignant Tulle et Brive; elle passe ensuite à Bergerac et à Libourne, où elle reçoit l'*Isle,* qui arrose Périgueux.

Le *Gers* passe à Auch.

114. **Versant côtier** *à l'ouest de la Garonne.* L'**Adour** descend des Hautes-Pyrénées, passe à Tarbes, Dax et Bayonne. Il reçoit la *Midouze,* arrosant Mont-de-Marsan, et le *Gave de Pau,* qui baigne Lourdes, Pau et Orthez.

La *Bidassoa,* dans son cours inférieur, sépare la France de l'Espagne.

IV. VERSANT DE LA MÉDITERRANÉE

115. **Versant côtier** *au sud-ouest du Rhône.* La *Têt* baigne Perpignan; — l'**Aude** arrose Limoux et Carcassonne; — l'**Hérault** finit à Agde.

Bassin du Rhône.

116. **Cours du Rhône.** — Le Rhône, au cours rapide et abondant, sort des glaciers du Saint-Gothard, dans les Alpes suisses, coule vers l'ouest, traverse le lac de Genève, puis contourne le Jura méridional par un étroit défilé. A Lyon, arrêté par le massif des Cévennes, il se dirige au S. par une longue et belle vallée, et va se jeter dans la Méditerranée, en formant, du limon qu'il dépose, un vaste delta qui s'avance dans la mer de 1 km par siècle. — (812 km.)

Le Rhône limite 11 *départements :* HAUTE-SAVOIE, SAVOIE, AIN, LOIRE; — il arrose Lyon, dans le RHÔNE; — Vienne, dans l'ISÈRE; — Valence, dans la DRÔME; — Viviers, dans l'ARDÈCHE; — Avignon, dans VAUCLUSE; — Beaucaire, dans le GARD; — Tarascon et Arles, dans les BOUCHES-DU-RHÔNE.

117. **Affluents.** Le Rhône reçoit : à DROITE : l'**Ain**, la **Saône**, grossie du *Doubs,* l'*Ardèche* et le *Gard;* — à GAUCHE, l'*Arve,* l'**Isère**, la *Drôme,* la *Sorgue* et la **Durance.**

La **Saône** passe à Gray, reçoit le *Doubs,* baignant Pontarlier, Besançon et Dôle; puis elle arrose Chalon-sur-Saône, Mâcon, et finit à Lyon. — Le *Gard* baigne Alais.

L'**Isère** passe à Moutiers, traverse la vallée du Graisivaudan, arrose Grenoble et Romans.

La *Drôme* passe à Die.

La *Sorgue* est une petite rivière qui sort de la célèbre fontaine de Vaucluse.

La *Durance* passe à Briançon, Embrun et Sisteron.

118. **Versant côtier** *provençal.* Le **Var** passe à Puget-Théniers; il n'arrose plus le département qui porte son nom, mais celui des Alpes-Maritimes.

La *Roya,* qui a sa source et son embouchure en Italie, traverse en France l'extrémité orientale du département des Alpes-Maritimes.

L'**île de Corse** a quelques rivières torrentueuses, entre autres le *Gravone,* qui se termine dans la baie d'Ajaccio, et le *Tavignano,* qui passe à Corte.

LACS

119. Les principaux lacs sont : le *Léman* ou *lac de* **Genève**, traversé par le Rhône; il appartient à la France et à la Suisse; les lacs *d'Annecy* et du *Bourget,* situés en Savoie; le lac de *Grand-Lieu,* étang marécageux, situé près de l'embouchure de la Loire.

Devoir 28. — 1. Quels plateaux, montagnes ou plaines rencontrerait un voyageur allant en ligne droite : 1° de Bordeaux à Annecy? — 2° de Nantes à Nice? — 3° de Bar-le-Duc à Foix? — 4° de Brest à Besançon?

Hydrographie.

Devoir 29. — 1. Quels sont les fleuves français ? — Quel est le plus long ? — 2. Où le *Rhin* prend-il sa source ? — 3. Dans quelles villes passe-t-il ? — 4. Quel affluent français reçoit-il ? — 5. La *Meuse* : où est sa source ? — 6. Quelle est sa direction ? — 7. Départements et villes qu'elle traverse. — 8. L'*Escaut* : décrivez son cours, en indiquant départements et villes arrosés en France. — 9. Tracez la carte de ces fleuves d'après la carte 3 du cahier n° 2.

Devoir 30. — 1. Décrivez le cours de la *Seine* : sa source. — 2. Dites les villes et les départements arrosés. — 3. Nommez ses affluents de droite et de gauche. — 4. Cours de la *Loire* : sa source. — 5. Départements traversés ; villes arrosées. — 6. Ses affluents. — 7. Tracez la carte de ces deux fleuves d'après les cartes 4 et 5 du cahier n° 2.

Devoir 31. — 1. Décrire le cours de la *Garonne* : sa source. — 2. Départements arrosés. — 3. Villes arrosées. — 4. Ses affluents. — 5. Le *Rhône* : sa source. — 6. Départements et villes arrosés en France. — 7. Ses affluents. — 8. Nommez les *lacs* français. 9. — Tracez ces deux fleuves d'après les cartes 6 et 7 du cahier n° 2.

Devoir 32. — 1. De quel *massif montagneux* descend le Rhin, — la Seine, — l'Isère, — la Dordogne, — la Saône ?

2. Quel *cours d'eau* passe à Orléans, — à Grenoble, — à Amiens, — à Valence, — à Carcassonne ?

3. Remarquez les *rivières* et les *canaux* qui mettent en communication la Seine avec l'Escaut, — avec la Meuse, par Reims, — avec le Rhin, — avec le Rhône, — avec la Loire, par Montargis.

4. Remarquez les *cours d'eau* et les *canaux* qui établissent la communication de la Méditerranée avec la mer du Nord, — avec la Manche, par Nevers, — avec l'Océan ; — la Manche avec l'Océan, par Rennes.

Devoir 33. — Tracez les contours de la France d'après la carte 1 du cahier cartographique n° 2.

Devoir 34. — Colorier et compléter la carte 3 du cahier n° 2.

Devoir 35. — 1. Un fleuve est-il considérable à sa source ? — 2. Comment grossit-il ? — 3. Comment se forment les torrents, les chutes, les lacs ? — 4. Comment le fleuve s'élargit-il dans la plaine ? — 5. Que dépose-t-il dans les inondations ? — 6. Que reçoit-il et que baigne-t-il dans son parcours ? — 7. Quelle différence y a-t-il entre un estuaire et un delta ? — 8. Citez-en des exemples.

120. TABLEAU DES PROVINCES ET DES DÉPARTEMENTS FRANÇAIS (GROUPÉS EN 9 RÉGIONS)

I. RÉGION DU NORD

Ile-de-France (5 départ.)
- SEINE, chef-lieu PARIS. (V. pr. **Saint-Denis**.)
- SEINE-ET-OISE, ch.-l. **Versailles**, sous-préfectures Corbeil, Étampes, Pontoise, Mantes, Rambouillet.
- **Seine-et-Marne**, ch.-l. Melun, s.-pr. Fontainebleau, Meaux, Provins, Coulommiers.
- OISE, ch.-l. *Beauvais*, s.-pr. Compiègne, Senlis, Clermont.
- AISNE, ch.-l. Laon, s.-pr. **St-Quentin**, Soissons, Château-Thierry, Vervins.

Picardie
- SOMME, ch.-l. **Amiens**, s.-pr. *Abbeville*, Doullens, Péronne, Montdidier.

Artois
- PAS-DE-CALAIS, ch.-l. *Arras*, s.-pr. **Boulogne**, *Saint-Omer*, Béthune, Saint-Pol, Montreuil. (V. pr. **Calais**.)

Flandre
- NORD, ch.-l. **Lille**, s.-pr. *Dunkerque*, *Douai*, *Valenciennes*, *Cambrai*, Hazebrouck, Avesnes. (V. pr. **Roubaix** et **Tourcoing**).

II. RÉGION DU NORD-EST

Champagne (4 départ.)
- **Aube**, ch.-l. **Troyes**, s.-pr. Bar-sur-Aube, Nogent-sur-Seine, Bar-sur-Seine, Arcis-sur-Aube.
- **Haute-Marne**, ch.-l. Chaumont, s.-pr. Langres, Wassy.
- MARNE, ch.-l. *Châlons-sur-Marne*, s.-pr. **Reims**, *Epernay*, Vitry-le-François, Sainte-Menehould.
- **Ardennes**, ch.-l. Mézières, s.-pr. *Sedan*, Rethel, Vouziers, Rocroi.

Lorraine (3 départ.)
- **Meuse**, ch.-l. Bar-le-Duc, s.-pr. *Verdun*, Commercy, Montmédy.
- VOSGES, ch.-l. *Épinal*, s.-pr. *Saint-Dié*, Remiremont, Mirecourt, Neufchâteau.
- MEURTHE-ET-MOSELLE, ch.-l. **Nancy**, s.-pr. *Lunéville*, Toul, Briey.

Alsace
- Territoire de Belfort, ch.-l. *Belfort*.

III. RÉGION DU NORD-OUEST

Normandie (5 départ.)
- SEINE-INFÉRIEURE, ch.-l. **Rouen**, s.-pr. **le Havre**, *Dieppe*, Yvetot, Neufchâtel.
- **Eure**, ch.-l. Évreux, s.-pr. Louviers, Bernay, Pont-Audemer, les Andelys.
- Calvados, ch.-l. *Caen*, s.-pr. Lisieux, Bayeux, Falaise, Vire, Pont-l'Evêque.
- MANCHE, ch.-l. Saint-Lô, s.-pr. *Cherbourg*, Avranches, Coutances, Valognes, Mortain.
- **Orne**, ch.-l. Alençon, s.-pr. Argentan, Domfront, Mortagne.

Maine (2 départ.)
- SARTHE, ch.-l. **le Mans**, s.-pr. la Flèche, Mamers, Saint-Calais.
- **Mayenne**, ch.-l. *Laval*, s.-pr. Mayenne, Château-Gontier.

IV. RÉGION DE L'OUEST

Bretagne (5 départ.)
- ILLE-ET-VILAINE, ch.-l. **Rennes**, s.-pr. *Fougères*, Saint-Malo, Vitré, Redon, Montfort.
- COTES-DU-NORD, ch.-l. *Saint-Brieuc*, s.-pr. Dinan, Guingamp, Lannion, Loudéac.
- FINISTÈRE, ch.-l. Quimper, s.-pr. **Brest**, Morlaix, Quimperlé, Châteaulin.
- MORBIHAN, ch.-l. *Vannes*, s.-pr. *Lorient*, Pontivy, Ploërmel.
- LOIRE-INFÉRIEURE, ch.-l. **Nantes**, s.-pr. *Saint-Nazaire*, Châteaubriant, Ancenis, Paimbœuf.

Anjou
- MAINE-ET-LOIRE, ch.-l. **Angers**, s.-pr. *Cholet*, Saumur, Segré, Baugé.

Poitou (3 départ.)
- VENDÉE, ch.-l. la Roche-sur-Yon, s.-pr. les Sables-d'Olonne, Fontenay-le-Comte.
- **Deux-Sèvres**, ch.-l. *Niort*, s.-pr. Parthenay, Bressuire, Melle.
- **Vienne**, ch.-l. *Poitiers*, s.-pr. Châtellerault, Montmorillon, Loudun, Civray.

V. RÉGION DU CENTRE

Orléanais (3 départ.)
- Loiret, ch.-l. **Orléans**, s.-pr. Montargis, Gien, Pithiviers.
- **Eure-et-Loir**, ch.-l. *Chartres*, s.-pr. Dreux, Nogent-le-Rotrou, Châteaudun.
- **Loir-et-Cher**, ch.-l. *Blois*, s.-pr. Vendôme, Romorantin.

Touraine
- Indre-et Loire, ch.-l. **Tours**, s.-pr. Chinon, Loches.

Berry (2 départ.)
- Indre, ch.-l. *Châteauroux*, s.-pr. Issoudun, le Blanc, la Châtre.
- Cher, ch.-l. *Bourges*, s.-pr. Saint-Amand, Sancerre.

Nivernais
- Nièvre, ch.-l. *Nevers*, s.-pr. Cosne, Clamecy, Château-Chinon.

Bourbonnais
- ALLIER, ch.-l. *Moulins*, s.-pr. *Montluçon*, Gannat, Lapalisse.

Marche
- Creuse, ch.-l. Guéret, s.-pr. Aubusson, Bourganeuf, Boussac.

Limousin (2 départ.)
- **Haute-Vienne**, ch.-l. **Limoges**, s.-pr. Saint-Yrieix, Bellac, Rochechouart.
- Corrèze, ch.-l. Tulle, s.-pr. *Brive*, Ussel.

Auvergne (2 départ.)
- PUY-DE-DOME, ch.-l. **Clermont-Ferrand**, s.-pr. Thiers, Riom, Ambert, Issoire.
- **Cantal**, ch.-l. Aurillac, s.-pr. Saint-Flour, Mauriac, Murat.

VI. RÉGION DU SUD-OUEST

Angoumois
- **Charente**, ch.-l. *Angoulême*, s.-pr. Cognac, Barbezieux, Ruffec, Confolens.

Aunis et Saintonge
- CHARENTE-INFÉRIEURE, ch.-l. *la Rochelle*, s.-pr. *Rochefort*, *Saintes*, Saint-Jean-d'Angely, Marennes, Jonzac.

Guyenne (6 départ.)
- GIRONDE, ch.-l. **Bordeaux**, s.-pr. *Libourne*, Blaye, Bazas, la Réole, Lesparre.
- DORDOGNE, ch.-l. *Périgueux*, s.-pr. Bergerac, Sarlat, Ribérac, Nontron.
- Lot, ch.-l. Cahors, s.-pr. Figeac, Gourdon.
- **Aveyron**, ch.-l. Rodez, s.-pr. Millau, Villefranche, Saint-Affrique, Espalion.
- **Lot-et-Garonne**, ch.-l. *Agen*, s.-pr. Villeneuve-sur-Lot, Marmande, Nérac.
- **Tarn-et-Garonne**, ch.-l. *Montauban*, s.-pr. Moissac, Castelsarrasin.

Gascogne (3 départ.)
- **Gers**, ch.-l. Auch, s.-pr. Condom, Mirande, Lectoure, Lombez.
- **Landes**, ch.-l. Mont-de-Marsan, s.-pr. Dax, Saint-Sever.
- **Hautes-Pyrénées**, ch.-l. *Tarbes*, s.-pr. Bagnères-de-Bigorre, Argelès.

Béarn
- BASSES-PYRÉNÉES, ch.-l. *Pau*, s.-pr. *Bayonne*, Oloron, Orthez, Mauléon.

VII. RÉGION DU SUD

Foix
- **Ariège**, ch.-l. Foix, s.-pr. Pamiers, Saint-Girons.

Roussillon
- **Pyrénées-Orientales**, ch.-l. *Perpignan*, s.-pr. Prades, Céret.

Languedoc (8 départ.)
- HAUTE-GARONNE, ch.-l. **Toulouse**, s.-pr. Saint-Gaudens, Muret, Villefranche.
- **Tarn**, ch.-l. *Albi*, s.-pr. *Castres*, Gaillac, Lavaur.
- **Aude**, ch.-l. *Carcassonne*, s.-pr. *Narbonne*, Castelnaudary, Limoux.
- HÉRAULT, ch.-l. **Montpellier**, s.-pr. **Béziers**, Lodève, Saint-Pons.
- GARD, ch.-l. **Nîmes**, s.-pr. *Alais*, Uzès, le Vigan.
- **Ardèche**, ch.-l. Privas, s.-pr. Tournon, Largentière.
- **Lozère**, ch.-l. Mende, s.-pr. Marvejols, Florac.
- **Haute-Loire**, ch.-l. *Le Puy*, s.-pr. Yssingeaux, Brioude.

VIII. RÉGION DE L'EST

Lyonnais (2 départ.)
- RHONE, ch.-l. **Lyon**, s.-pr. Villefranche.
- LOIRE, ch.-l. **Saint-Etienne**, s.-pr. *Roanne*, Montbrison.

Bourgogne (4 départ.)
- **Ain**, ch.-l. *Bourg*, s.-pr. Belley, Trévoux, Nantua, Gex.
- SAONE-ET-LOIRE, ch.-l. *Mâcon*, s.-pr. *Chalon-sur-Saône*, Autun, Louhans, Charolles.
- **Côte-d'Or**, ch.-l. **Dijon**, s.-pr. Beaune, Châtillon-sur-Seine, Semur.
- **Yonne**, ch.-l. *Auxerre*, s.-pr. Sens, Joigny, Avallon, Tonnerre.

Franche-Comté (3 départ.)
- **Haute-Saône**, ch.-l. Vesoul, s.-pr. Lure, Gray.
- **Doubs**, ch.-l. **Besançon**, s.-pr. Montbéliard, Pontarlier, Baume.
- **Jura**, ch.-l. Lons-le-Saunier, s.-pr. Dôle, Saint-Claude, Poligny.

IX. RÉGION DU SUD-EST

Savoie (2 départ.)
- **Haute-Savoie**, ch.-l. Annecy, s.-pr. Thonon, Bonneville, Saint-Julien.
- **Savoie**, ch.-l. *Chambéry*, s.-pr. Albertville, Saint-Jean-de-Maurienne, Moutiers.

Dauphiné (3 départ.)
- ISÈRE, ch.-l. **Grenoble**, s.-pr. *Vienne*, la Tour-du-Pin, Saint-Marcellin.
- **Drôme**, ch.-l. *Valence*, s.-pr. Montélimar, Die, Nyons.
- **Hautes-Alpes**, ch.-l. Gap, s.-pr. Briançon, Embrun.

Comtat
- **Vaucluse**, ch.-l. *Avignon*, s.-pr. Carpentras, Orange, Apt.

Provence et Nice (4 départ.)
- BOUCHES-DU-RHONE, ch.-l. **Marseille**, s.-pr. *Arles*, *Aix*.
- **Var**, ch.-l. Draguignan, s.-pr. **Toulon**, Brignoles.
- **Basses-Alpes**, ch.-l. Digne, s.-pr. Sisteron, Forcalquier, Barcelonnette, Castellane.
- **Alpes-Maritimes**, ch.-l. **Nice**, s.-pr. Grasse, Puget-Théniers.

Corse
- **Corse**, ch.-l. Ajaccio, s.-pr. *Bastia*, Corte, Sartène, Calvi.

Algérie, 3 départements (au nord) et 4 territoires militaires (au sud). (Voir p. 18.)

NOTA. — 1. Les DÉPARTEMENTS écrits en capitales ont plus de 400000 habitants.
2. Les sous-préfectures sont rangées d'après le chiffre de la population.
3. Les villes en romain gras ont plus de 50000 habitants.
4. Les *villes en italique* ont de 20 à 50000 habitants.

Les départements.

Devoir 36. — 1. En combien de *régions* peut-on diviser la France? — 2. Combien de provinces comptait-elle autrefois? — 3. Nommez les provinces situées dans les 3 régions. — 4. Dans quelle région se trouve l'Anjou? — la Provence? — la Champagne? — l'Orléanais? — 5. Quelles sont les plus grandes provinces?

Devoir 37. — 1. Quels sont les *départements* compris dans l'Ile-de-France? — 2. Quel est le dép. formé de la Picardie? — de l'Artois? — de la Flandre? — 3. Nommez les dép. formés de la Champagne, — de la Lorraine. — 4. Nommez ceux de la Normandie, — du Maine. — 5. Combien y a-t-il de dép. dans la région du N.? — du N.-E.? — du N.-O.?

Devoir 38. — 1. Nommez et comptez les *provinces* et les *départements* de la région de l'O. — 2. Faites de même pour la région du S. — 3. de l'E.

Devoir 39. — 1. Dans quelle province et quelle région se trouvent les départements de la Meuse? de la Drôme? de la Corrèze? de la Somme? des Landes? des Basses-Alpes? de la Savoie? de la Vendée? de la Nièvre? — 2. De quoi tirent leur nom les dép. de la Somme? de Vaucluse? du Cantal? du Nord? du Finistère? de la Savoie? — 3. Nommez les dép. dont les chefs-lieux sont Amiens, Tulle, Agen, Vannes, Guéret, Saint-Étienne. — 4. Dans quel dép. se trouve le Havre? Bazas? Fréjus? Saint-Gaudens? Saint-Sever?

Devoir 40. Départements rangés par bassins. — 1. Quels sont les 6 dép. situés dans le versant de la *mer du Nord?* — 2. les 7 dép. traversés par la *Seine?* — 3. les 11 autres du versant de la Manche? — 4. les 10 dép. traversés ou limités par la *Loire?* — 5. les 11 autres du bassin de la Loire et de son annexe? — 6. les 4 dep. traversés par la *Garonne?* — 7. les 15 autres du bassin de la Garonne et de ses deux annexes? — 8. les 11 dép. arrosés par le *Rhône?* — 9. les 12 autres du versant de la Méditerranée? — 10. Comptez le nombre des dép. dans chacun des bassins.

Devoir 41. — 1. Quels sont les dép. français situés sur les frontières de la Belgique? — de l'Allemagne? — de la Suisse? — de l'Italie? — de l'Espagne? — 2. Quels sont les départements baignés par la mer du Nord? — par la Manche? — par l'Océan? — par la Méditerranée?

Devoir 42. — 1. Quel est le dép. situé le plus au nord? — le plus à l'est? — le plus au sud? — le plus à l'ouest? — 2. Quels sont les dép. situés sous le méridien de Paris? — sous le 4e degré de longitude orientale? — sous le 2e de longitude occidentale? — sous le 44e degré de latitude septentrionale? — sous le 48e?

Devoir 43. — 1. Citez les départements qui *tirent leur nom* de la Seine, — de l'Oise, — de la Loire, — du Cher, — de la Garonne, — du Lot, — du

II. — GÉOGRAPHIE POLITIQUE

Du peuple français.

121. La **population** *absolue* ou totale de la France est de 39 600 000 hab., y compris 1 100 000 étrangers. (En 1911.)

La **superficie** étant de 537 000 km carrés, la *population relative* est de 74 hab. par km².

Langues. — La *langue française*, formée principalement du latin, est d'un usage général dans tout le pays. C'est en même temps l'une des langues vivantes les plus cultivées à l'étranger.

L'*italien*, le *flamand*, le *breton* et le *basque* sont aussi parlés dans quelques parties de la France.

Religion. — Les Français appartiennent à la *religion catholique;* cependant il y a environ 600 000 *protestants calvinistes*, surtout dans le Languedoc et les Charentes, 70 000 *luthériens* et 100 000 *israélites*.

Les anciennes provinces.

122. **Historique.** — La France actuelle correspond à la plus grande partie de la *Gaule*, qui s'étendait entre l'Océan, les Pyrénées, les Alpes et le Rhin. Elle fut conquise par César cinquante ans avant J.-C., et pendant cinq cents ans elle fit partie de l'empire romain. — Au ve siècle, les Francs s'en emparèrent sous la conduite de Clovis; mais la Gaule ne prit le nom de France que vers le IXe siècle, à la suite du démembrement de l'empire de Charlemagne. — Par suite du régime féodal, la France se couvrit d'un grand nombre de fiefs ou souverainetés particulières, plus ou moins indépendantes de la royauté, et nos rois mirent plus de huit siècles pour étendre le domaine de la couronne jusqu'aux frontières actuelles.

123. **Formation du domaine royal.** — Au Xe siècle, à l'avènement de Hugues Capet à la couronne de France, le domaine royal comprenait seulement l'*Ile-de-France*, l'*Orléanais* et la *Picardie*, apanage particulier de ce prince.

Au XIIe siècle, — Philippe Ier acheta le *Berry*.

Au XIIIe siècle, — Philippe-Auguste conquit la *Touraine*, et confisqua la *Normandie* sur Jean sans Terre.

Saint Louis et Philippe le Hardi héritèrent du *Languedoc*.

Philippe le Bel acquit le *Lyonnais* et prépara la réunion de la *Champagne* par son mariage avec Jeanne de Navarre.

Au XIVe siècle, — Philippe VI obtint le *Dauphiné* par don du dernier de ses comtes, et acheta le comté de *Montpellier*.

Charles V conquit sur les Anglais le *Poitou*, l'*Aunis* et la *Saintonge*.

Au XVe siècle, — Charles VII conquit sur les Anglais la *Guyenne* et la *Gascogne*.

Louis XI hérita de René d'Anjou, du *Maine*, de l'*Anjou* et de la *Provence*, et il confisqua la *Bourgogne* et la *Picardie* après la mort de Charles le Téméraire.

Au XVIe siècle, — François Ier confisqua sur le connétable de Bourbon le *Bourbonnais*, une partie de l'*Auvergne* et la *Marche*. — Il réunit par apanage l'*Angoumois*, et par mariage la *Bretagne*.

Henri IV réunit par apanage le *Bearn*, le *comté de Foix* et le *Limousin*.

Au XVIIe siècle, — Louis XIII et Louis XIV conquirent l'*Artois*, le *Roussillon*, la *Flandre française*, la *Franche-Comté* et l'*Alsace*.

Louis XIV acheta en outre le *Nivernais*.

Au XVIIIe siècle, — Louis XV hérita de la *Lorraine*, à la mort de Stanislas Leczinski, et acheta la *Corse* aux Génois.

La Révolution annexa le *comtat Venaissin* et *Avignon*, enlevés au Pape.

Au XIXe siècle, — Napoléon III annexa la *Savoie* et le *comté de Nice*, cédés par l'Italie; mais perdit l'Alsace et une partie de la Lorraine.

124. **Tableau des provinces.** — Avant 1790, la France comprenait 35 provinces, qui correspondaient en général avec les *gouvernements militaires*. Ces provinces étaient des divisions territoriales administrées par des intendants et séparées entre elles par des lignes de douanes. Leur administration n'était pas uniforme; chacune d'elles jouissait de privilèges particuliers.

125. Les anciennes provinces sont au nombre de 37, en y comprenant le comtat Venaissin, la Savoie et le comté de Nice, acquis depuis 1790, et en déduisant l'Alsace, perdue en 1871. Les voici, rangées par ordre de position géographique.

1° AU NORD, l'*Ile-de-France*, cap. Paris; — la *Picardie*, cap. Amiens; — l'*Artois*, c. Arras; — la *Flandre française*, c. Lille.

2° AU NORD-EST, la *Champagne*, cap. Troyes; — la *Lorraine*, cap. Nancy.

3° AU NORD-OUEST, la *Normandie*, cap. Rouen; — le *Maine*, cap. Le Mans.

4° A L'OUEST, la *Bretagne*, cap. Rennes; — l'*Anjou*, cap. Angers; — le *Poitou*, cap. Poitiers.

5° AU CENTRE, l'*Orléanais*, cap. Orléans; — la *Touraine*, cap. Tours; — le *Berry*, cap. Bourges; — le *Nivernais*, cap. Nevers; — le *Bourbonnais*, cap. Moulins; — la *Marche*, cap. Guéret; — le *Limousin*, cap. Limoges; — l'*Auvergne*, cap. Clermont.

6° AU SUD-OUEST, l'*Angoumois*, cap. Angoulême; — l'*Aunis*, cap. la Rochelle, avec la *Saintonge*, cap. Saintes; — la *Guyenne*, cap. Bordeaux, avec la *Gascogne*, cap. Auch; — le *Béarn*, cap. Pau.

7° AU SUD, le *comté de Foix*, cap. Foix; — le *Roussillon*, cap. Perpignan; — le *Languedoc*, cap. Toulouse.

8° A L'EST, le *Lyonnais*, cap. Lyon; — la *Bourgogne*, cap. Dijon; — la *Franche-Comté*, cap. Besançon.

9° AU SUD-EST, la *Savoie*, cap. Chambéry; — le *Dauphiné*, cap. Grenoble; — le *Comtat*, cap. Avignon; — la *Provence*, cap. Aix; — le *comté de Nice*, cap. Nice; — la *Corse*, cap. Bastia.

Les départements.

126. **Départements.** — *Origine et but de la division en départements.* La division de la France en départements fut établie en 1790 par l'Assemblée constituante, dans le but de rendre uniforme l'administration du pays, en faisant disparaître les traditions et les privilèges des provinces.

Le *nombre* de nos **départements**, qui était de 89 avant la perte du Haut-Rhin, du Bas-Rhin et de la Moselle, en 1871, est actuellement de 86, outre le Territoire de Belfort.

127. Les **noms des départements** sont tirés : 1° soit des *cours d'eau* qui les arrosent (Seine, Seine-et-Oise, etc.); c'est le cas le plus ordinaire; — 2° soit des *montagnes* qui s'y trouvent (Hautes-Alpes, Jura, Lozère, etc.); 3° soit de quelque *particularité remarquable*, telle que la *position relative* (Nord, Côtes-du-Nord, Finistère); de la *mer* (Pas-de-Calais, Manche, Morbihan); de *rochers* (Calvados), d'une fontaine (Vaucluse), de la *nature du sol* (Landes); 4° la Corse et les deux départements de la Savoie ont seuls conservé leurs *noms historiques*.

Du gouvernement.

128. La **forme du gouvernement** en France est la *république*, dont le chef est un *président* élu.

129. Le président, avec les *ministres* de son choix, forme le **pouvoir exécutif**.

Les **ministères** sont ceux de l'*intérieur*, — de la *justice*, — de l'*instruction publique* et des *beaux-arts*, — des *finances*, — de la *guerre*, — de la *marine*, — des *colonies*, — des *affaires étrangères*, — de l'*agriculture*, — des *travaux publics*, — du *commerce* et des *postes et télégraphes*, — de l'*industrie*, — du *travail* et de la *prévoyance sociale*.

130. Le **pouvoir législatif**, ou celui de faire les lois, est exercé par deux assemblées : le **Sénat**, qui comprend 300 membres, élus pour 9 ans, et la **Chambre des députés**, qui comprend **584** membres, élus pour 4 ans par le suffrage universel.

Tout Français âgé de 21 ans est électeur, aussi bien pour les élections des députés que pour les conseils généraux des départements, les conseils d'arrondissement et les conseils municipaux. Il doit *voter* en choisissant le candidat le plus digne, le plus capable de soigner les intérêts politiques, moraux et religieux de la patrie.

Le **Conseil d'État**, non électif, donne au gouvernement son avis sur certains projets de lois, et sur les projets de décrets et règlements d'administration publique.

131. **Divisions administratives.** — Pour faciliter l'administration d'un pays, on établit diverses sortes de *divisions territoriales*, dont les principales sont, en France : 1° les divisions *administratives* proprement dites ou *civiles*, 2° les divisions *judiciaires*, 3° les divisions *militaires*, 4° les divisions *maritimes*, 5° les divisions *financières*, 6° les divisions *académiques*, 7° les divisions *ecclésiastiques*.

Rhône, — de la Saône. — 2. Citez les départements qui tirent leur nom des Pyrénées, — des Alpes. — 3. Citez les départements qui tirent leur nom de quelque particularité autre que les montagnes et les rivières.

Devoir 44. — *Coloriez* la carte 2 (départements, cahier cartog. n° 2).

Devoir 45. — *Complétez*, sur la même carte, les noms des départements et de leurs chefs-lieux.

Devoir 46. — Tracez cette carte, en tout ou en partie.

Administration.

Devoir 47. — 1. Quelle est la *population* de la France? — Quels sont les États de l'Europe plus peuplés qu'elle? (Voir p. 42.) — 2. Quelle est sa *superficie?* Quel rang occupe-t-elle sous ce rapport en Europe? (id.) — 3. A quelle famille ethnographique (ou de peuples) appartenons-nous? — 4. Quelles sont les *langues* parlées en France? — 5. Quelle est la *religion* dominante?

Devoir 48. — 1. Résumez l'*histoire* de notre pays. — 2. Dites quelles provinces furent réunies dans chaque siècle. — 3. Comment Louis XI, François Ier, Henri IV et Louis XIV agrandirent-ils la France?

Devoir 49. — 1. Énumérez les 35 *provinces* avec leurs anciennes capitales. — 2. Tracez la *carte* par provinces.

Devoir 50. — 1. Quelle est la *forme du gouvernement* français? — 2. Combien y a-t-il de ministères? Nommez-les. — 3. A qui appartient le *pouvoir exécutif?* — 4. et le *pouvoir législatif?* — 5. A quelles élections peut participer un *électeur?* — 6. Combien y a-t-il de sortes de divisions administratives?

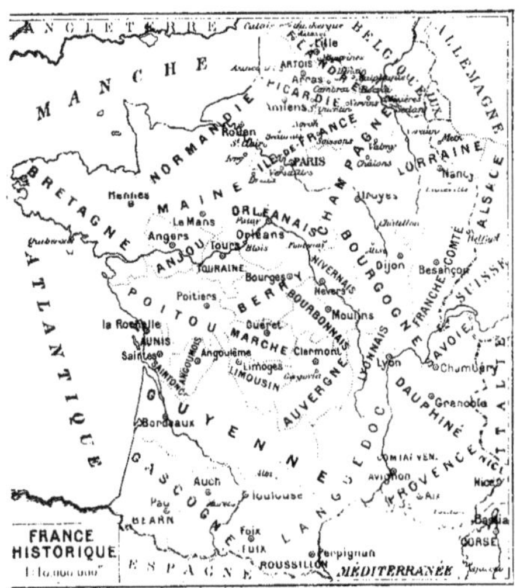

Administration civile.

132. Sous le rapport de l'administration civile, la France est divisée en 86 *départements*, et subdivisée en 362 *arrondissements*, 2915 *cantons* et 36241 *communes*.

133. Un **département** est une circonscription territoriale administrée par un préfet.

Le **préfet**, nommé par le chef de l'État, est assisté d'un *conseil général élu* et d'un *conseil de préfecture nommé*.

134. L'**arrondissement** est la division du département ayant un administrateur particulier appelé **sous-préfet**. L'arrondissement de la préfecture est administré directement par le préfet.

Le **sous-préfet** est subordonné au préfet. Il est assisté d'un **conseil d'arrondissement**, qui se compose ordinairement d'autant de membres qu'il y a de cantons dans l'arrondissement.

135. Le **canton** est une division de l'arrondissement et comprend un certain nombre de communes.

Le canton sert de base à l'élection des membres du conseil général et du conseil d'arrondissement. Il est le ressort de la *justice de paix*, autorité judiciaire du degré inférieur.

136. La **commune** est une portion du territoire français administrée par un *maire*.

On distingue les *communes urbaines* et les *communes rurales*. (Voir nº 52.)

137. Le **maire** de la commune est assisté d'un ou de plusieurs *adjoints*, et d'un conseil municipal.

Le maire est à la fois le délégué du gouvernement et le représentant de la commune. Ses principales fonctions sont administratives; il est chargé de la police municipale, de la proposition du budget, etc.

Le **conseil municipal** se compose de 10 à 36 membres, suivant l'importance de la commune. Il est élu par les habitants de la commune et présidé par le maire.

138. Paris et Lyon ont une administration particulière. **A Paris**, le *préfet de la Seine* et le *préfet de police* remplissent conjointement les *fonctions de maire* pour toute la ville; mais celle-ci se divise en 20 arrondissements, ayant chacun leur maire spécial. Lyon est administré par un maire et divisé en 6 arrondissements.

Divisions judiciaires.

139. Sous le rapport judiciaire, la France comprend les *justices de paix*, — les *tribunaux de première instance*, — les *tribunaux de commerce*, — les *cours d'appel*, — les *cours d'assises*, — la *cour de cassation*.

140. Le **tribunal de justice de paix**, établi au chef-lieu de chaque canton, prononce sur les affaires de peu d'importance : il concilie les parties et apaise les différends. Comme *tribunal de simple police*, il juge les contraventions.

Le **tribunal de première instance**, établi dans chaque arrondissement et généralement au chef-lieu, prononce sur les matières civiles importantes et sur les délits, ou affaires de police correctionnelle.

Il statue sur toutes les affaires dont la connaissance n'a pas été attribuée à d'autres juges par des lois particulières.

Le *tribunal de commerce*, établi dans les villes commerçantes, prononce sur les contestations qui s'élèvent entre les commerçants.

Le tribunal de première instance et le tribunal de commerce forment le deuxième degré de juridiction. On peut référer de leurs jugements à la cour d'appel.

141. La **cour d'appel** est un tribunal supérieur qui prononce sur les oppositions formées contre les jugements rendus par les tribunaux de première instance et de commerce.

Il y a 26 *cours d'appel* pour toute la France :

Agen	**Bourges**	**Lyon**	**Poitiers**
Aix	**Caen**	**Montpellier**	**Rennes**
Amiens	**Chambéry**	**Nancy**	**Riom**
Angers	**Dijon**	**Nîmes**	**Rouen**
Bastia	**Douai**	**Orléans**	**Toulouse**
Besançon	**Grenoble**	**Paris**	(Alg.-Tun.)
Bordeaux	**Limoges**	**Pau**	**Alger**

142. La **cour d'assises** est un tribunal temporaire qui prononce sur les affaires criminelles, avec le concours d'un jury de citoyens. — Elle se tient quatre fois l'année, ordinairement au chef-lieu du département.

Le jury se prononce sur la culpabilité ou l'innocence de l'accusé; les magistrats dirigent le débat et appliquent la loi.

Les membres du jury se nomment *jurés*. Pour être juré, il faut avoir 30 ans, savoir lire et écrire, et n'être dans aucun des cas d'incapacité prévus par la loi. Pour chaque affaire, le jury se compose de 12 jurés tirés au sort.

143. La **cour de cassation**, siégeant à

Devoir 51. — 1. En combien de *départements* notre pays est-il divisé? — 2. en combien d'*arrondissements*, de cantons et de communes? — 3. Qu'est-ce qu'un département, et quel est son administrateur? — 4. Dites de même pour l'arrondissement. — 5. A quoi sert le *canton*? — 6. Qui administre la *commune*? — 7. De qui se compose le conseil municipal?

Devoir 52. — 1. A quoi sert le tribunal de justice de paix? — 2. Par quel tribunal sont jugés les délits? les affaires de commerce? les crimes? — 3. Pourquoi la cour de cassation est-elle ainsi appelée? — 4. Qu'appelle-t-on *cour des comptes*? — 5. Qu'est-ce que le budget? — 6. Dessinez la *carte* des divisions judiciaires

Paris, est le tribunal suprême, chargé de maintenir l'uniformité de jurisprudence dans toute la France.

La cour de cassation examine *seulement* si le jugement qui lui est soumis *est conforme ou non* à la loi : dans le premier cas, elle rejette le pourvoi ; dans le second, elle *casse* le jugement et renvoie l'affaire à un autre tribunal.

144. **Divisions financières.** — Pour la perception des revenus publics, chaque arrondissement forme une recette particulière et chaque département une recette générale, en rapport avec la caisse centrale du Trésor public à Paris.

145. Une *cour des comptes*, siégeant à Paris, vérifie l'emploi des fonds du gouvernement.

Le **budget**, ou l'état annuel des finances publiques, comprend : 1° la fixation des dépenses et la formation du revenu, qui sont de la compétence du pouvoir législatif ; 2° la perception et la comptabilité, qui appartiennent à l'ordre administratif.

Le budget de l'État est préparé chaque année par le ministre compétent, et présenté aux Chambres, qui l'examinent, le discutent et le votent.

Les recettes publiques comprennent les contributions directes, les contributions indirectes, les droits d'enregistrement, de timbres et de douane, les produits des domaines, des postes, etc.

Le budget de l'État est de plus de 4 milliards de francs, et la dette publique dépasse 30 milliards. Ils ont augmenté d'un tiers depuis la guerre de 1870-71.

146. **Divisions académiques.** — Pour l'administration de l'instruction publique, la France est divisée en 16 *académies*, ou circonscriptions territoriales régies chacune par un ***recteur***.

Les chefs-lieux d'académies sont :

Aix, Besançon, Bordeaux, Caen, Chambéry, Clermont, Dijon, Grenoble, Lille, Lyon, Montpellier, Nancy, Paris, Poitiers, Rennes, Toulouse. Pour l'Algérie, **Alger.**

Sauf Chambéry, ce sont des sièges d'*universités*, ou réunions de facultés. L'ensemble du corps enseignant français constitue l'*Université de France.*

147. L'enseignement se divise en trois degrés : *primaire, secondaire, supérieur.*

L'enseignement *primaire* comprend les premiers éléments des connaissances : religion, lecture, écriture, langue française, histoire, géographie, arithmétique, dessin, etc. (Écoles ordinaires, communales ou libres, salles d'asile, cours d'adultes, pensionnats.) On décerne un *certificat d'études primaires.*

L'enseignement *primaire supérieur*, dit aussi enseignement *secondaire spécial*, comprend en outre la littérature française, les mathématiques appliquées, les sciences physiques et naturelles.

L'enseignement *secondaire* embrasse les langues anciennes, la rhétorique, les éléments des mathématiques et de la philosophie. (*Lycées, collèges, petits séminaires*, etc.)

L'enseignement *supérieur* comprend dans toute leur étendue les connaissances humaines. Il se donne dans les Universités, les Facultés libres et les Écoles spéciales. (*Facultés de théologie*, de *droit*, de *médecine*, des *sciences* et des *lettres*; écoles *normale supérieure, polytechnique, navale, centrale*, de *Saint-Cyr*, etc.)

148. **Divisions ecclésiastiques.** — Pour l'administration du culte catholique, la France est divisée en 85 *diocèses*, soumis chacun à la juridiction spirituelle d'un archevêque ou d'un évêque.

Il y a 17 archevêchés et 68 évêchés.

L'Algérie et les autres colonies comptent en outre 2 archevêchés et 5 évêchés.

149. **Aix**, archevêché, a pour *suffragants* les évêchés d'*Ajaccio, Digne, Fréjus* (Var), *Gap, Marseille* et *Nice.*

Albi, suffr. : *Cahors, Mende, Perpignan, Rodez.*

Alger, suffr. : *Oran, Constantine.*

Auch, suffr. : *Aire* (Landes), *Bayonne, Tarbes.*

Avignon, suffr. : *Montpellier, Nîmes, Valence, Viviers* (Ardèche).

Besançon, suffr. : *Belley, Nancy, Saint-Dié* et *Verdun.*

Bordeaux, suffr. : *Agen, Angoulême, La Rochelle, Luçon* (Vendée), *Périgueux, Poitiers, Basse-Terre* (Guadeloupe), *Saint-Pierre* (Martinique), et *Saint-Denis* (île de la Réunion).

Bourges, suffr. : *Clermont, Saint-Flour, Limoges, Le Puy* et *Tulle.*

Cambrai, suffr. : *Arras* et *Lille.*

Carthage et *Tunis.*

Chambéry, suffr. : *Annecy, Moûtiers-en-Tarentaise* et *Saint-Jean-de-Maurienne.*

Lyon, suffr. : *Autun, Dijon, Grenoble, Langres* et *Saint-Claude.*

Paris, suffr. : *Blois, Chartres, Meaux, Orléans* et *Versailles.*

Reims, suffr. : *Amiens, Beauvais, Châlons-sur-Marne* et *Soissons.*

Rennes, suffr. : *Quimper, S.-Brieuc, Vannes.*

Rouen, suffr. : *Bayeux, Coutances, Évreux* et *Séez* (Orne).

Sens, suffr. : *Moulins, Nevers* et *Troyes.*

Toulouse, suffr. : *Carcassonne, Montauban* et *Pamiers.*

Tours, suf. : *Angers, Laval, Le Mans, Nantes.*

150. Chaque diocèse ou *évêché* correspond en général à un département. Chaque archevêché ou archidiocèse constitue, avec ses suffragants, une *province ecclésiastique.*

La *paroisse* est la plus petite circonscription ecclésiastique. On distingue les *doyennés*, ou *cures* de chefs-lieux de cantons ; les *cures* ordinaires et les *succursales*, celles-ci ayant un desservant. Parfois le curé est assisté d'un ou de plusieurs vicaires.

151. Outre le culte catholique, on distingue le *culte protestant*, luthérien ou calviniste, qui tient ses assemblées dans des temples, sous la présidence de pasteurs ou ministres, — et le *culte israélite*, qui a ses synagogues et ses rabbins.

Devoir 53. — **1.** Qu'appelle-t-on Université ?... académie ?... recteur ? — **2.** Quels sont les ch.-l. des seize académies ? — **3.** Comment se divise l'enseignement ? — **4.** Que comprend l'enseignement primaire ? — **5.** Comment obtient-on le certificat d'études ? — **6.** Qu'enseigne-t-on dans les écoles secondaires ?... — **7.** Que comprend l'enseignement supérieur ? — **8.** Nommez quelques grandes écoles. — **9.** Dessinez la *carte* des académies.

Devoir 54. — **1.** Qu'appelle-t-on *diocèse ?... évêché, archevêché ?* — **2.** Combien y a-t-il de diocèses en France ? — **3.** Qu'appelle-t-on métropolitain ?... suffragant ? Donnez un exemple. — **4.** Qu'est-ce qu'une paroisse ? Qui la dessert ? — **5.** Comment sont constitués les cultes protestant et israélite ? — **6.** Faites la *carte* des diocèses.

EXERCICES SUR LA FRANCE MUETTE

UTILITÉ DES CARTES MUETTES

La carte ci-dessus est dite *muette*, parce qu'elle ne donne aucun nom des choses qu'elle représente. Nous la plaçons ici afin que les élèves s'habituent à reconnaître la carte de la France, comme de tout autre pays, *par ses caractères propres*, c'est-à-dire par le contour de ses frontières de terre ou de mer, par la forme de ses rivières ou de ses chaînes de montagnes, etc. L'ensemble de ces caractères donne à chaque pays une *figure* qui le distingue de tout autre, comme les traits du visage distinguent les hommes entre eux... En outre, l'élève doit apprendre à reproduire ces figures par les tracés cartographiques.

USAGE DE LA CARTE MUETTE CI-DESSUS

La légende explique les signes employés sur cette carte, qui est destinée à des exercices oraux de récapitulations. Voici quelques questions types.

Devoir 55. — 1. Quel est le dép. 50 (ou numéro 50)? 2. Indiquez-en le chef-lieu (distingué par le petit drapeau), 3. les sous-préfectures (lettres initiales de leurs noms), 4. les cours d'eau (numéros d'ordre), 5. les montagnes (initiales).

Devoir 56. — Nommez le département 68, — les sous-préfectures du département 71, — le cours d'eau n° 28 (département 21), — le fleuve n° 4 (département 68), — la montagne qui traverse le département 62; — l'île N. (département 29).

Devoir 57. — 1. Nommez au N. de la France, avec leurs chefs-lieux, les départements 2, 6, 8; — au N.-E., les dép. 9, 14, 15. — 2. A l'O., les dép. 23, 25, 28, 31; — au centre, les dép. 33, 37, 40, 44. — 3. Au S.-O., les dép. 48, 50, 53, 55; — au S., les dép. 59, 60, 63, 65.

Devoir 58. — 1. Nommez à l'E., avec leurs chefs-lieux, les dép. 74, 72, 67, 69; au S.-E., les dép. 76, 79, 85. — 2. Citez les dép. traversés par une ligne droite allant de Saint-Brieuc à Draguignan. — 3. De quelles anciennes provinces sont formés les dép. 43, 30, 84, 33, 59? — les dép. 72, 48, 56, 20, 11?

Devoir 59. — 1. Nommez les dép. baignés par la Manche; — ceux baignés par la mer Méditerranée; — les départements traversés par le 48e parallèle. — 2. Citez avec leurs préfectures et sous-préfectures les dép. 28, 44, 56; — les dép. 32, 73, 84. — 3. Dites les cours d'eau 42 (dép. 48) 35 (dép. 36), ceux qui arrosent les dép. 28, 52, 69, 2.

Devoir 60. — 1. Indiquez les affluents du fleuve 3. — 2. les départements qu'il traverse et les villes principales qu'il arrose. — 3. Quels dép. et villes principales baigne le fleuve 4? — 4. Quels sont ses affluents?

Devoir 61. — 1. Quels sont les affluents du fleuve 6? — 2. les villes qu'il baigne en France, et les départ. qu'il sépare? — 3. les monts qui forment la ceinture de son bassin? — 4. Quels monts ou collines traversent les dép. 13, 20, 43, 44?

DÉFENSE NATIONALE

I. La marine.

152. La **marine de guerre**, comme l'armée de terre, est appelée à défendre le territoire, mais spécialement les côtes; en outre, sa mission est de protéger nos colonies, avec nos nationaux, et notre commerce.

153. La marine militaire comprend :

1° Le **personnel**, qui se compose de 46000 hommes d'équipages. Le recrutement se fait surtout parmi les *inscrits maritimes* du littoral, qui seuls ont le droit de pêche et de navigation sur les côtes. L'inscription dure de 18 à 50 ans; il y a 160000 inscrits mobilisables;

2° Le **matériel**, qui se compose non seulement de la *flotte*, mais encore des *ports fortifiés* avec leurs *arsenaux* et leurs chantiers de construction.

La **flotte** française comprend plus de 500 bâtiments de guerre de tous genres. C'est l'une des plus fortes du monde, après la flotte anglaise.

154. **Divisions maritimes.** — Les côtes de la France forment 5 *arrondissements maritimes*, dont les chefs-lieux sont les grands ports militaires de *Cherbourg, Brest, Lorient, Rochefort* et *Toulon*.

Chaque arrondissement est commandé par un vice-amiral, *préfet maritime*, et se subdivise en *sous-arrondissements*, qui sont au nombre de 12.

Cherbourg commande la côte depuis la Belgique jusque près de Granville. — Sous-arrondissements : *Dunkerque, Le Havre* et *Cherbourg*.

Brest commande depuis Granville jusqu'au delà de Concarneau. — Sous-arr. : *Saint-Servan* et *Brest*.

Lorient commande depuis près de Concarneau jusqu'à Noirmoutier. — Sous-arr. : *Lorient* et *Nantes*.

Rochefort commande depuis l'île d'Yeu jusqu'aux Pyrénées. — Sous-arr. : *Rochefort* et *Bordeaux*.

Toulon commande toute la côte de la Méditerranée. — Sous-arr. : *Marseille, Toulon, Bastia*.

II. L'armée.

155. **Service militaire.** — Tout Français ayant 20 ans révolus au 1er janvier doit le service militaire personnel.

La *durée du service* est de 25 ans, savoir : 3 ans dans l'*armée active*, 10 ans dans la *réserve* de l'armée active, 6 ans dans l'*armée territoriale*, et 6 ans dans la réserve de l'armée territoriale.

Le *recrutement* se fait par voie de *recensement*. Sont *exemptés* les jeunes gens que leurs infirmités rendent impropres au service.

Le *patriotisme*, la *bravoure*, l'*ardeur* au combat, sont des qualités naturelles du soldat français; en y joignant l'esprit de discipline et la science militaire, notre armée vaut plus que les forteresses pour l'indépendance et la grandeur de la patrie.

L'ensemble des forces militaires de la France en temps de guerre est d'environ *cinq millions d'hommes*. Sur le pied de paix, l'armée active en compte 790000.

Cet effectif de paix comprend environ 480000 *fantassins*, 95000 *cavaliers*, 105000 *artilleurs*; en outre, les troupes du génie, le train des équipages, la gendarmerie, l'état-major et les divers services; avec 170000 chevaux et 3600 pièces de campagne.

156. **Divisions militaires.** — Le territoire de la France est divisé, pour l'organisation de l'armée active et de l'armée territoriale, en 20 *régions* et en *subdivisions de régions*. L'Algérie-Tunisie forme une 21e région.

Chaque région est occupée par un corps d'armée qui y tient garnison, et commandée par un général de division appelé *chef de corps*.

Les **chefs-lieux** ou **quartiers généraux** des 21 régions militaires sont :

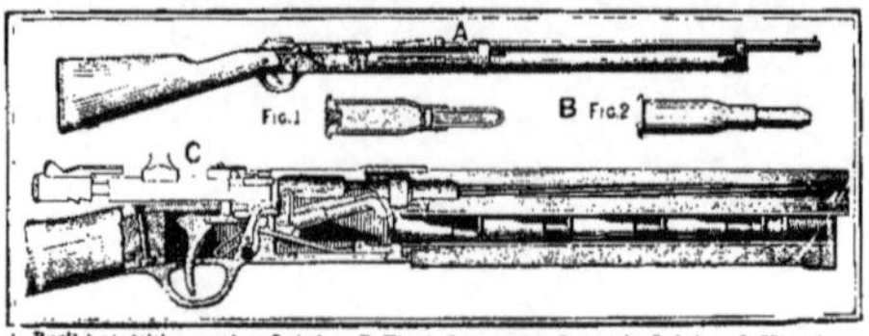

A. Fusil à répétition système Lebel — B. Fig. 1. Coupe, et 2. Cartouche Lebel. — C. Mécanisme du fusil. Tonnerre fermé auget relevé la cartouche pénétrant dans le canon.

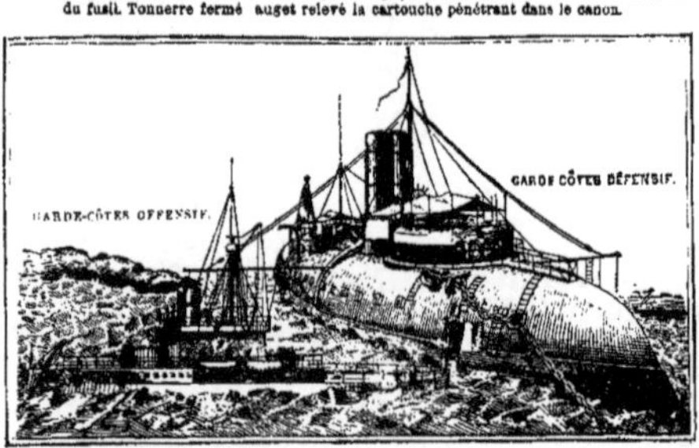

Marine de guerre moderne. Vaisseaux cuirassés avec tourelles pour les canons.

1. **Lille**,
2. **Amiens**,
3. **Rouen**,
4. **Le Mans**,
5. **Orléans**,
6. **Châlons-sur-Marne**,
7. **Besançon**,
8. **Bourges**,
9. **Tours**,
10. **Rennes**,
11. **Nantes**,
12. **Limoges**,
13. **Clermont**,
14. **Grenoble**,
15. **Marseille**,
16. **Montpellier**,
17. **Toulouse**,
18. **Bordeaux**,
19. **Alger**.
20. **Nancy**,
21. **Épinal**.

Paris et **Lyon** ont un gouvernement militaire particulier.

III. Les fortifications.

157. **Places fortes.** — Les frontières continentales de la France sont défendues par plusieurs places fortes, dont les principales sont :

Au nord, Dunkerque, Lille, Maubeuge, La Fère, Laon, Reims et Givet;

A l'est, Verdun, Toul, Épinal, Belfort, Langres, Besançon, Dijon, Lyon, Albertville, Grenoble et Briançon;

Au sud, Nice, Perpignan et Bayonne.

158. **Frontières maritimes.** — *Au point de vue de l'art militaire*, le littoral de la Manche, de l'Atlantique et de la Méditerranée forme de trois côtés les frontières maritimes de la France.

Ces frontières sont défendues par une série de **ports fortifiés**, dont les principaux sont **Cherbourg, Brest, Lorient, Rochefort** et **Toulon**, qui servent d'appui et de refuge à notre flotte, et où sont établis les chantiers de construction, les arsenaux maritimes et les magasins. Les préfets maritimes y résident.

159. **Frontières de terre.** — Les limites du N.-E., de l'E. et du S.-O. de la France sont des *frontières de terre* ou *continentales :* la première est formée de plaines ou de collines; les deux autres, de montagnes.

Au point de vue des relations pacifiques et commerciales, qui enrichissent les nations, les montagnes sont des obstacles. En dehors des tunnels, on ne peut les franchir que par les dépressions appelées *cols* ou *passages* dans les Alpes, *ports* dans les Pyrénées, et situées parfois à une hauteur de 1000 à 3000 m.

Au point de vue de la guerre, les montagnes sont des remparts naturels qui protègent contre l'invasion, et dont le génie militaire assure la défense en construisant des forteresses sur les passages accessibles aux armées.

IV. — Défense des frontières.

160. 1° La **frontière du Nord**, la plus vulnérable puisqu'elle est formée de plaines, mais protégée par la neutralité de la Belgique, est du reste défendue par de nombreuses places fortes, dont les trois principales sont actuellement **Dunkerque, Lille** et **Maubeuge**.

En arrière se trouvent **La Fère, Laon et Reims.**

Toutes les places du nord et de l'est ont surtout pour but de couvrir **Paris, la place centrale**, le cœur du pays, d'ailleurs défendu d'une manière formidable par son enceinte bastionnée et par plus de 40 forts détachés. Grâce à son étendue et à ses ressources exceptionnelles, Paris est la première place de guerre de l'Europe.

2° **La frontière du Nord-Est**, ou des *Vosges* et de l'*Ardenne*, laissée à découvert par la perte de l'Alsace-Lorraine, est défendue par un système de fortifications échelonnées de Rocroi à Belfort. Ces ouvrages se groupent principalement autour de cinq centres : **Reims; Verdun**, sur la Meuse; **Toul** et **Epinal**, sur la Moselle; **Belfort**, qui ferme la large dépression ou *trouée de Belfort*, séparant le Jura des Vosges.

3° La **frontière du Jura**, assez élevée, mais accessible, est défendue par la place de **Belfort** avec *Montbéliard*; par celle de **Besançon**, qui couvre la vallée du Doubs, et par plusieurs forts, tels que ceux de *Joux* et de *Salins*. — En arrière de ces places, **Langres** et **Dijon** complètent la défense de la région du Jura.

4° Les passages des **Alpes**, difficilement praticables, surtout en France, sont défendus par plusieurs forts importants et quelques villes de guerre, telles que **Briançon**, qui protège le col du Mont-Genèvre; *Mont-Dauphin*, qui commande la vallée de la Durance. **Albertville** et **Grenoble** surveillent la vallée de l'Isère et barrent le chemin de la grande *place de* **Lyon**. — La place de **Nice** ferme le passage d'Italie par le littoral de la Méditerranée.

5° Les **Pyrénées**, impraticables aux armées dans leur partie centrale, sont défendues à l'O. par les places fortes de **Bayonne** et *Saint-Jean-Pied-de-Port*, qui commandent les routes de Saint-Sébastien, de Pampelune et le col de

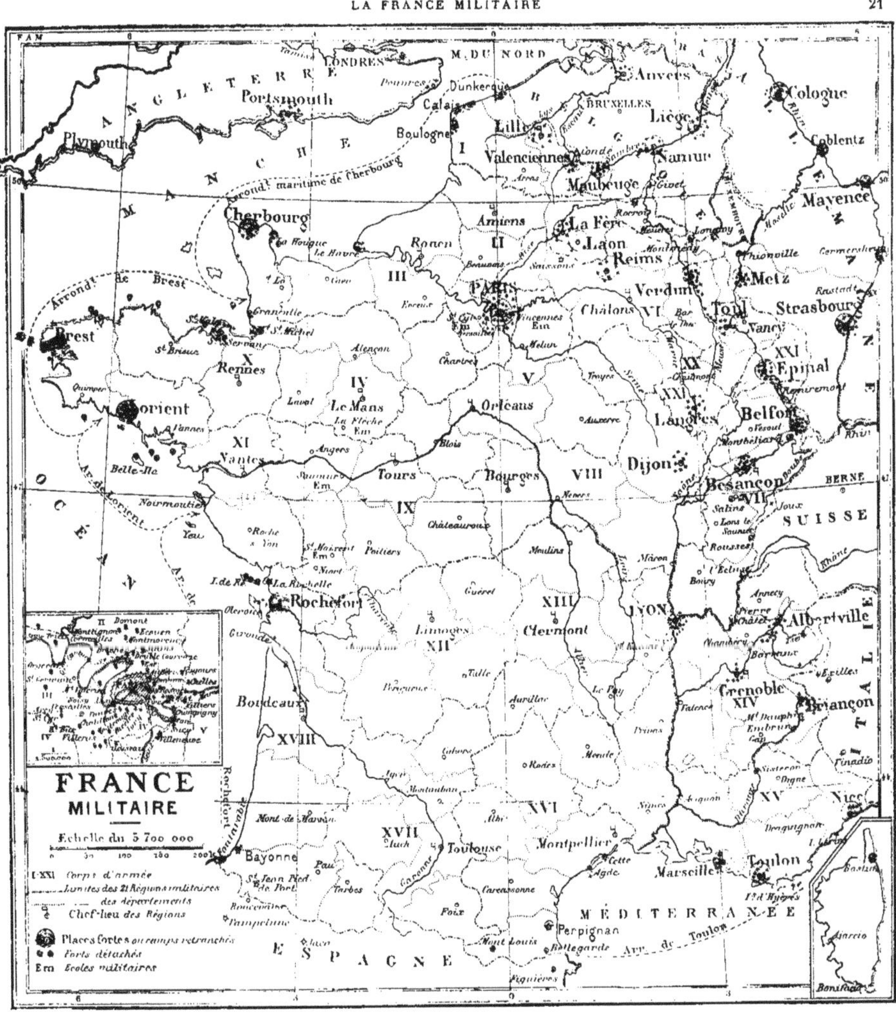

Roncevaux ; — à l'E., par le fort de *Bellegarde*, et par *Mont-Louis* et **Perpignan**, qui commandent les routes de Figuières et de Barcelone.

160 *bis*. Les places fortes des pays frontières du N.-E. sont : en BELGIQUE, **Anvers**, sur l'Escaut ; **Namur** et **Liége**, sur la Meuse. En ALLEMAGNE, **Metz**, sur la Moselle ; **Cologne**, **Coblenz**, **Mayence**, Germersheim, Rastatt, **Strasbourg**, sur le Rhin.

Devoir 62. — 1. Que comprend la *marine militaire* ? — 2. Qu'appelle-t-on arsenaux, flotte de guerre, personnel de la marine ? — 3. Quels sont les arrondissements maritimes ? — 4. Jusqu'où commandent les places de Cherbourg et de Toulon ? — 5. Comment se fait le recrutement des marins de la flotte ?

Devoir 63. — 1. A qui incombe le service militaire en France ? — 2. Quelle est la durée du service ? — 3. Quel est l'effectif de l'armée en temps de paix ou de guerre ? — 4. Quelles sont les différentes armes ? — 5. Nommez les 20 régions militaires. 6. — Tracez-en la carte.

Devoir 63 bis. — 1. Quelle distinction fait-on des montagnes et des plaines au point de vue de la guerre ? — 2. Citez les places fortes qui défendent la frontière du côté de la Belgique. — 3. Nommez les places fortes du côté de l'Allemagne. — 4. Désignez les places du côté de la Suisse. — 5. Sur quelles rivières ou montagnes s'appuient les places de Lille, de Toul, de Dijon, de Besançon ? — 6. Comment les Alpes et les Pyrénées sont-elles défendues ? — 7. Citez quelques forts célèbres de la banlieue de Paris.

FRANCE ÉCONOMIQUE

161. La *géographie économique* comprend l'**agriculture**, qui occupe les trois quarts de la population laborieuse; l'**industrie** (extraction et fabrication) et le **commerce**, qui occupent chacun environ 3 millions et demi de personnes.

I. AGRICULTURE

162. **L'agriculture**, ou l'art de cultiver les plantes et d'élever les animaux nécessaires à l'homme, est l'industrie la plus importante et la plus universellement exercée en France.

La végétation des plantes est subordonnée au *climat* et à la *nature du sol*.

163. **Le climat** est la disposition habituellement chaude ou froide, sèche ou humide, de l'atmosphère d'une contrée. — La chaleur et l'humidité dépendent de la *latitude* du pays et de l'*altitude* du sol, du voisinage des mers et des montagnes, et de l'origine des vents dominants.

En France, la moyenne annuelle de la **température** (ou degré chaleur) est de **11°** centigrades.

164. — Les deux **vents dominants**, en France, sont ceux du S.-O. et du N.-E.

Le *vent du S.-O.* est chaud, parce qu'il vient du midi; humide, parce qu'il traverse l'Océan : il produit le *climat maritime*, qui est moins chaud en été, moins froid en hiver que le climat continental.

Le *vent du N.-E.* est froid, parce qu'il vient des contrées polaires, et sec, parce qu'il traverse le continent : il produit le *climat continental*, très froid en hiver, très chaud en été.

La *quantité moyenne d'eau pluviale* tombée en un an représente une couche de 80 cm répandue sur toute la France (moins de 60 cm au N.-E. du pays, 1 mètre sur les côtes de l'Océan, de la Manche et sur le Massif central; 1 m. 50 dans les Vosges, le Jura, les Pyrénées; plus de 2 m. dans les Alpes).

165. Les **sept climats.** — On a divisé la France en *sept climats* ou régions climatériques :

1. Le **climat vosgien** ou du N.-E. comprend la Lorraine, une partie de la Champagne et de la Franche-Comté; continental, sec et excessif, il produit céréales et pâturages, 9°5.

2. Le **climat séquanien** comprend le nord, presque tout le bassin de la Seine et la partie centrale de celui de la Loire; maritime, doux et pluvieux, il est favorable aux céréales (blé, etc.), aux betteraves, aux prairies, aux arbres fruitiers, et, dans l'E., à la vigne, 10°7.

3. Le **climat armoricain**, le plus maritime de tous, est favorable aux herbages et aux arbres fruitiers; il embrasse la Bretagne, la Normandie, le Maine, l'Anjou et la Touraine, 11°.

4. Le **climat girondin** comprend presque tout le bassin de la Garonne, ceux de l'Adour et de la Charente; humide, chaud en été, il est favorable au maïs et à la vigne, 12°.

5. Le **climat du Massif central** est froid, venteux, inégal; il règne dans ladite région, qui est élevée et peu fertile, renferme des forêts et pâturages, cultive le seigle et le sarrasin, 9°5.

6. Le **climat rhodanien** comprend le bassin du Rhône, moins la partie méridionale; il est très variable : chaud dans les vallées qui produisent céréales, vignes ou mûriers; froid et pluvieux sur les montagnes, 11°.

7. Le **climat méditerranéen** règne autour de la Méditerranée; plus chaud que les autres, c'est le climat des cultures arbustives, telles que l'olivier, l'amandier, le figuier, l'oranger, 14°5.

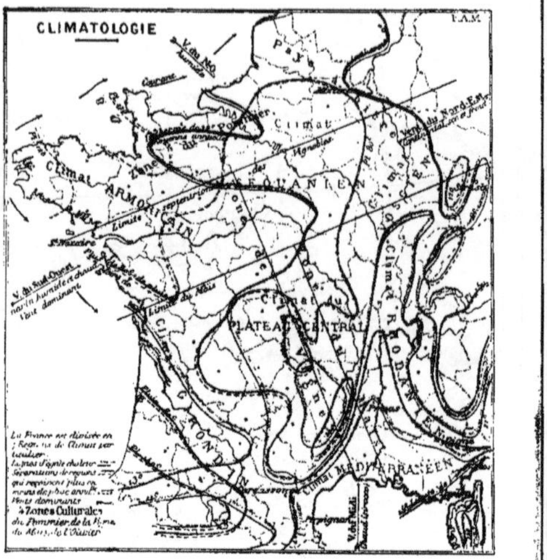

166. **Zones de culture.** — On divise la France en *quatre zones culturales* spéciales :

1° La **zone de l'olivier**, correspondant au climat méditerranéen, a pour limite septentrionale une ligne qui va de Perpignan à Carcassonne, Privas et Digne. — Elle renferme la petite *zone de l'oranger*, située entre Toulon et Nice.

2° La **zone du maïs** commence également à la Méditerranée et se termine au nord par une ligne qui va de l'embouchure de la Gironde vers Strasbourg.—Elle renferme la *zone du mûrier*, qui s'arrête à l'est du Massif central.

3° La **zone de la vigne** s'étend de la Méditerranée jusqu'à une ligne dirigée de Saint-Nazaire à Mézières.

4° **La zone du pommier** *à cidre* comprend le reste du pays, depuis la limite septentrionale de la vigne jusqu'à la Manche.

167. **Régions altitudinales.** — Au point de vue de l'altitude et de l'agriculture, on distingue : les *régions de montagnes*, où dominent les roches nues, les forêts et les pâturages secs; — les *régions de plateaux*, où les pâturages et les bruyères alternent avec les cultures de seigle et de sarrasin; — les *régions de plaines* et de vallées, où dominent les prairies abondantes et les riches cultures de froment et de plantes industrielles.

168. **Végétaux.** — Les principales cultures françaises sont : la *vigne*, le *froment*, le seigle, le maïs, l'orge, l'*avoine*, les *prairies* et pâturages, la *pomme de terre*, la **betterave**, le tabac, les plantes textiles, oléagineuses, *potagères* et *maraîchères*, le mûrier, les *arbres fruitiers* et *forestiers*.

169. Les **vignobles.** — La vigne est la richesse agricole caractéristique du sol français.

La production des vins comprend six groupes principaux : la Bourgogne, la Champagne, le Bordelais, les Charentes, le Midi et le Rhône, le Centre.

170. Les **boissons.** — Le *vin* est la boisson ordinaire dans le midi et dans le centre de la France, jusqu'à Paris. Dans les provinces du N.-O., il est remplacé par le *cidre*, qui est le produit de la fermentation du jus de pommes. Dans les provinces du N. et du N.-E., il est remplacé par la *bière*, boisson fermentée préparée avec de l'orge et du houblon.

171. **Céréales.** — Le **froment** est la céréale qui nous donne le meilleur pain; il est cultivé dans presque toute la France, particulièrement dans les régions du Nord et du N.-O., dans la Beauce, la Brie, etc.

Le *seigle* et le *sarrasin* suppléent au froment dans les pays peu fertiles, surtout en Bretagne et sur le Massif central.

Le *maïs*, excellent pour le bétail, est cultivé surtout dans les bassins de la Garonne et de la Saône.

L'*orge*, dont on fait la bière, et l'**avoine**, qui constitue la meilleure nourriture des chevaux, se cultivent surtout dans le Nord et le Nord-Est.

— Les **prairies** *naturelles* (foin, regain, pâtures) et *artificielles* (luzerne, trèfle, sainfoin, etc.) : Normandie, etc.

171 *bis*. **Plantes industrielles.** — La **betterave** se cultive en grand dans les départements du nord pour la fabrication du sucre et de l'alcool.

Les *plantes textiles* sont, en France, le *lin* et le *chanvre*, dont l'écorce fournit la filasse ou les fibres propres à la filature.

Les *plantes oléagineuses*, dont la graine donne de l'huile, sont : le lin, le chanvre et le colza. Leur culture est en décadence : nord et nord-ouest.

Les **plantes potagères et maraîchères** sont : la *pomme de terre*, dont on fait aussi la fécule et l'alcool; les *légumes* : choux, carottes, navets, pois, haricots, fèves, etc.; la salade, le céleri et autres plantes de jardin.

Les **arbres fruitiers** les plus importants sont : l'*olivier*, le *citronnier*, l'*oranger*, le *figuier*, l'*amandier*, le *châtaignier*, le *pommier*, le *poirier*, le *prunier*, le *cerisier*, le *pêcher*, l'*abricotier*, le *noyer*.

Les **forêts** se trouvent dans les Vosges, l'Argonne, l'Ardenne, le Morvan, le Jura, les Alpes, les Pyrénées, etc.

Devoir 64. — 1. Qu'est-ce que l'*agriculture*? — 2. Comment la chaleur et l'humidité influent-elles sur la végétation d'un pays? — 3. Quels sont les caractères du climat séquanien..., ceux du climat méditerranéen?

Devoir 65. — 1. Jusqu'où s'étend la limite de la culture de l'olivier? — du maïs? — de la vigne? — du pommier? — 2. Quels sont les centres de production des vins français? — 3. Comment et dans quelle ré-

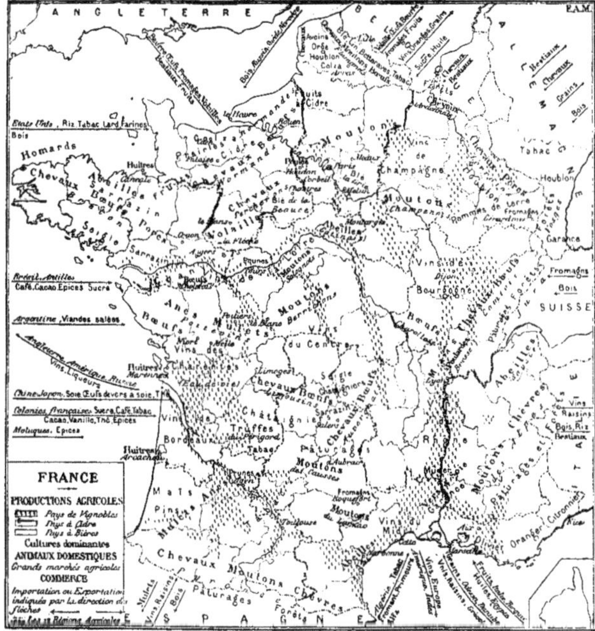

172. **Animaux**. — Les principaux animaux domestiques sont en France : le *cheval*, l'*âne*, le *mulet*, le *bœuf* et la *vache*, le *mouton*, la *chèvre*, le *porc*, le *lapin*, les *oiseaux* de basse-cour, les *abeilles*, le *ver à soie*.

Le **cheval**. Les races principales sont les *chevaux boulonnais*, *normands*, *percherons*, *bretons*, *limousins*, *ardennais*, *tarbesans*.

Les *ânes* et les *mulets* les plus estimés sont ceux des Pyrénées et du Poitou.

Le **bœuf** et la **vache**. Les *races de trait* sont surtout dans les montagnes du centre; les *races laitières* et *de boucherie* sont celles des prairies grasses du N.-O. et de l'E. : Normandie, Charolais, etc.

Le **mouton**, qui nous donne la laine, s'élève en troupeaux nombreux dans le Nord et dans le Centre; les races mérinos, à laine fine, se trouvent surtout dans le bassin de la Seine. — Beaucoup de *brebis* et de *chèvres* sont élevées pour le lait et le fromage dans les pays de montagnes.

Le **ver à soie**, qui se nourrit de la feuille du mûrier, produit la soie en cocons. On l'élève surtout dans le bassin du Rhône inférieur.

La pêche procure les *poissons*, *crustacés*, *huîtres* et *moules*.

173. **Marchés agricoles**. — Les *grands marchés agricoles* sont généralement établis au centre des pays de production, ou dans les villes importantes par leur consommation.

Paris et ses environs ont des marchés pour tous les genres de produits.

Pour les *grains*, Lille, Arras, Rouen, Corbeil, Chartres, Meaux, Melun, Dijon, Lyon, Limoges, Toulouse, et la plupart des grandes villes. — Marseille, Nantes, Le Havre importent des *blés* de Russie, de Roumanie, d'Algérie, des Etats-Unis.

Pour les *graines* et les *huiles* de *lin* et de *colza*, Arras, Lille, Caen. — Dunkerque importe celles de Russie.

Pour les *huiles d'olives*, Aix et Nice. — Marseille est le plus grand marché pour toutes sortes d'oléagineux et d'huiles.

Pour le *lin*, Lille; le *chanvre*, Le Mans, Angers.
Pour les *chevaux*, Caen, Falaise, Tarbes.
Pour les *mulets*, Pau, Poitiers, Niort, Melle.
Pour les *bœufs*, Paris, Lille, Rouen, Cholet, Charolles.
Pour les *moutons*, Le Blanc, Cholet, Montargis.

II. INDUSTRIE

174. **Produits industriels**. — Les principaux produits de l'industrie française peuvent se grouper de la manière suivante :

1° Les produits des *carrières* : les ardoises, les marbres, la pierre de taille, le plâtre, la chaux, la craie, les argiles, etc.; — les *eaux minérales*.

2° Les produits des *mines* : la houille et le fer, abondants surtout dans le Nord, etc.

3° Les produits *métallurgiques* : les métaux, les machines de tous genres, les navires et charpentes en fer, les fusils, les armes blanches, les canons, les objets de quincaillerie et de taillanderie.

4° Les *tissus*, comprenant les cotonnades, les toiles de lin et de chanvre, les draps et les lainages, les soieries, etc.

5° Les *articles de toilette*, *d'ameublement*, etc. : les vêtements, les chaussures, les chapeaux, les meubles, les montres et horloges, les verres et glaces, les faïences et porcelaines, les papiers, les livres et les instruments de tout genre.

175. **Houille** : 38 millions de tonnes. — Les principaux *bassins houillers* sont :

1° *Dans le Nord*, le bassin de Valenciennes (Nord et Pas-de-Calais), produisant 24 millions de tonnes;

2° *Dans le centre*, les bassins du Creusot (Saône-et-Loire) et de Saint-Etienne;

3° *Dans le Sud*, les bassins d'Aubin (Aveyron) et d'Alais (Gard).

176. **Fer**. — Les départements les plus riches en minerais de fer sont. *Meurthe-et-Moselle* (les $^{7}/_{8}$), les Pyrénées-Orientales, le Calvados, l'Orne, la Haute-Marne, la Loire-Inférieure, Saône-et-Loire, le Gard, l'Ariège.

Métallurgie. — Les principaux *produits en fer* sont les *machines à vapeur*, les *métiers* à tisser, les *locomotives*, les *machines-outils*, les *charpentes* sortant des usines de Paris, Lyon, Saint-Etienne, Saint-Chamond, Rive-de-Gier, Le Creusot, Lille, Saint-Quentin;

Les *navires en fer*, des chantiers des cinq ports militaires, de Marseille et de La Ciotat, de La Seyne (Var), du Havre, d'Indret, près de Nantes;

Les *fusils* de Saint-Etienne, de Tulle, de Châtellerault; les *armes blanches* de Châtellerault;

Les *canons* de Bourges, du Creusot, de Ruelle (Charente);

Les *couteaux* de Langres, de Châtellerault, de Thiers et de Nontron.

177. **Cotonnades**. — Les centres de *fabrication de cotonnades* sont :

1° *Dans le N.-O.*, Rouen, Cholet; — 2° *Dans le Nord*, Saint-Quentin, Amiens, Lille; — 3° *Dans l'Est*, Nancy, Epinal, Bar-le-Duc, Belfort; — 4° *Dans le centre*, Tarare, Villefranche, Roanne.

178. **Toiles**. — Les centres de *fabrication de toiles* de lin, chanvre ou jute sont :

1° *Dans le Nord*, Lille, Valenciennes, Amiens, Abbeville, Saint-Quentin, Dunkerque (jute);

2° *Dans l'Ouest*, Le Havre, Lisieux, Vimoutiers, Rennes, Cholet; — Laval, Flers, Evreux (coutils); — Le Mans et Angers (chanvre.)

---

gion se fabrique le cidre? — la bière? — 4. Où se cultive le froment? — le seigle? — le maïs? — l'orge? — la betterave? — le lin? — le chanvre? — 5. Quels usages fait-on des céréales, des betteraves, du lin, du chanvre? — 6. Où se trouvent les forêts?

Devoir 66. — 1. Dans quelles contrées élève-t-on les meilleurs chevaux? — 2. Que veut dire limousin? — ardennais? — normand? — 3. A quels départements correspond le nom de limousin? — d'ardennais? — de normand? — 4. Qu'appelle-t-on bœufs de trait? — vaches laitières? — 5. Quelles sont les meilleures races de boucherie? — 6. Où s'élèvent les moutons? — 7. Comment se produit la soie, et quel usage en fait-on?

Devoir 67. — 1. Dressez la carte agricole de la France, en indiquant les principaux produits sur les lieux de production. — 2. Tracez les limites de cultures de la vigne, du maïs, etc., d'après la carte page 22.

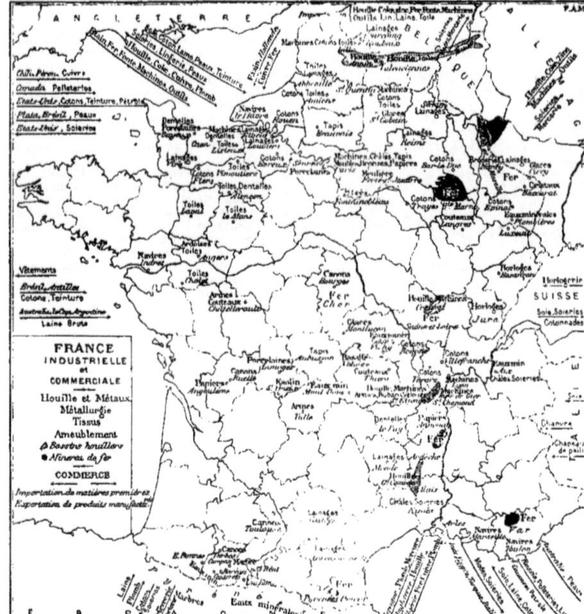

Lille et Bailleul, Alençon, Bayeux, Caen, Mirecourt et Le Puy fabriquent des *dentelles;* Calais et Lyon, des *tulles;* les Vosges, St Quentin, Paris, Lyon, des *broderies*.

179. **Lainages**. — Les centres de *fabrication de lainages* sont :

1° *Dans le N.-O.*, Elbeuf, Louviers et Vire;
2° *Dans le Nord*, Roubaix, Tourcoing;
3° *Dans le N.-E.*, Sedan, Reims et Nancy;
4° *Dans le Sud*, Vienne, Mende, Castres et Mazamet.

On remarque la *bonneterie* de Troyes; les *tapisseries* des Gobelins (Paris) et de Beauvais; les *tapis* de Tourcoing, d'Aubusson et de Nimes.

Soieries. — Les *soieries façonnées* ou à dessins, les étoffes brochées d'or et d'argent de Lyon, les *rubans* et les *velours* de Saint-Étienne, sont renommés dans le monde entier. Nimes, Tours, Paris sont d'autres centres de production.

180. **Objets d'ameublement**. — Les *meubles* et les *bronzes d'art* de Paris.

Les *montres* de Besançon et du Jura.

Les *glaces* de Saint-Gobain (Aisne), de Cirey (Meurthe-et-M.), de Montluçon.

Les *cristaux* de Baccarat (Meurthe-et-M.).

Les *porcelaines fines* de Sèvres (Seine-et-Oise), de Limoges, de Bayeux.

Les *papiers peints* de Paris et d'Épinal.

Les *papiers* d'Angoulême, d'Annonay (Ardèche), d'Essonnes (S.-et-O.), de l'Isère et des Vosges.

181. **Centres industriels.**

Paris est avec sa banlieue le centre industriel le plus actif du continent; sa fabrication embrasse une foule de produits variés.

Lille, Roubaix, Tourcoing, par leurs tissus; les nombreuses localités régionales, par leurs industries diverses, le bassin houiller de *Valenciennes* et ses métaux forment le second centre.

Lyon, par ses soieries, et *Saint-Etienne*, par sa houille et ses produits métallurgiques, forment avec leurs environs, le troisième centre industiel de la France.

Rouen, Elbeuf, Louviers et leurs environs par leurs tissus; *Le Havre*, par son industrie navale, forment le 4e centre.

Marseille forme le 5e centre industriel.

III. COMMERCE

1. Voies de communication.

182. Les voies de communication servant au transport des marchandises sont les *routes*, les *chemins de fer*, les *rivières* et *canaux navigables*, et la *navigation maritime*.

183. **Routes.**— On distingue : 1° Les *routes nationales*, grandes et larges voies entretenues aux frais de l'Etat;

2° Les *routes départementales*, entretenues par les départements qu'elles traversent;

3° Les *chemins de grande communication;*

4° Les *chemins vicinaux*, établis et entretenus par les communes intéressées.

184. **Chemins de fer.**—(48000 km). La France a six grands *réseaux* de chemins de fer, qui appartiennent à des compagnies, sauf celui de l'Ouest-Etat, et dont 5 ont leur tête de ligne à Paris. Ils se relient aux frontières avec les chemins de fer étrangers.

185. Le réseau de l'OUEST-ÉTAT comprend :

La ligne de *Paris-Bordeaux*, par Chartres, Saumur, Niort et Saintes;

La ligne de *Nantes-Bordeaux*, par La Roche-sur-Yon, La Rochelle, Rochefort et Saintes;

La ligne de *Paris-Brest*, par Versailles, Chartres, Le Mans, Laval, Rennes et Saint-Brieuc;

La ligne de *Paris-Cherbourg*, par Mantes, Evreux et Caen;

La ligne de *Paris-Le Havre*, par Mantes et Rouen.

186. Le réseau du NORD comprend :

La ligne de *Paris-Calais*, par Amiens et Boulogne;

La ligne de *Paris-Lille*, par Amiens et Arras;

La ligne de *Paris-Maubeuge*, vers Bruxelles, par Mons, ou vers Berlin, par Liége.

187. Le réseau de l'EST comprend :

La ligne de *Paris-Avricourt*, par Châlons-sur-Marne, Bar-le-Duc et Nancy;

La ligne de *Paris-Belfort*, par Troyes, Chaumont et Vesoul.

188. Le réseau de PARIS-LYON-MÉDITERRANÉE comprend :

La ligne de la *Bourgogne*, ou de Paris-Lyon, par Melun, Dijon et Mâcon, avec embranchement de Mâcon à Bourg, Chambéry, le Mont-Cenis et Turin (Italie);

La ligne du *Bourbonnais*, ou de Paris-Lyon, par Fontainebleau, Nevers et Moulins, avec embranchement de Saint-Germain-des-Fossés sur Clermont et Nimes;

La ligne de *Lyon-Méditerranée*, par Valence, Avignon, Marseille, Toulon et Nice;

Les lignes de Lyon-Saint-Étienne et Roanne, — de Lyon-Genève.

Devoir 68. — 1. En quoi consiste l'*industrie?* — 2. Qu'est-ce que la houille? — 3. Où la trouve-t-on? — 4. Où sont les bassins de Valenciennes, du Creusot et d'Alais? — 5. Dans quels départements trouve-t-on le plus de minerai de fer? — 6. Que produit la métallurgie? — 7. Que fabrique-t-on à Rive-de-Gier? — à Langres? — à Lille? — à Indret? — 8. Où se fabriquent les canons? — les fusils? — les navires en fer?

Devoir 69. — 1. Qu'est-ce que le coton? (la bourre donnée par le cotonnier.) — 2. D'où nous vient-il? (de l'Amérique, de la Chine, de l'Inde.) — 3. Où se fabriquent les cotonnades en France? — 4. Avec quoi se font les toiles, les cotonnades, les draps, les soieries? — 5. Quels tissus fabrique-t-on à Elbeuf? — à Sedan? — à Nimes? — à Paris? — au Mans? — à Tarare? — à Lyon? — 6 De même à Lille? — à Alençon? — à Abbeville? — aux Gobelins (Paris)? — à Saint-Étienne? — 7. Dites dans quels départements se trouvent ces villes.

Devoir 70. — 1. Quels sont les principaux objets d'ameublement? — 2. Que fabrique-t-on à Paris? — à Besançon? — à Sèvres? — à Annonay? — à Limoges? — 3. Quels sont les principaux centres manufacturiers de France? — 4. Par quels produits manufacturés se distingue Lyon? — Saint-Etienne? — Roubaix? — Elbeuf? — le Creusot? — Sedan? — Toulon?

Devoir 71. — Faire la carte industrielle de la France, en indiquant les gisements de houille..., de fer..., les villes manufacturières.

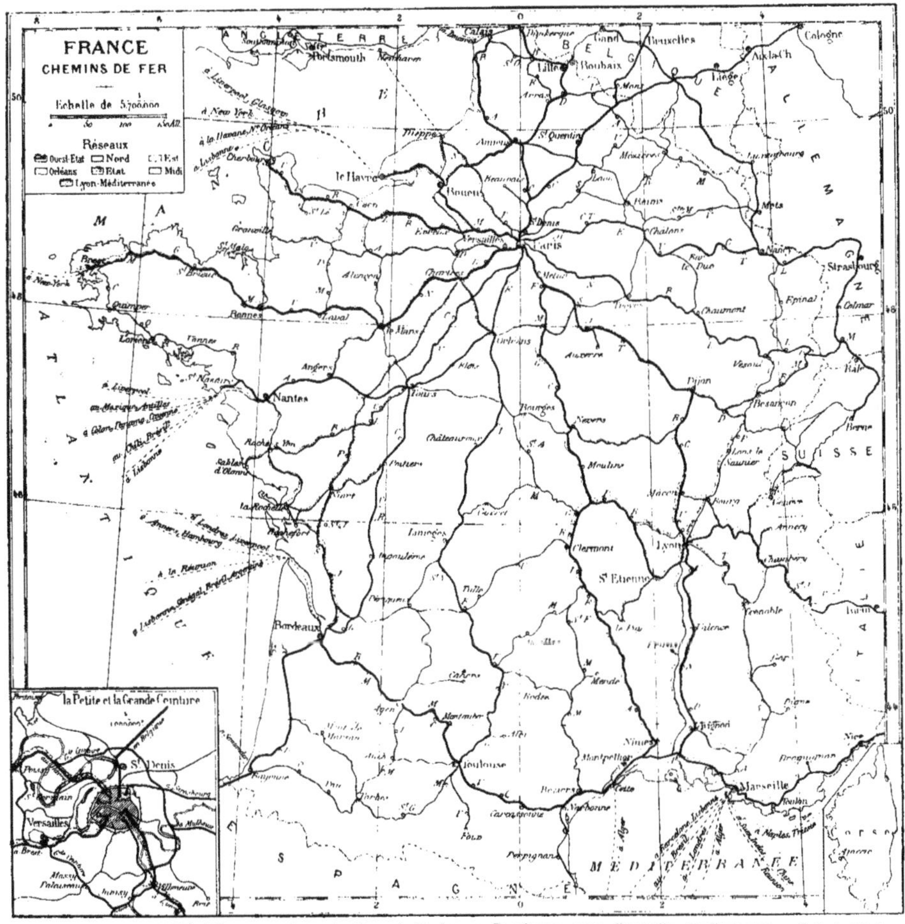

189. Le réseau d'ORLÉANS comprend :

La ligne de ***Paris-Bordeaux***, par Orléans, Tours, Poitiers et Angoulême ;

La ligne de *Paris-Nantes*, à Saint-Nazaire, par Orléans, Tours et Angers, avec bifurcation sur Vannes, Quimper et Brest ;

La ligne du ***Centre***, d'Orléans à Châteauroux, Limoges, Figeac et Toulouse.

190. Le réseau du MIDI comprend :

La ligne de ***Bordeaux-Cette***, par Agen, Montauban, Toulouse, Carcassonne et Béziers ;

La ligne de Bordeaux-Bayonne, vers Madrid, ou vers Pau et Tarbes ;

La ligne de Narbonne-Perpignan, vers Barcelone (Espagne).

Devoir 72. — 1. Quelles *villes* traverse un voyageur qui va en *chemin de fer* de Paris à Lille ? — 2. de Paris à Marseille par la Bourgogne ? — 3. de Paris à Bordeaux par Tours ? — 4. de Nancy à Lyon et à Brest ? — 5. de Bordeaux à Nice ?

Devoir 73. — 1. Dites par quelles *villes* passe un voyageur qui va en chemin de fer de Paris à Brest. — 2. de Paris à Cherbourg. — 3. de Paris au Havre. — 4. de Paris à Bruxelles. — 5. de Paris à Strasbourg. — 6. de Paris à Marseille par le Bourbonnais. — 7. de Paris à Bordeaux par Châteauroux. — 8. de Bordeaux à Lyon par Cette. — 9. de Lyon à Boulogne.

Devoir 74. — 1. Un voyageur de commerce se rend de Paris au Mans, de là à Dijon, puis à Saint-Étienne : dites quelles *villes* il traversera. — 2. Quel est le chemin de fer direct de Paris à Calais ? — à Lille ? — à Mézières ? — à Strasbourg ? — à Belfort ? — à Béziers ?

Devoir 75. — 1. Dans quelles *directions cardinales* se rendent les chemins de fer de Toulouse à Nîmes ? — à Lyon ? — à Bordeaux ? — à Orléans ? — à Brest ? — 2. Dites par quelles *villes* passe un voyageur se rendant de Paris à Turin, — 3. à Berne, — 4. à Strasbourg, — 5. à Cologne, — 6. à Bruxelles.

Devoir 76. — 1. Dans quels *pays* se rendent les lignes de navigation partant de Marseille ? — 2. du Havre ? — 3. de Bordeaux ? — 4. Dans quel *port* français s'embarque un voyageur se rendant à Panama ? — 5. en Chine ? — 6. à New-York ? — 7. à Douvres ? — 8. dans l'Argentine ?

Devoir 77. — 1. Tracez la carte du *réseau* de ... (à indiquer). — 2. Tracez les principales lignes de chemins de fer, d'après le modèle 9 du cahier cart. n° 2.

II. Voies navigables.

191. **Canalisation.** — Les *canaux*, de même que les *rivières canalisées*, sont généralement divisés en plusieurs sections appelées *biefs* et séparées par des *écluses*. D'un bief à l'autre la différence du niveau de l'eau est de 2 à 3 mètres, de sorte que les biefs se succèdent comme les marches d'un escalier.

L'*écluse* est une sorte de bassin (ou *sas*) fermé de deux doubles portes, dont l'une, celle d'amont, communique avec le bief supérieur, et l'autre, celle d'aval, communique avec le bief inférieur. — Lorsque le bateau veut remonter le canal, par exemple, on ouvre d'abord la porte d'aval, pour mettre le bief inférieur en communication avec l'écluse où le bateau entre, puis on ferme cette porte d'aval, et l'écluse se remplit d'eau de manière à élever le bateau au niveau du bief supérieur, dans lequel on le fait parvenir ensuite en ouvrant la porte d'amont. Une manœuvre inverse se fait pour la descente.

Le canal du Midi franchit ainsi la ligne de partage qui sépare les versants de l'Océan et de la Méditerranée. Le bief de partage est situé en travers du col de Naurouse, à 190m. d'altitude; la pente du canal jusqu'à Cette (190m.) est rachetée par 73 écluses, de 2m 50 de chute en moyenne; la pente sur Toulouse (190 m. — 130 = 60 m.) est rachetée par 26 écluses. Plusieurs écluses d'un canal sont parfois remplacées par un ascenseur, tel que celui des Fontinettes (Pas-de-Calais), lequel élève et descend les bateaux d'une hauteur de 16 mètres.

192. **Cours d'eau navigables.** — Les pricipaux sont :

1° Versant de la mer du Nord : la *Moselle*, la *Sambre*, l'*Escaut*, la *Scarpe* et la *Lys*.

2° Versant de la Manche : la *Seine*, l'Yonne, la *Marne*, l'*Oise* et l'Aisne.

3° Versant de l'Atlantique : la Loire, le Cher, la Charente, la *Garonne*, la *Dordogne* et l'Adour.

4° Versant de la Méditerranée : le *Rhône* et la *Saône*.

193. **Canaux.** — Un canal est une rivière artificielle, creusée pour les besoins de la navigation.

Les *canaux de jonction* unissent les bassins fluviaux et les mers de France.

Entre Seine et Escaut. — Le canal de **Saint-Quentin** va de La Fère, près Chauny, sur l'Oise, à Saint-Quentin, sur la Somme, et à Cambrai, sur l'Escaut; il est prolongé par les **canaux de Flandre** (*Sensée, Deûle, Aire, Colme*), jusqu'à Lille, Dunkerque et Calais.

Entre Seine et Meuse. — Le canal de la **Sambre à l'Oise** va de Landrecies, sur la Sambre, à La Fère, sur l'Oise; — le canal des **Ardennes** commence à Pont-à-Bar, sur la Meuse, passe à Rethel et se termine à Vieux-lès-Asfeld, sur l'Aisne.

Le canal de l'**Oise à l'Aisne** va de **Chauny** à Bourg. — Le canal de l'**Oise à la Marne** dessert Reims.

Entre Meuse et Rhône. — Le canal de l'**Est**, qui commence à Givet, comprend la Meuse et la Moselle canalisées et aboutit à Corre, sur la Saône.

Entre Seine et Rhin. — Le canal de la **Marne au Rhin** va de Vitry-le-François à Bar-le-Duc, Nancy et Strasbourg.

Entre Seine et Rhône. — Le canal de **Bourgogne** va de La Roche, près Joigny, sur l'Yonne, à Saint-Jean-de-Losne, sur la Saône. Le canal de la **Marne à la Saône** va de Rouvray à Pontailler.

Entre Seine et Loire. — Le canal du **Nivernais** va d'Auxerre, sur l'Yonne, à Decize, sur la Loire. — Le canal du *Loing* va de la Seine à Buges, près Montargis, et se continue jusqu'à la Loire par le canal de *Briare* et par le canal d'*Orléans*.

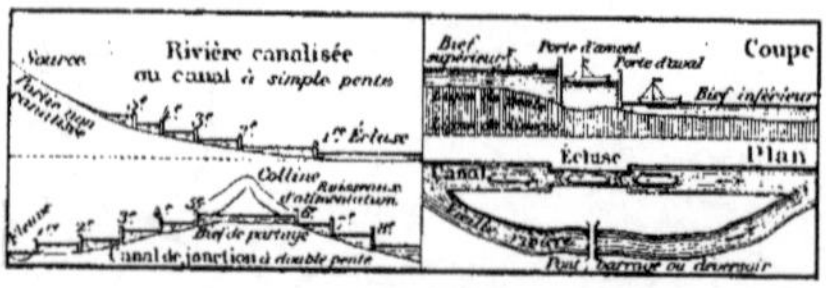

Le canal *latéral à la Loire* descend de Roanne à Briare.

Le canal du *Berry* relie la Loire au Cher et remonte jusqu'à Montluçon.

Entre Rhône et Loire. — Le canal du **Centre** va de Digoin, sur la Loire, à Chalon-sur-Saône.

Entre Rhône et Rhin. — Le canal du **Rhône au Rhin** commence à Saint-Symphorien, sur la Saône, va à Dôle, remonte le Doubs, passe à Besançon, traverse la dépression de Belfort, dessert Mulhouse et se termine à Strasbourg.

Entre Rhône et Garonne. — Le canal du **Midi**, ou du Languedoc, va de Toulouse à Carcassonne et à Cette; il se continue par le canal de *Cette au Rhône*.

194. Parmi les autres canaux, on peut citer :

Le canal de la *Somme*, ou la Somme canalisée, va d'Abbeville à Saint-Simon, où il joint le canal de Saint-Quentin.

Le canal *latéral de la Haute-Seine* descend de Bar-sur-Seine au confluent de l'Aube (à Marcilly).

Le canal *latéral à la Garonne* va de Toulouse à Castets.

Le canal de *Nantes à Brest* a un embranchement sur Lorient.

Le canal d'*Ille-et-Rance* va de Rennes à Saint-Malo.

Le canal d'*Arles à Bouc*, communiquant avec le canal *Saint-Louis*, permet à la navigation d'éviter la barre et les ensablements du Rhône.

195. Nos grands **ports marchands** sont :

1° *Sur la mer du Nord*, Dunkerque et Calais.

2° *Sur la Manche*, Boulogne, Dieppe, Le Havre, Rouen, Caen, Saint-Malo.

3° *Sur l'Océan*, Brest, Saint-Nazaire et Nantes, La Rochelle, Bordeaux, Bayonne.

4° *Sur la Méditerranée*, Cette, Marseille.

Par *ordre d'importance*, Marseille est le premier port, Le Havre le second; puis viennent Rouen, Bordeaux, Dunkerque, Nantes, Saint-Nazaire, La Rochelle, Caen, Cette, Dieppe, Bayonne, Boulogne.

196. **Paquebots.** — Des services réguliers de *paquebots à vapeur* sont établis entre nos principaux ports et l'étranger.

Marseille est le point de départ de tous les grands services français de la Méditerranée et de la mer Noire, et, par l'isthme de Suez, de l'océan Indien et de l'océan Pacifique. — Marseille a aussi de nombreuses relations avec l'Afrique occidentale, les Antilles, le Brésil et la Plata.

Le Havre est notre principal port d'expédition pour l'Amérique : il fait surtout le commerce avec les États-Unis et le nord de l'Europe.

Saint-Nazaire a des relations directes avec les Antilles, à la Havane, — avec le Mexique, à Vera-Cruz, — et par le canal de Panama, avec la Californie, le Pérou, le Chili et l'île Taïti.

Bordeaux a des relations avec le Sénégal et l'île de la Réunion, — les Indes et l'île de Java, — Lisbonne, le Brésil, le Mexique et la Havane.

III. Objet du commerce français.

197. Le **commerce intérieur de la France**, alimenté par une foule de produits de toute nature, est très considérable, surtout dans les grandes villes. Il se fait en *gros* ou en *détail*, d'une manière permanente dans les magasins et les boutiques, et d'une manière périodique dans les *foires* et les *marchés*.

Le **commerce extérieur de la France** se classe après celui de l'Angleterre, de l'Allemagne et des États-Unis; il s'est élevé en 1914 à plus de 14 milliards de francs, non compris le transit (1800 millions). L'*importation* dépasse 8 milliards et l'*exportation* 6 milliards.

198. Les pays qui font *le plus d'échanges* avec la France sont : l'Angleterre (2300 millions), l'Allemagne (1780 m.) les Colonies françaises (1700 m.), la Belgique (1570 m.), les États-Unis (1200 m.), la Suisse, l'Argentine, la Russie, l'Italie, les Indes et l'Espagne.

199. **Importation.** Principaux articles :

1° Les objets d'alimentation (2020 millions) comprennent **le froment** de la Russie, de la Roumanie, de l'Australie, de l'Algérie; le *riz* de l'Indo-Chine; — les *bestiaux* de la Hollande et de l'Algérie; la *viande de conserve* de l'Argentine et des États-Unis; — les *poissons de mer*, des pays du Nord; — les **denrées coloniales** : *sucre de canne*, des Antilles; *café* et *cacao*, du Brésil; *thé*, *épices*, *tabac*, etc., — les **vins**, *fruits* et *raisins secs* provenant d'Espagne, d'Algérie-Tunisie, d'Italie, de Grèce.

2° Les matières premières pour l'industrie (4525 millions) : la **soie**, provenant surtout de la Chine, du Japon et de l'Italie; — le **coton** des États-Unis, de l'Inde, de l'Égypte; — la **laine brute** de l'Australie, du Cap et de l'Argentine; — le *lin* de la Belgique et de la Russie; le chanvre de l'Italie et de la Russie; le *jute* de l'Inde, l'alfa de l'Algérie-Tunisie, le *caoutchouc* d'Angleterre et du Brésil.

Les *peaux* de l'Argentine et du Brésil, les *oléagineux* des Indes et de l'Afrique occidentale.

La **houille** provenant de l'Angleterre, de la Belgique et de la Prusse; — le *pétrole*, du Caucase, de Roumanie et des États-Unis; — le *platine*, de Russie; — le *cuivre*, des États-Unis, de l'Espagne, d'Angleterre; — le *plomb*, de l'Espagne et de l'Italie; — le *zinc*, de la Belgique et de la Prusse; — l'*étain*, de Bangka; — le *nitrate de soude* du Chili; — les *phosphates* d'Algérie-Tunisie; — les *bois de construction*, de la Russie, de la Suède et des États-Unis.

3° Les Objets fabriqués (1520 millions) : les **machines** d'Allemagne, d'Angleterre, des États-Unis, de Belgique; les *wagons* et *tramways* de Belgique; les *tissus* d'Angleterre; les *peaux ouvrées*, les *produits chimiques* d'Allemagne.

200. **Exportation.** 1° Les objets d'alimentation (730 m.) : **vins** et *liqueurs*, pour l'Angleterre, la

Russie, les Etats-Unis, etc.; — *sucre*, *laitages*, *viandes*, *fruits*, *œufs*, pour l'Angleterre; les **céréales**; — en outre, les *chevaux* pour l'Allemagne et les *mulets* pour l'Espagne.

2° Les MATIÈRES PREMIÈRES pour l'industrie (1830 m.) : **laines**, **coton**, **soie**, *caoutchouc*, *peaux*, *bois de construction*, pour les contrées voisines.

3° Les OBJETS FABRIQUÉS (3500 m.) : **soieries**, **cotonnades**, **lainages**, *vêtements et modes*, *peaux ouvrées*, *articles de Paris*, *meubles*, *produits chimiques*, *machines automobiles*, pour divers pays; *monnaies d'or et d'argent* pour la Belgique.

Devoir 78. — 1. Que comprend le commerce extérieur? — 2. Avec quels pays la France commerce-t-elle le plus? — 3. Qu'appelle-t-on fibres textiles, tissus, métaux, combustibles, produits alimentaires? — 4. D'où nous viennent la soie, la laine, la houille, le pétrole, la viande préparée, le café? — 5. A qui la France vend-elle ses soieries, son vin, sa volaille?

Devoir 79. — Nommez les rivières navigables du versant de la Manche, et dites, d'après la carte, où commence la navigation pour chacune d'elles.

Devoir 80. — 1. Par quelles *voies navigables* un bateau peut-il aller de Paris à Lyon? — 2. de Lyon à Toulouse et à Bordeaux? — 3. de Brest à Nantes et à Paris? — 4. de Reims à Calais? — 5. de Brest à Lyon?

Devoir 81. — 1. Comment un *bateau* peut-il aller de Paris à Namur (Belgique)? — 2. de Paris à Rouen? — 3. de Paris à Nancy? — 4. d'Orléans à Lyon? — 5. d'Auxerre à Strasbourg? — 6. de Paris à Liège par Pont-à-Bar?

Devoir 82. — 1. Citez les *ports* de la Normandie, — 2. de la Bretagne, — 3. de la Méditerranée. — 4. Avec quels pays étrangers sont en relation Bordeaux? Marseille? Le Havre?

Devoir 83. — 1. Dites, d'après la carte, quel est le tonnage total (tonnes de 1000 kg.) des vaisseaux entrés et sortis en une année des ports de Boulogne, de Saint-Malo, de Rouen, de Bordeaux. — 2. Rangez les ports français par ordre d'importance. — 3. Faire **la carte des canaux** (cahier n° 2, carte 8).

DÉPARTEMENTS ET VILLES

I. RÉGION DU NORD

I. ILE-DE-FRANCE, 5 départements.

201. **Généralités.** Pays de *plaines* ondulées, de vallées élargies, de plateaux bas et de *collines* d'une altitude moyenne de 100 à 200 mètres.

Agriculture progressive. Produits variés : les céréales, notamment les *blés* de la Brie, l'orge, le colza, la betterave à sucre. *Culture maraîchère* dans les environs de Paris. Vaches laitières et moutons.

Industrie très active, dont le siège principal est à Paris, pour tous les genres de produits de luxe, de mode, d'ameublement et d'instruction. Tissus, tapisseries des Gobelins (Paris), porcelaine, glaces. *Carrières* très nombreuses de pierres à bâtir, de plâtre, de craie (Meudon), de pierres meulières.

202. **SEINE**. Ch.-l. **Paris** ✝, sur la Seine, capitale de la France, est l'une des premières villes de l'Europe pour les lettres, les sciences, les arts, la beauté des monuments publics, et la seconde par sa population, qui est de 2900000 habitants. Elle est aussi sur le continent le plus grand centre d'industrie, de commerce, d'opérations financières; ses "articles", ses modes, ses confections et objets d'art sont répandus partout.

Lutèce sous les Romains, *Paris*, la ville des *Parisii*, devint la capitale des rois francs sous Clovis, mais fut délaissée sous Charlemagne; Hugues Capet en fit la capitale du royaume de France. Au XIIIe siècle, son Université fut la première école de l'Europe. Paris subit toutes les vicissitudes de notre histoire; il fut assiégé notamment par les Normands en 885, par Henri IV en 1590, et par les Allemands en 1870-71, époque où des batailles se sont données sous ses murs, au *Bourget*, à *Champigny*, à *Buzenval*.

Paris est divisé en 20 *arrondissements* ou mairies; ses fortifications comprennent plus de 40 *forts* détachés et un mur d'enceinte bastionné ayant 36 kilom. de tour.

Comme *monuments*, on cite les églises de Notre-Dame, de Saint-Sulpice, la Sainte-Chapelle, Sainte-Geneviève (le Panthéon), la Madeleine, le Sacré-Cœur; — les palais du Louvre, du Luxembourg, le Palais Royal, l'Hôtel de Ville, l'hôtel des Invalides; — l'arc de triomphe de l'Étoile, la colonne de la place Vendôme, la colonne de Juillet, la tour Eiffel, en fer, haute de 300 m.

Saint-Denis, 72000 h., sur la Seine, ancienne sous-préfecture, constructions mécaniques et produits chimiques. — Eglise renfermant plusieurs tombeaux des rois de France; elle faisait partie d'une abbaye, aujourd'hui maison d'éducation pour les jeunes filles des membres de la Légion d'honneur.

Boulogne, 57000 hab., bois de plaisance des Parisiens. — *Vincennes*, 39000 h., parc et château fort historique. — *Saint-Maur*, 34000 h., traité de 1465. — *Alfort*, 16., possède l'une des trois écoles vétérinaires de France. (Les deux autres sont à Lyon et à Toulouse.)

203. **SEINE-ET-OISE**. Ch.-l. **Versailles** ✝, 60000 h.; château, parc et jets d'eau, merveilles du règne de Louis XIV; séjour habituel des rois de France de 1682 à 1789; musée historique. — Traité de 1783, où fut reconnue l'indépendance des États-Unis.

S.-pr. : **Corbeil**, 11.; **Étampes**, 9., et **Pontoise**, 9., commerce de grains et farines [1].

[1] La population des localités est donnée en abrégé, lorsqu'elle est inférieure à 20000 h.
Ex. : Pontoise, 9 (pour 9000 h.)

Rambouillet, 6., belle forêt et château. **Mantes**, 9.

Essonnes, 10., a la plus grande papeterie de France. — *Sèvres*, 8., sur la Seine, célèbre manufacture de porcelaine. — *Saint-Cloud*, 6., sur la Seine. Henri III y fut assassiné en 1589. Son château fut brûlé par les Prussiens, en 1871. — *Saint-Germain-en-Laye*, 17., forêt; château transformé en musée d'antiquités celtiques. — *Poissy*, 8., vit naître le roi saint Louis. — *Saint-Cyr*, 4., près de Versailles, école militaire. — *Saint-Clair-sur-Epte* (près Mantes), traité de 912.

204. **SEINE-ET-MARNE**. Ch.-l. **Melun**, 15., sur la Seine, commerce de blé et farine.

S.-pr. : **Fontainebleau**, 14., près de la Seine, forêt; château où Napoléon Ier abdiqua en 1814.

Meaux ✝, 15., sur la Marne, illustré par Bossuet. Commerce de grains et de fromages de Brie. — **Coulommiers**, 7.; **Provins**, 9.

Montereau, 8., sur la Seine, faïence. Assassinat de Jean sans Peur, en 1419. — *La Ferté-sous-Jouarre*, 5. (près Meaux), sur la Marne, carrières de pierres meulières.

205. **OISE**. Ch.-l. **Beauvais** ✝, 20000 h., sur le Thérain, belle cathédrale inachevée; lainages, manufacture nationale de tapisseries. Siège de 1472 et défense héroïque de Jeanne Hachette.

S.-pr. : **Compiègne**, 17., sur l'Oise, château et forêt. En 1430, Jeanne d'Arc y fut prise et vendue aux Anglais.

Clermont, 6.; **Senlis**, 7.

Noyon, 7., rappelle le couronnement de Charlemagne, en 768; l'élection de Hugues Capet, en 987, et le traité de paix entre François Ier et Charles-Quint, en 1516. — *Creil*, 10., sur l'Oise, faïence et pierres de taille. — *Chantilly*, 5., dentelles de soie appelées *blondes*; forêt et château remarquables.

206. **AISNE**. Ch.-l. **Laon**, 16., ville forte sur une colline escarpée, fut la capitale des derniers rois carolingiens.

S.-pr. : **Saint-Quentin**, 56000 h., sur la Somme, centre industriel pour les cotonnades et les toiles. Victoire des Espagnols sur les Français, en 1557. Bataille de 1871.

Soissons ✝, 14., sur l'Aisne, haricots dits *de Soissons*. Victoire de Clovis, en 486; déposition de Louis le Débonnaire, en 833.

Château-Thierry, 8., sur la Marne, patrie de La Fontaine. — **Vervins**, 3., traité de 1598.

La Fère, 5., sur l'Oise, place forte. — *Chauny*, 11. et *Saint-Gobain*, 2. (près Chauny), glaces et produits chimiques.

II. III. PICARDIE ET ARTOIS, 2 départ[ts].

207. **Généralités**. Pays de *plaines*, basses au centre, un peu relevées au N. et à l'O. par les collines dites de Picardie et d'Artois.

Agriculture progressive, analogue à celle de la Flandre; production des céréales, du lin, du colza, de la betterave à sucre. Excellents chevaux boulonnais. Pommiers à cidre.

Industrie. Fabrication active de lainages, toiles et cotonnades, sucre de betterave. Extraction de la tourbe dans la vallée de la Somme, du minerai de fer et de la houille (Pas-de-Calais).

208. **SOMME**. Ch.-l. **Amiens** ✝, 93000 h., sur la Somme, fabrique des *velours* et des toiles. Belle cathédrale. Traité de paix avec l'Angleterre, en 1802.

S.-pr. : **Abbeville**, 20000 h., sur la Somme, port, toiles et tapis. — **Doullens**, 6.

Montdidier, 4., patrie de Parmentier, qui a propagé en France la culture de la pomme de terre.

Péronne, 5., place forte, château historique.

209. **PAS-DE-CALAIS**. Ch.-l. **Arras** ✝, 26000 h., commerce de grains et d'huiles. Traité de 1435 entre Philippe le Bon et Charles VII.

S.-pr. : **Boulogne-sur-Mer**, 53000 h., port, passagers pour l'Angleterre, pêche du hareng et de la morue; ciment et plumes métalliques.

Béthune, 15., houille; **Montreuil**, 4.; **Saint-Omer**, 21000 h., pipes; **Saint-Pol**, 4.

Calais, 72000 h., ville forte et port, passagers pour l'Angleterre, grande fabrication de tulle. Aux Anglais de 1347 à 1558. — *Lens*, 32000 h., houille, *Azincourt* (près Saint-Pol), *Guinegatte* (près Saint-Omer), *Ardres* (près Calais), lieux historiques.

IV. FLANDRE, 1 département.

210. **Généralités**. Pays de *plaines basses* et unies à l'ouest et au centre (Flandre), un peu relevées au sud-est par l'Ardenne (Hainaut).

Agriculture la plus progressive de la France, produisant les céréales : froment, orge, avoine; les *plantes industrielles* : betterave, lin, chanvre, colza. Excellents bœufs flamands, vaches laitières, chevaux de gros trait.

Industrie très active. Extraction de houille; métallurgie, hauts fourneaux, fonderies, verreries. Fabrication importante de toiles de lin et de chanvre, cotonnades et lainages, tapis, dentelles. Sucre de betteraves. Pêche maritime.

211. **NORD**. Ch.-l. **Lille** ✝, 218000 h., grande place forte, centre très important pour la filature du lin, du chanvre, du coton, et la fabrication des toiles, huiles, sucres et machines.

S.-pr. : **Cambrai** ✝, 28000 h., sur l'Escaut, batistes. Traité de 1529, appelé *Paix des Dames*. Episcopat de Fénelon.

Douai, 36000 h., sur la Scarpe, houille et métallurgie.

Dunkerque, 39000 h., ville forte, port très actif sur la mer du Nord; travail du jute. Patrie de Jean Bart. Bataille dite *des Dunes*, en 1658.

Valenciennes, 35000 h., dans le Hainaut français, fabrique des batistes et du sucre de betterave; houille et métallurgie.

Hazebrouck, 13.; **Avesnes**, 6.

Anzin, 14., et *Denain*, 27000 h., mines de houille, métallurgie. — *Roubaix*, 123000 h.; *Tourcoing*, 83000 h., et *Wattrelos*, 29000 h., ont de nombreuses fabriques de tissus de laine et coton mêlés. — *Armentières*, 29000 h., toiles et linge damassé. — *Maubeuge*, 23000 h., place forte, métallurgie, glaces. — *Bailleul*, 13., dentelles. — *Bouvines* (près Lille), *Cassel* (près Hazebrouck), *Gravelines*, *Cateau-Cambrésis*, *Malplaquet* (près Maubeuge), *Denain*, lieux historiques.

Devoir 84. (*Devoir type pour chaque province.*) — 1. Où est située la province de...? — 2. Quelle est sa capitale? — 3. Quel est l'aspect de son sol? — 4-5. Comment et par qui cette province a-t-elle été rattachée à la couronne? (Voir p. 16). — 6. Quels départements forme-t-elle aujourd'hui?

Devoir 85. (*Type pour chaque département.*) — 1. De quelle province est formé le département de...? — 2. Quelles sont ses bornes? — 3. Quelles sont ses montagnes ou collines? — 4. Nommez sa préfecture, ses sous-préfectures, et dites sur quelles rivières elles sont situées. — 5. Citez les villes avec leurs industries. — 6. Indiquez deux ou trois chemins de fer et, s'il y a lieu, les voies navigables. — 7. Rappelez les faits ou lieux historiques.

Devoir 86. — Dites ce que vous savez (département, position, population, industrie, commerce, faits historiques, etc.) des villes suivantes : Soissons, Douai, Saint-Cloud, Corbeil, Lille. — Tracez la carte de la région du Nord, d'après le cahier n° 2, page 10.

II. RÉGION DU NORD-EST

V. CHAMPAGNE, 4 départements.

212. **Généralités.** Pays de *plaines* ondulées à l'ouest, unies au centre; relevé au N. et à l'E. par les *collines* de l'Ardenne et de l'Argonne, au S. par le *plateau* de Langres.

Agriculture. Blé de la Brie, vigne; céréales, fourrages et sapinières de la Champagne, autrefois dite pouilleuse ou stérile. Élevage des moutons.

Industrie. Ardoises; forges; clouteries, couteaux; draps, lainages, bonneterie; vins mousseux.

213. **AUBE.** Ch.-l. **Troyes** †, 56000 h., sur la Seine, bonneterie et charcuterie. Traité de 1420, par lequel Henri V, roi d'Angleterre, fut déclaré héritier présomptif de la couronne de France.

S.-pr. : **Arcis-sur-Aube**, 3.; **Bar-sur-Aube**, 5.; **Bar-sur-Seine**, 3.; **Nogent sur-Seine**, 4., commerce agricole. — *Romilly*, 11., bonneterie de laine et de coton.

214. **HAUTE-MARNE.** Ch.-l. **Chaumont**, 15., sur la Marne. Fabrique de gants.

S.-pr. : **Langres** †, 10., place forte importante, sur un plateau, à 473 m. d'altitude, est renommée pour ses pierres à émoudre et sa coutellerie, fabriquée surtout à *Nogent-en-Bassigny*.

Wassy, 4., où commencèrent, en 1562, les guerres religieuses.

Saint-Dizier, 16., sur la Marne, a des hauts fourneaux, des aciéries, des usines métallurgiques. — *Bourbonne-les-Bains*, 4., possède des eaux minérales.

215. **MARNE.** Ch.-l. **Châlons-sur-Marne** †, 31000 h., école des arts et métiers, commerce de céréales et de vins de Champagne. Défaite d'Attila en 451. A 20 km N., camp dit de Châlons.

S.-pr. : **Reims** †, 115000 h., place forte, grande fabrication de lainages, grand commerce de *vins de Champagne*, de biscuits et de pains d'épice. Belle cathédrale, où l'on sacrait les rois de France. Patrie de Colbert et de saint J.-B. de la Salle.

Épernay, 22000 h., sur la Marne, grande fabrication de vins mousseux dits *champagne*.

Sainte Menehould, 5.; **Vitry-le-François**, 9.

Ay, 7., vins mousseux. — *Valmy*, village où les Prussiens furent défaits en 1792.

216. **ARDENNES.** Ch.-l. **Mézières**, 10., sur la Meuse, rappelle la défense de Bayard contre les Impériaux, en 1521.

S.-pr. : **Sedan**, 20000 h., sur la Meuse, draps fins. Patrie de Turenne. Bataille du 1er septembre 1870.

Rocroi, 2., place forte, rappelle la victoire de Condé sur les Espagnols, en 1643.

Rethel, 5., fabrique des lainages. **Vouziers**, 4.

Charleville, 23000 h., sur la Meuse, en face de Mézières. Clouteries et ferronneries. — *Nouzon*, 8., métallurgie. — *Fumay*, 6., sur la Meuse, extraction très importante d'ardoises. — *Givet*, 8., place forte sur la Meuse.

VI. LORRAINE, 3 départements.

217. **Généralités.** Pays de *plaines* assez élevées, accidentées par les *collines* de l'Argonne et les *montagnes* des Vosges et des Faucilles.

Agriculture. Céréales, vins de la Moselle; chevaux lorrains, vaches et porcs. Les forêts des Vosges sont les plus belles de France.

Industrie. Marbres et grès, sel gemme; très riches mines de fer, hauts fourneaux; lainages, broderies, colonnades; papiers, verrerie. Eaux minérales.

218. **MEUSE.** Ch.-l. **Bar-le-Duc**, 17., sur le canal de la Marne au Rhin. Confitures de groseilles et fabriques de cotonnades.

S.-pr. : **Verdun** †, 22000 h., place forte sur la Meuse, liqueurs et dragées. Traité de 843.

Montmédy, 3., petite place forte; **Commercy**, 9.

219. **VOSGES.** Ch.-l. **Épinal**, 31000 h., place forte sur la Moselle, fabriques de cotonnades et d'images populaires.

S.-préf. : **Saint-Dié** †, 23000 hab., sur la Meurthe, cotonnades.

Mirecourt, 6., dentelles et instruments de musique. **Neufchâteau**, 4.; **Remiremont**, 11., cotonnades.

Gérardmer, 10., fait le commerce de fromages dits *géromés*. — *Domremy* (près Neufchâteau), patrie de Jeanne d'Arc, 1412. — *Plombières* (près Remiremont), eaux minérales.

Belfort, 39000 h., place forte défendant la « trouée » entre le Jura et les Vosges; cotonnades. Défense héroïque en 1870-71.

220. **MEURTHE-ET-MOSELLE.** Ch-l. **Nancy** †, 120000 h., grande et belle ville, sur la Meurthe. Minières et métallurgie; commerce des broderies de Lorraine; cotonnades et lainages. École forestière. Siège de 1477, où fut tué Charles le Téméraire.

S.-pr. : **Lunéville**, 26000 h., sur la Meurthe, faïences; ancien palais des ducs de Lorraine. Traité de paix de 1801, entre la France et l'Autriche.

Toul, 16., sur la Moselle, ville forte, fut l'un des Trois-Évêchés (avec Verdun et Metz).

Briey, 2., et *Longwy*, 10., mines de fer, métallurgie. — *Pont-à-Mousson*, 14., sur la Moselle, hauts fourneaux.

Baccarat, 7., sur la Meurthe; manufacture de cristaux. — *Cirey* (près Baccarat), glaces. *Saint-Nicolas-du-Port*, 6., et *Varangéville* (près Nancy), salines importantes.

220 *bis*. ALSACE-LORRAINE

Par le traité de Francfort du 10 mai 1871, la France a cédé à l'empire allemand : 1° les deux départements du **Haut Rhin** et du **Bas Rhin**, ou l'ALSACE moins Belfort; 2° en LORRAINE, le département de la **Moselle**, moins Briey et Longwy; 3° deux arrondissements de la Meurthe : *Château-Salins* et *Sarrebourg*; 4° quelques communes des Vosges.

Superficie, 14500 kilomètres carrés; population, à cette époque, 1600000 habitants.

VILLES CÉDÉES. — Dans la Moselle : **Metz**, 70000 h.; *Thionville*.

Haut-Rhin : *Colmar*, **Mulhouse**, 100000 h.

Bas-Rhin : **Strasbourg**, 155000 h.; *Saverne*.

Devoir 87. — 1. Quels sont les départements formés par la Champagne? — 2. par la Lorraine? — 3. Que savez-vous de Sedan, Langres, Troyes, Rocroi, Valmy, Toul, Domremy, Baccarat? — Tracez la carte de la région du Nord-Est.

Devoir 88. — 1. Quel est l'aspect du pays dans la Champagne et la Lorraine? — 2. Citez quelques cours d'eau dans ces provinces. — 3. Où se trouvent, dans le N. et le N.-E., les ardoisières, les houillères? — 4. Dans ces régions, où se fabriquent les tissus, les machines, les couteaux, les plumes métalliques? — 5. Quels territoires et quelles villes la France a t elle perdus en 1871?

III. RÉGION DU NORD-OUEST

VII. NORMANDIE, 5 départements.

221. **Généralités.** Pays de *plaines accidentées* au N. et à l'O.; de plateaux et de *collines*, dites de Normandie, au S.

Agriculture soignée : culture des céréales, du colza, du lin et du chanvre; prairies grasses où l'on élève d'excellents chevaux, vaches laitières et bœufs normands; beurre et fromage; poules de Gournay. Pommiers à cidre.

Industrie prospère : forges, constructions navales, épingles et aiguilles; fabrication très active de cotonnades, draps et toiles, pêche, bains de mer.

222. **SEINE-INFÉRIEURE.** Chef-lieu **Rouen** †, 125000 h., grand port marchand sur la Seine, et centre manufacturier très actif, surtout pour les tissus de coton connus sous le nom de *rouenneries*. Beaux monuments gothiques : la cathédrale, Saint-Ouen, etc. Patrie de Corneille; Jeanne d'Arc y fut brûlée vive par les Anglais, en 1431.

S.-pr. : **Le Havre**, 136000 h., à l'embouchure de la Seine, second port de France, desservant Paris et en relation surtout avec les Etats-Unis; entrepôt pour le coton, le caoutchouc, le café; constructions navales.

Dieppe, 24000 h., port, pêche, ivoirerie.

Neufchâtel, 4., fromages. **Yvetot**, 7.

Elbeuf, 18., sur la Seine, draps fins. — *Fécamp*, 17., port de pêche.

223. **EURE.** Ch.-l. **Évreux** †, 18., sur l'Iton, fabriques de coutils.

S.-pr. : **Louviers**, 10., forme avec Elbeuf un grand centre manufacturier pour les draps.

Les Andelys, 6.; **Bernay**, 8.; **Pont-Audemer**, 6.

Vernon, 9., équipages militaires. — *Ivry* (au sud-est d'Évreux), bataille de 1590.

224. **CALVADOS.** Ch.-l. **Caen**, 47000 h., port sur l'Orne et sur un canal maritime; commerce de chevaux et d'oléagineux; dentelles appelées *blondes*.

S.-pr. : **Bayeux** †, 8., porcelaines et dentelles.

Falaise, 8., bonneterie, foire aux chevaux dite de Guibray.

Lisieux, 16., draps et toiles dites *cretonnes*.

Vire, 6., lainages; **Pont-l'Évêque**, 3.

Honfleur, 9., port. — *Trouville*, 6., bains de mer. — *Isigny* (près Bayeux), beurre.

225. **MANCHE.** Ch.-l. **Saint-Lô**, 12., sur la Vire, haras, gros draps.

S.-pr. : **Cherbourg**, 44000 h., port militaire sur la Manche, chef-lieu d'une préfecture maritime. Digue défensive de 3712 m. de longueur.

Coutances †, 7., a donné son nom au Cotentin.

Avranches, 7.; **Mortain**, 2.; **Valognes**, 6.

Granville, 11., port de pêche.

Le mont *Saint-Michel* est un rocher isolé, surmonté d'une abbaye. Deux fois par jour, la marée en fait une île, et le flot s'avance sur la plage avec « la vitesse d'un cheval au galop ».

226. **ORNE.** Ch.-l. **Alençon**, 18., sur la Sarthe, dentelles dites *point d'Alençon*.

S.-pr. : **Mortagne**, 4., toiles. Aux environs est la célèbre abbaye de la Trappe.

Argentan, 7.; **Domfront**, 5, chevaux percherons.

Séez †, 4., sur l'Orne supérieure. — *Laigle*, 6., aiguilles et épingles. — *Flers*, 14., coutils. — *Vimoutiers* (près Argentan), 3., toiles et fromages.

VIII. MAINE, 2 départements.

227. **Généralités.** Pays de *plaines* basses au S., ailleurs *collines* dites du Maine, du Perche et de Normandie.

Agriculture et industrie. Culture des céréales et du chanvre; élevage de bœufs manceaux et de chevaux percherons; porcs, volaille estimée, marbre, toiles et coutils; pommiers à cidre.

228. **SARTHE.** Ch.-l. **Le Mans** †, 69000 h., sur la Sarthe, toiles de chanvre et volailles. Batailles de 1793 et 1871.

S.-pr. : **La Flèche**, 11., sur le Loir, prytanée militaire; poulardes et chapons dits *du Mans*.

Mamers, 6., et **Saint-Calais**, 4., toiles.

Sablé, 6., marbre; à 2 km. N.-E., abbaye de Solesmes.

229. **MAYENNE.** Ch.-l. **Laval** †, 30000 h., sur la Mayenne, coutils, nouveautés.

S.-pr. : **Mayenne**, 10., et **Château-Gontier**, 7., sur la Mayenne, toiles. — **Pontmain**, pèlerinage.

IV. RÉGION DE L'OUEST

IX. BRETAGNE, 5 départements.

230. **Généralités.** Pays de *plaines basses* au S.-O. sur la Loire, de plateaux ailleurs, et traversé au centre par les *collines* dites de Bretagne.

Agriculture. Sol médiocrement fertile : culture du seigle, du sarrasin, du chanvre; landes et prairies, où l'on élève un bétail nombreux de petite taille et beaucoup de chevaux; abeilles; huîtres; pommiers à cidre.

Industrie. Granit de Bretagne et des îles Chausey; ardoises; sel marin; tourbe, houille et fer des bords de la Loire, constructions navales dans les grands ports, toiles, pêche de la sardine.

231. **ILLE-ET-VILAINE.** Ch.-l. **Rennes** †, 80000 h., au confluent de l'Ille et de la Vilaine. Toiles à voiles; commerce de beurre, miel et volailles.

S.-pr. : **Saint-Malo**, 12., qui, avec *Saint-Servan*, 13., à l'embouchure de la Rance, pêche la morue sur les bancs de Terre-Neuve; toiles. Patrie de Jacques Cartier, qui découvrit le Canada; du marin Duguay-Trouin et de Chateaubriand.

Fougères, 22000 h., cordonnerie; **Montfort**, 3.; **Redon**, 7., et **Vitré**, 11.

Cancale, 7., huîtres.

232. **COTES-DU-NORD.** Ch.-l. **Saint-Brieuc**, †. 24000 h., à 3 km. de la mer, où il a un port sur le Gouet. Aux environs, extraction de granit.

S.-pr. : **Dinan**, 11., près de là est né Duguesclin; **Guingamp**, 9.; **Lannion**, 6.; **Loudéac**, 6.

233. **FINISTÈRE.** Ch.-l. **Quimper** †, 20000 h., port sur l'Odet; belle cathédrale.

S.-pr : **Brest**, 91000 h., port militaire, sur une magnifique rade communiquant avec l'Océan par l'étroit passage du Goulet; deux câbles y relient la France à l'Amérique et un à l'Afrique occidentale (Dakar).

Châteaulin, 4., ardoises.

Morlaix, 15., toiles et tabac; **Quimperlé**, 9.

Concarneau, 8., huîtres et sardines. — L'île d'*Ouessant*.

234. **MORBIHAN.** Ch.-l. **Vannes** †, 24000 h., port de pêche près du Morbihan.

S.-pr. : **Lorient**, 49000 h., à l'embouchure du Blavet, port militaire.

Pontivy, 9.; **Ploërmel**, 6.

Auray, 7., pèlerinage à sainte Anne, patronne de la Bretagne. — *Port-Louis*, 4., à l'entrée de la rade de Lorient, pêche de la sardine. — *Quiberon*, sur la presqu'île de ce nom, désastre des émigrés, en 1795. — Les îles *Groix* et *Belle-Ile*.

235. **LOIRE-INFÉRIEURE.** Ch.-l. **Nantes** †, 171000 h., port marchand, à 60 km. de l'embouchure de la Loire. Raffineries de sucre, fabriques de conserves alimentaires; lainages. Edit de 1598, en faveur des protestants.

S.-pr. : **Saint-Nazaire**, 38000 h., à l'embouchure de la Loire, avant-port de Nantes pour les plus gros vaisseaux; port actif en relation avec l'Amérique centrale.

Ancenis, 5.; **Châteaubriant**, 7.; **Paimbœuf**, 2.

Indret, 4., dans une île, près de Nantes, construction de machines à vapeur pour les navires de l'Etat. — *Guérande*, 7., marais salants.

X. ANJOU, 1 département.

236. **Généralités.** Pays de *plaines* basses au centre, se relevant un peu vers le S.

Agriculture et industrie. Céréales; bœufs cholétais; vins de la Loire; pépinières d'arbres fruitiers; houille de Chalonnes; ardoises; tissus.

237. **MAINE-ET-LOIRE.** Ch.-l. **Angers** †, 83000 h., sur la Maine, école des arts et métiers, fabriques de toiles et cordages pour la marine. Facultés catholiques. Dans les environs se trouvent d'importantes carrières d'ardoises et de grandes pépinières d'arbres fruitiers.

S.-p. : **Cholet**, 21000 h., cotonnades et mouchoirs, commerce de bœufs et moutons.

Saumur, 16., sur la Loire, école de cavalerie.

Baugé, 3.; **Segré**, 4.

XI. POITOU, 3 départements.

238. **Généralités.** Pays de *plaines* basses et unies à l'O., un peu relevées à l'E., entourant au centre les *collines* du Poitou et le plateau de Gâtine.

Agriculture. Prairies et pâturages où l'on élève des ânes et des mulets renommés, des bœufs et des chevaux.

Industrie. Granit de Gâtine; sel des marais salants de la Vendée; houille de Chantonnay (Vendée), armes et couteaux, gants, pêche.

239. **VENDÉE.** Ch.-l. **La Roche-sur-Yon**, 15., fut bâtie par Napoléon Ier en 1805.

S.-pr. : **Les Sables-d'Olonne**, 14., pêche de la sardine et bains de mer.

Fontenay-le-Comte, 11.

Luçon †, 7. Richelieu en fut évêque.

Iles de *Noirmoutier*, salines, et d'*Yeu*, pêcheries.

240. **DEUX-SÈVRES.** Ch.-l. **Niort**, 24000 h., sur la Sèvre-Niortaise, fabriques de gants et de confitures d'angélique.

S.-pr. : **Melle**, 3., commerce de mulets.

Bressuire, 5., et **Parthenay**, 8., bœufs.

241. **VIENNE.** Ch.-l. **Poitiers** †, 41000 h., ancienne ville des Gaules, près de laquelle se donnèrent trois batailles célèbres : *Vouillé*, où Clovis défit les Wisigoths, en 507; *Poitiers*, où Charles Martel écrasa les Sarrasins, en 732; *Maupertuis*, où le prince Noir fit prisonnier Jean le Bon, en 1356.

S.-pr. : **Châtellerault**, 18., sur la Vienne, coutellerie renommée et manufacture nationale d'armes de guerre.

Civray, 3.; **Loudun**, 5.; **Montmorillon**, 5.

Devoir 89. — 1. Quelles sont les provinces des régions du Nord-Ouest et de l'Ouest? — 2. Quelles sont les bornes du Calvados, de la Vendée, du Morbihan? — 3. Quels faits historiques rappellent les villes de Poitiers, Saint-Malo, Rouen, Luçon? — 4. Que fabrique-t-on à Alençon, Châtellerault, Laigle, Lisieux? — 5. Indiquez les localités sur le chemin de fer de Brest à Paris par Le Mans. — Tracez la carte de la région du Nord-Ouest.

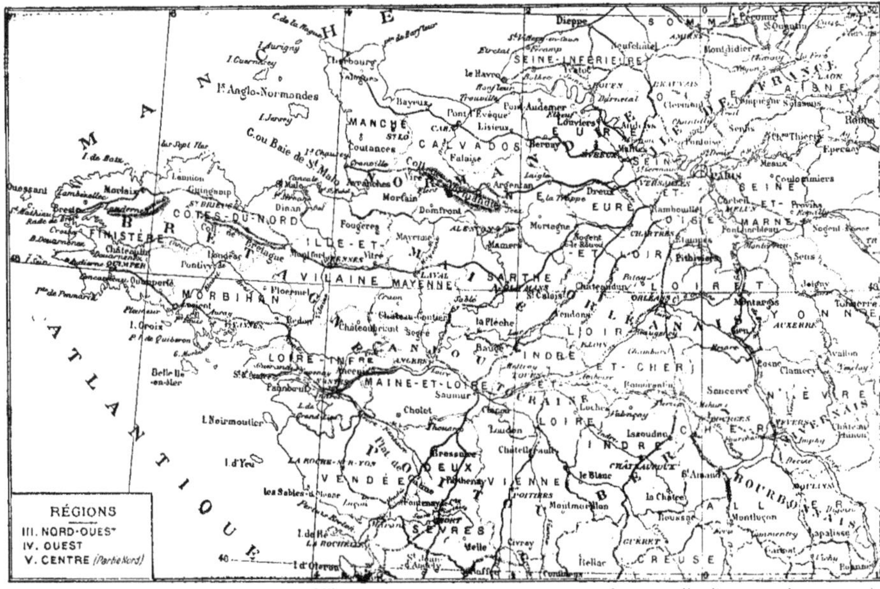

V. RÉGION DU CENTRE

XII. ORLÉANAIS, 3 départements.

242. **Généralités.** Pays de *plaines* ondulées ou de plateaux bas, coupés au S. par la *vallée* de la Loire, se relevant au N.-O. par les *collines* du Perche.

Agriculture. Culture importante du *blé* dans la Beauce, vins de la Loire; élevage des chevaux percherons et de nombreux moutons; miel. Forêt d'Orléans; pins de la Sologne.

Industrie. Farine, vinaigre, lainages, gants, chapellerie, faïence.

243. **LOIRET.** Ch.-l. **Orléans** †. 69000 h., sur la Loire, couvertures, chapellerie et vinaigre. Orléans fut assiégé en 1428 par les Anglais, et délivré l'année suivante par *Jeanne d'Arc*. Bataille de 1870.

S.-pr. : **Gien**, 8., sur la Loire, faïence.

Montargis, 13., sur le Loing, commerce de miel et de safran.

Pithiviers, 6., commerce de safran, pâtés d'alouettes et miel du Gâtinais.

Patay, où Jeanne d'Arc défit les Anglais, en 1429. Bataille de 1870, où s'illustrèrent les zouaves pontificaux. — *Coulmiers*, victoire en 1870.

244. **EURE-ET-LOIR.** Ch.-l. **Chartres** †, 24000 h., sur l'Eure, commerce de grains et farines. Belle cathédrale gothique, où Henri IV fut sacré en 1594. Patrie du général Marceau.

S.-pr. : **Châteaudun**, 7., sur le Loir; défense héroïque en 1870.

Dreux, 11., près de l'Eure, victoire du duc de Guise sur le prince de Condé en 1562.

Nogent-le-Rotrou, 8., chevaux percherons.

245. **LOIR-ET-CHER.** Ch.-l. **Blois** †, 24000 h., sur la Loire, magnifique château royal. Le duc Henri de Guise et le cardinal de Lorraine y furent assassinés en 1588.

S.-pr. : **Vendôme**, 10., sur le Loir, ganteries; **Romorantin**, 8.

Chambord, château bâti par François Ier.

XIII. TOURAINE, 1 département.

246. **Généralités.** Pays de *plaines* accidentées, coupé au centre par la vallée de la Loire.

Agriculture. La vallée de la Loire est très bien cultivée en plantes potagères, arbres fruitiers et vignobles, ce qui a fait surnommer la Touraine le jardin de la France; mais le reste du pays est moins riche. Colonie agricole de Mettray.

Industrie. Soieries, imprimerie, poudrerie.

247. **INDRE-ET-LOIRE.** Ch.-l. **Tours** †, 73000 h., sur la Loire; grande imprimerie Mame, soieries. Restes du monastère de *Marmoutier*, fondé par saint Martin, et du château du *Plessis*, où mourut Louis XI.

S.-pr. : **Chinon**, 6., sur la Vienne, et **Loches**, 5., sur l'Indre, restes de châteaux royaux.

Amboise, 5., sur la Loire, château rappelant la conjuration de 1560. — *Le Ripault* (près Tours), poudrerie. — *Châteaurenault*, tanneries.

XIV. BERRY, 2 départements.

248. **Généralités.** Pays de *plaines* accidentées à l'O., de plateaux bas et de *collines* à l'E. et au S.

Agriculture. Culture de céréales; vins du Cher; élevage des moutons dits berrichons; poissons des étangs de la *Brenne* et de la Sologne.

Industrie. Houille, forges importantes de Bourges et des environs; fonderie de canons, porcelaine; lainages.

249. **INDRE.** Ch.-l. **Châteauroux**, 26000 h., sur l'Indre, draps pour la troupe, tabac.

S.-pr. : **Issoudun**, 14., parcheminerie. Eglise Notre-Dame du Sacré-Cœur.

Le Blanc, 7., et **La Châtre**, 5.

250. **CHER.** Ch.-l. **Bourges** †, 46000 h., arsenal, fonderie de canons, approvisionnements militaires; draps et toiles peintes. Belle cathédrale; palais de Jacques Cœur.

S.-pr. : **Saint-Amand**, 9.; **Sancerre**, 3.

Vierzon, 12., sur le Cher, porcelaine et verrerie. — *Mehun*, 6., houille.

XV, XVI. NIVERNAIS et BOURBONNAIS 2 départements.

251. **Généralités.** Pays de *plateaux accidentés*, relevés à l'E. par les *monts du Morvan*, au N. par les collines du *Nivernais*.

Agriculture. Prairies nourrissant des bœufs morvandeaux renommés; forêts du Morvan, qui approvisionnent Paris de bois de chauffage; vins du Bourbonnais.

Industrie. Houille, métallurgie active, glaces, faïence et porcelaine; eaux minérales.

Devoir 90. — 1. Quelles sont les provinces de la région du Centre? — 2. Quelles sont les bornes du Loiret, du Cher, de la Haute-Vienne? — 3. Comment le Berry et l'Auvergne ont-ils été rattachés à la couronne? — 4. Dites l'industrie des villes d'Orléans, Pithiviers, Issoudun, du Ripault, Montluçon, Felletin, Saint-Yrieix. — 5. Souvenirs historiques de Tours, Blois, Bourges, Clermont. — Tracez la carte de la région du Centre.

252. **NIÈVRE**. Ch.-l. **Nevers** †, 28000 h., au confluent de la Nièvre et de la Loire, grosse chaudronnerie, avec école nationale; céramique et fers.

S.-pr. : **Cosne**, 9., sur la Loire, fabrique de limes.

Clamecy, 5., sur l'Yonne, flottage de bois.

Château-Chinon, 2.

Fourchambault, 6.; *La Chaussade, Imphy*, près de Nevers, métallurgie très active. — *Decize*, 5., houille.

253. **ALLIER**. Ch.-l. **Moulins** †, 22000 h., sur l'Allier, marchés aux grains et aux bestiaux. Tombeau du maréchal de Montmorency. Patrie de Villars.

S.-pr. : **Montluçon**, 34000 h., sur le Cher, glaces et produits chimiques.

Gannat, 5.; **Lapalisse**, 3.

Commentry, 10., mines de houille et forges. — *Vichy*, 16., sur l'Allier; *Cusset*, 7., *Néris*, 3., et *Bourbon-l'Archambault*, 4. (près Moulins), eaux minérales.

XVII, XVIII. MARCHE, LIMOUSIN 3 départements.

254. **Généralités**. Pays de *plaines* ondulées à l'O. et au S., relevées au centre et à l'E. par les *monts du Limousin*.

Agriculture. Pâturages et élevage de chevaux dits *limousins*, et de nombreux bestiaux; châtaigneraies.

Industrie. Granit, kaolin, porcelaine, houille, armes et tapis.

255. **CREUSE**. Ch.-l. **Guéret**, 8., à 5 km. de la Creuse.

S.-pr. : **Aubusson**, 7., sur la Creuse, tapis.

Bourganeuf, 4.; **Boussac**, 1.

Ahun (près Guéret), 2., houille; *Felletin*, 3., tapis.

256. **HAUTE-VIENNE**. Ch.-l. **Limoges** †, 92000 h., sur la Vienne, grande fabrication de porcelaine et de lainages. Commerce de grains.

S.-pr. : **Saint-Yrieix**, 8., extraction de kaolin et manufacture de porcelaine, ainsi qu'à *Saint-Junien*, 11.

Bellac, 5.; **Rochechouart**, 4.

257. **CORRÈZE**. Ch.-l. **Tulle** †, 16., sur la Corrèze, manufacture nationale d'armes à feu.

S.-pr. : **Brive**, 21000 h., sur la Corrèze, pâtés truffés; **Ussel**, 5.

XIX. AUVERGNE, 2 départements.

258. **Généralités**. Pays de *montagnes* et de volcans éteints (monts d'Auvergne), coupé du S. au N. par la large vallée de l'Allier ou plaine de la Limagne.

Agriculture. Fruits et froment dans la riche vallée de la Limagne; sur les plateaux, seigle, sarrasin, pâturages nourrissant un bétail rustique; châtaigneraies.

Industrie. Extraction de lave et basalte, asphalte, houille, plomb, chaudronnerie, coutellerie, dentelles communes, pâtes alimentaires et fruits confits. Eaux minérales et thermales.

259. **PUY-DE-DOME**. Ch.-l. **Clermont-Ferrand** †, 65000 h., pâtes alimentaires, pâtes d'abricots et confitures. Ferronnerie. Fontaine pétrifiante de Saint-Allyre. Patrie de Grégoire de Tours et de Pascal. La première croisade y fut prêchée par le pape Urbain II, en 1095. Dans les environs était Gergovia, où César fut battu par Vercingétorix.

S.-pr. : **Thiers**, 17., coutellerie. — **Riom**, 11., cour d'appel. — **Ambert**, 8.; **Issoire**, 6.; Saint Eloy, centre d'un bassin houiller.

Volvic, basalte. — *Pontgibaud*, plomb argentifère. — *Le Mont-Dore*, eaux minérales.

260. **CANTAL**. Ch.-l. **Aurillac**, 18., chaudronnerie; commerce de fromages et de bœufs.

S.-pr. : **Saint-Flour** †, 6., étoffes et colle forte.

Mauriac, 4.; **Murat**, 3.

Chaudesaigues, eaux thermales les plus chaudes de France (80° centigrades).

VI. RÉGION DU SUD-OUEST

XX, XXI. ANGOUMOIS, SAINTONGE et AUNIS, 2 départements.

261. **Généralités**. Pays de *plaines* basses à l'O., un peu relevées à l'E. par les *collines* de l'Angoumois.

Agriculture. Culture de céréales, prairies naturelles et artificielles; vignobles pour *eaux-de-vie; huîtrières*.

Industrie. Exploitation des *marais salants*; pierres de taille; papeterie; constructions navales; fonderie de canons.

262. **CHARENTE**. Ch.-l. **Angoulême** †, 38000 h., sur la Charente, papeteries importantes; pierres de taille.

S.-pr. : **Cognac**, 19., sur la Charente, entrepôt des eaux-de-vie dites *cognac*.

Barbezieux, 4.; **Confolens**, 3.; **Ruffec**, 3.

Ruelle, 4., fonderie de canons pour la marine.

263. **CHARENTE-INFÉRIEURE**. Ch.-l. **La Rochelle** †, 36000 h., port marchand (avec *la Pallice*) sur l'Océan. Richelieu l'enleva en 1628 aux protestants, après un siège mémorable. Patrie du physicien Réaumur.

S.-pr. : **Rochefort**, 35000 h., port militaire sur la Charente, à 20 km de l'Océan; constructions navales.

Saintes, 21000 h.; **Saint-Jean-d'Angély**, 7.; **Jonzac**, 3.; eaux-de-vie.

Marennes, 5., huîtres vertes.

Iles de *Ré* et d'*Oleron*, sel et huîtres.

XXII. GUYENNE, 6 départements.

264. **Généralités**. Pays de *plaines* basses à l'O., sur la Gironde, accidentées au centre, se relevant au N. et à l'E. en larges *plateaux montagneux* (Massif central), coupés de vallées profondes.

Agriculture. Culture des céréales, du tabac; *vins* très renommés de Bordeaux, du Médoc, *eaux-de-vie* d'Armagnac; pâturages et châtaigneraies du Massif central; élevage de moutons, de bêtes à cornes, de porcs, fromages; prunes d'ente, truffes.

Industrie. Pierres meulières; minerai de fer; houille, forges, constructions navales.

265. **GIRONDE**. Ch.-l. **Bordeaux** †, 262000 h., sur la Garonne, à 100 km de l'Océan, troisième port de France, grand commerce de vins, eaux-de-vie et liqueurs; relations avec l'Afrique et l'Amérique du Sud.

S.-pr. : **Libourne**, 20000 h., port au confluent de la Dordogne et de l'Isle; vins et farines.

Lesparre, 4., près des vignobles du Médoc.

Bazas, 5.; **Blaye**, 5., et **La Réole**, 4.

Arcachon, 10., sur le bassin de même nom, huîtres, bains de mer, station sanitaire.

266. **DORDOGNE**. Ch.-l. **Périgueux** †, 33000 h., sur l'Isle, commerce de porcs, truffes et pâtés truffés. Cathédrale byzantine.

S.-pr. : **Bergerac**, 16., sur la Dordogne, vins, pierres meulières.

Nontron, 4., coutellerie. — **Ribérac**, 4.; **Sarlat**, 7.

267. **LOT**. Ch.-l. **Cahors** †, 14., dans une presqu'île du Lot. Vins, huiles et truffes.

S.-pr. : **Figeac**, 6.; **Gourdon**, 5.

Rocamadour, antique pèlerinage à N.-D.

268. **AVEYRON**. Ch.-l. **Rodez** †, 15., tricots et couvertures de laine; belle tour de la cathédrale.

S.-pr. : **Millau**, 18., sur le Tarn, mégisseries, gants de peau.

Saint-Affrique, 7., commerce de fromage estimé, fabriqué dans les caves de *Roquefort*.

Villefranche-de-Rouergue, 8.; **Espalion**, 4.

Aubin, 10., et *Decazeville*, 14., houille et forges.

269. **LOT-ET-GARONNE**. Ch.-l. **Agen** †, 23000 h., sur la Garonne, prunes d'ente. Patrie du naturaliste Lacépède.

S.-pr. : **Marmande**, 10.; **Villeneuve-sur-Lot**, 14., prunes d'ente; **Nérac**, 6.

Tonneins, 6., manufacture de tabac.

270. **TARN-ET-GARONNE**. Ch.-l. **Montauban** †, 30000 h., sur le Tarn, minoteries et soie pour tamis. Cette ville, pendant les guerres de religion, était une des principales places d'armes des protestants. Richelieu la prit en 1629, et en fit raser les fortifications.

S.-pr. : **Moissac**, 8., sur le Tarn, grains et farines; **Castelsarrasin**, 7.

XXIII. GASCOGNE, 3 départements.

271. **Généralités**. Pays de *plaines* au N.-O., dans les Landes, de plateaux au centre et de *hautes montagnes* au S., dans les Pyrénées.

Agriculture et industrie. Culture du maïs et du lin; pâturages nourrissant des chevaux, mulets, moutons, chèvres et un bétail rustique; pins des Landes donnant bois et résine; chênes-liège. Marbres; minerai de fer; fonderies. Eaux minérales.

272. **GERS**. Ch.-l. **Auch** †, 14., sur le Gers, belle cathédrale; eaux-de-vie.

S.-pr. : **Condom**, 6., eaux-de-vie d'Armagnac.

Lectoure, 4.; **Lombez**, 2.; **Mirande**, 4.

273. **LANDES**. Ch.-l. **Mont-de-Marsan**, 12., liège et résine.

S.-pr. : **Dax**, 11., sur l'Adour, eaux et boues thermales, résine, bouchons de liège, bois de pins.

Saint-Sever, 5.

Près de Dax, ancien village de Pouy, aujourd'hui *Saint-Vincent-de-Paul*, où naquit le saint de ce nom. — *Aire* †, 4., sur l'Adour.

274. **HAUTES-PYRÉNÉES**. Ch.-l. **Tarbes** †, 29000 h., sur l'Adour, commerce de chevaux, arsenal d'artillerie.

S.-pr. : **Bagnères-de-Bigorre**, 9., sur l'Adour; eaux thermales. — **Argelès**, 2.

Barèges, Cauterets et *Saint-Sauveur* (au S. d'Argelès), eaux minérales. — *Gavarnie*, village bâti près d'un vaste cirque de rochers, où le Gave de Pau forme une cascade de 422 mètres d'élévation. — *Lourdes*, 9., sur le Gave de Pau, pèlerinage célèbre à Notre-Dame.

Devoir 91. — 1. Décrivez la Guyenne au point de vue du sol. — 2. Quels départements forme-t-elle? — 3. Quelle est l'industrie de Rochefort, Ruelle, Dax, Bagnères, Lesparre, Bergerac? — 4. Dites ce que vous savez de Bordeaux, Montauban, Lourdes. — 5. Tracez la carte de la région du Sud-Ouest.

Devoir 92. — 1. Quelles provinces et quels départements comprend la région du Sud? — 2.-3. Quelles sont les montagnes et les rivières de cette région? — 4. Rapportez quelques faits historiques sur Muret, Albi, Nîmes et Le Puy. — 5. Tracez la carte de la région du Sud.

XXIV. BÉARN, 1 departement.

275. **Généralités.** Pays pyrénéen, *montagneux* au S., s'abaissant vers le N. en collines et en plateaux.

Agriculture et industrie. Maïs et vignobles; pâturages : bestiaux, moutons, chevaux navarrais, mulets. Calcaires et marbres; toiles de lin; chocolats et jambons. Eaux minérales.

276. **BASSES-PYRÉNÉES**. Ch.-l. **Pau**, 37 000 h., sur le Gave de ce nom, commerce de chevaux et de mulets. Château où naquit Henri IV. Station hivernale.

S.-pr. : **Bayonne** ✝, 28 000 h., sur l'Adour, port marchand et place forte. Chocolat renommé et commerce d'excellents jambons.

Orthez, 6., centre de la préparation des jambons dits *de Bayonne*.

Oloron, 9., bérets; **Mauléon**, 5.

Biarritz, 18., bains de mer très fréquentés. — *Eaux-Bonnes* et *Eaux-Chaudes* (au S. d'Oloron), villages renommés pour leurs eaux minérales.

VII. RÉGION DU SUD

XXV, XXVI. COMTÉ DE FOIX et ROUSSILLON, 2 départements.

277. **Généralités.** Pays pyrénéens *montagneux*. — Pâturages; élevage de bêtes à cornes et de moutons. Dans le bas Roussillon, vignes, oliviers, mûriers, miel. Marbres des Pyrénées; minerai de fer excellent, fers et aciers.

278. **ARIÈGE**. Ch.-l. **Foix**, 7., sur l'Ariège, forges et aciéries.

S.-pr. : **Pamiers** ✝, 10., fers et aciers.

Saint-Girons, 6.

279. **PYRÉNÉES-ORIENTALES**. Ch.-l. **Perpignan** ✝, 39 000 h., place forte, miel, vins et bouchons de liège.

S.-pr. : **Prades**, 4.; **Céret**, 4.

Port-Vendres, 3., port en relation avec l'Algérie. — *Rivesaltes*, 6., vins muscats.

XXVII. LANGUEDOC, 8 départements.

280. **Généralités.** Pays généralement *montagneux*, excepté sur les côtes de la Méditerranée, qui sont basses et bordées de lagunes. Il est formé au S.-O. par le massif des Pyrénées, au centre par la montagne Noire et les Garrigues, au N. par le haut Massif central et la chaîne des Cévennes.

Agriculture. Culture du maïs, du blé, du tabac, surtout de la vigne : le bas Languedoc est le pays de France qui produit le plus de *vins*, en partie convertis en alcools ou eaux-de-vie de Montpellier, de Béziers. Culture du mûrier et élève du ver à soie; culture de l'olivier, de l'amandier, du figuier, dans la plaine; châtaignier sur le Massif central; pâturages, élevage des moutons et des abeilles; miel de Narbonne.

Industrie. Marbres; production importante de sel dans les salines qui bordent la Méditerranée. Houille, zinc, fer, verreries. Dentelles, cotonnades, lainages, soieries; papiers.

281. **HAUTE-GARONNE**. Ch.-l. **Toulouse** ✝, 150 000 h., à la jonction de la Garonne et du canal du Midi; grand marché pour les vins, les blés, les volailles; fabriques de faux et de limes, minoteries. Belle église romane de Saint-Sernin. Capitole ou hôtel de ville, académie des Jeux-Floraux; école vétérinaire.

S.-pr. : **Muret**, 4., victoire de Simon de Montfort sur les Albigeois, en 1213.

Saint-Gaudens, 7.; **Villefranche-de-Lauragais**, 2.

Bagnères-de-Luchon, 3., eaux sulfureuses. — *Saint-Béat* (près de Bagnères), marbre blanc.

282. **TARN**. Ch.-l. **Albi** ✝, 25 000 h., sur le Tarn, rappelle la secte des Albigeois. Patrie du navigateur La Pérouse. Tissus et faïence.

S.-pr. : **Castres**, 28 000 h., et *Mazamet*, 14., fabrication active de lainages.

Gaillac, 7.; **Lavaur**, 6.

Carmaux, 11., houille et verrerie.

283. **AUDE**. Ch.-l. **Carcassonne** ✝, 31 000 hab., sur l'Aude, confiseries. La *Cité*, ou ville haute, est un curieux ensemble de constructions féodales.

S.-pr. : **Narbonne**, 28 000 h., miel renommé, vins.

Limoux, 7., sur l'Aude, vin blanc dit *blanquette de Limoux*.

Castelnaudary, 9.

284. **HERAULT**. Ch.-l. **Montpellier** ✝, 80 000 h., école de médecine; vins et eaux-de-vie dites *de Montpellier*.

S.-pr. : **Béziers**, 51 000 h., commerce de vins et d'eaux-de-vie. Patrie de Paul Riquet, à qui l'on doit le canal du Midi.

Lodève, 8., draps pour l'armée; **Saint-Pons**, 3.

Cette, 33 000 h., port marchand sur la Méditerranée. — *Lunel*, 8., et *Frontignan*, 5., vins muscats. — *Pézenas*, 7., commerce de spiritueux.

285. **GARD**. Ch.-l. **Nîmes** ✝, 81 000 h., soieries, tapis, vins, eaux-de-vie, huiles. Antiquités romaines : les Arènes, la Maison-Carrée, la tour Magne, le temple de Diane.

S.-pr. : **Alais**, 30 000 h., mines de houille et de fer, forges et fonderies; **Uzès**, 5.; **Le Vigan**, 5.

La Grand'Combe, 12., et *Bessèges*, 8., mines importantes de houille, fers et aciers. — *Aigues-Mortes*, 5., où saint Louis s'embarqua pour ses croisades. — *Beaucaire*, 9., sur le Rhône, foire autrefois célèbre.

286. **ARDÈCHE**. Ch.-l. **Privas**, 7., commerce de cuirs et de soie.

S.-pr. : **Tournon**, 5., sur le Rhône; **Largentière**, 2.

Annonay, 17., papiers, peaux de chevreaux pour la ganterie. Patrie des frères Montgolfier, inventeurs des ballons. — *Aubenas*, 7., sur l'Ardèche, marché de soie. — *Viviers* ✝, 3., sur le Rhône. — *Vals*, eaux minérales.

287. **LOZÈRE**. Ch.-l. **Mende** ✝, 7., sur le Lot, serges.

S.-pr. : **Florac**, 2.; **Marvejols**, 4.

288. **HAUTE-LOIRE**. Ch.-l. **Le Puy** ✝, 21 000 h., près de la Loire, bâti en amphithéâtre sur la pente du mont Corneille, que surmonte la statue colossale de Notre-Dame de France; centre de fabrication de dentelle.

S.-pr. : **Brioude**, 5., près de l'Allier; **Yssingeaux**, 8.

VIII. RÉGION DE L'EST

XXVIII. LYONNAIS, 2 départements.

289. **Généralités**. Pays *montueux*, formé à l'O. par le Forez (monts et plaines), au centre par la chaîne du Lyonnais.

Agriculture. Peu de céréales. Vins du Beaujolais; pâturages, vaches, moutons et chèvres; fromages du Mont-d'Or.

Industrie. Houille du bassin de Saint-Étienne. — Métallurgie; forges, ateliers de construction, verrerie; cotonnades, riches soieries, chapellerie, rubans et velours; eaux minérales.

290. **RHONE**. Ch.-l. **Lyon** ‡, 524 000 h., au confluent du Rhône et de la Saône, grande place forte, troisième ville de France par sa population et son commerce; c'est, avec Milan, le centre principal de l'industrie de la soie en Europe. Patrie de Jacquart, inventeur du métier à tisser les étoffes brochées. Notre-Dame de Fourvière.

S.-pr. : **Villefranche-sur-Saône**, 16., cotonnades.

Tarare, 12., au pied du mont Tarare; mousselines, etc. — *Saint-Cyr*, près de Lyon, fromages dits du *Mont-d'Or*. — *Givors*, 13., sur le Rhône, forges, verreries.

291. **LOIRE**. Ch.-l. **Saint-Étienne**, 149 000 h., sur le Furens, grande ville industrielle : charbon de terre, usines métallurgiques, armes, rubanerie en soie.

S.-pr. : **Roanne**, 37 000 h., sur la Loire, cotonnades; **Montbrison**, 8.

Rive-de-Gier, 16., et *Firminy*, 20 000 h., (près Saint-Étienne), houille, usines à fer, verreries. — *Saint-Chamond*, 15., houille, métallurgie, lacets de soie. — *Saint-Galmier*, 3. (à l'E. de Montbrison), eaux minérales.

XXIX. BOURGOGNE, 4 départements.

292. **Généralités**. Pays de *collines*, *plateaux* et *monts* au N. et à l'O., plaine de la Saône au centre; collines et montagnes du Jura, au S.-E.

Agriculture. Céréales, maïs, vins renommés dits de Bourgogne, moutarde. Élevage d'excellents bœufs charolais, de moutons bourguignons, de poulardes bressanes; forêts dans les montagnes; étangs poissonneux, mais insalubres, dans la Dombes.

Industrie. Pierres lithographiques, chaux et ciment, pierres de taille, asphalte, houille, métallurgie, verreries, tuileries, tabletterie.

293. **AIN**. Ch.-l. **Bourg**, 21 000 h., poulardes, belle église de Brou.

S.-pr. : **Belley** †, 6., pierres lithographiques.

Gex, 3., fromages. — **Nantua**, 3., tabletterie, ainsi qu'à **Oyonnax**, 6.

Trévoux, 3. — Village d'Ars.

Seyssel, sur le Rhône, asphalte.

294. **SAONE-ET-LOIRE**. Ch.-l. **Mâcon**, 20 000 h., sur la Saône. Vins dits *du Mâconnais*. Patrie de Lamartine.

S.-pr. : **Autun** †, 16., antiquités romaines.

Chalon-sur-Saône, 32 000 h., commerce de vins et de blé, construction de bateaux.

Charolles, 4., bœufs renommés; **Louhans**, 4.

Le Creusot, 36 000 h., possède l'établissement métallurgique le plus important de France; bassin houiller s'étendant à *Montceau-les-Mines*, 27 000 h.; *Blanzy*, 5., verreries, et *Montchanin*, 5, tuiles.

Tournus, 5., pierres de taille. — *Paray-le-Monial*, 5., pèlerinage au sacré Cœur. — *Cluny*, 4., ancienne abbaye de bénédictins, aujourd'hui école nationale de contremaîtres.

295. **COTE-D'OR**. Ch.-l. **Dijon** †, 77 000 h., place forte sur le canal de Bourgogne; vins, vinaigre, pains d'épice et moutarde; patrie de saint Bernard, de Bossuet.

S.-pr. : **Beaune**, 13., centre de production des meilleurs vins de Bourgogne (*Clos-Vougeot*, *Nuits*, *Pommard*, *Volnay*, etc.).

Châtillon-sur-Seine, 5., forges; congrès de 1814; **Semur**, 3.

Alise, au pied du mont Auxois, sur lequel était Alésia, où Vercingétorix se rendit à César, l'an 52 avant J.-C.

296. **YONNE**. Ch.-l. **Auxerre**, 22 000 h., sur l'Yonne, commerce de vins et de bois de chauffage. Belle cathédrale gothique.

S.-pr. : **Sens** ‡, 15., sur l'Yonne. Belle cathédrale.

Avallon, 6., et **Joigny**, 6., vins.

Tonnerre, 4., vins et pierre statuaire.

Chablis, 2. (entre Auxerre et Tonnerre), vins blancs renommés. — *Fontenay-en-Puisaye* (au S.-O. d'Auxerre), bataille de 841, entre les fils de Louis le Débonnaire. — *Vézelay*, où saint Bernard prêcha la deuxième croisade en 1146.

XXX. FRANCHE-COMTÉ, 3 départements.

297. **Généralités**. Pays de *plaines* unies à l'O., sur la Saône, accidentées et se relevant à l'E. par les montagnes du Jura, et au N. par les Vosges.

Agriculture. Culture du froment, du maïs et de la vigne : bons vins; pâturages et excellents bestiaux dits comtois; fromages dits de Gruyères; forêts des Vosges et du Jura.

Industrie. Sel gemme; eaux minérales; houille; forges; fabrication active d'horlogerie de Besançon et du Jura; tabletterie.

298. **HAUTE-SAONE**. Ch.-l. **Vesoul**, 10., ville d'entrepôt, au pied d'une butte conique dont les pentes sont couvertes de vignobles.

S.-pr. : **Gray**, 7., nombreux moulins à farine.

Lure, 7., draps.

Luxeuil, 5., eaux minérales, ancienne abbaye. — *Ronchamp*, houille.

299. **DOUBS**. Ch.-l. **Besançon** ‡, 58 000 h., place forte sur le Doubs. Centre de notre fabrication d'horlogerie fine et commune.

S.-pr. : **Montbéliard**, 10., sur le Doubs; horlogerie; patrie de Cuvier. — Forges d'*Audincourt*.

Pontarlier, 9., sur le Doubs, est défendu par le *fort de Joux*. Commerce de bois de sapin.

Baume-les-Dames, 3.

300. **JURA**. Ch.-l. **Lons-le-Saunier**, 14., qui doit son surnom à ses salines.

S.-pr. : **Dôle**, 16., sur le Doubs, ville industrielle; patrie de Pasteur.

Saint-Claude †, 12., tabletterie et ouvrages au tour, appelés *articles de Saint-Claude*.

Poligny, 4., et *Arbois*, 4., vins blancs.

Salins, 5., sel gemme; *Morez*, 6., horlogerie.

IX. RÉGION DU SUD-EST

XXXI. SAVOIE, 2 départements.

301. **Généralités**. Pays *alpestre*, ou entièrement couvert par les ramifications des grandes Alpes, qui sont surmontées de *glaciers* et de neiges perpétuelles, et entrecoupées de vallées profondes.

Agriculture. Peu de céréales; *alpages* ou pâturages des montagnes; élève de bestiaux, de chèvres, de moutons, de vers à soie et d'abeilles; fabrication de fromages.

Industrie peu développée : soieries, horlogerie, eaux minérales, etc.

302. **HAUTE-SAVOIE**. Ch.-l. **Annecy** †, 16., sur le lac de ce nom, évêché illustré par saint François de Sales.

S.-pr. : **Thonon**, 7., sur le lac de Genève.

Bonneville, 2.; **Saint-Julien**, 1.

303. **SAVOIE**. Ch.-l. **Chambéry** ‡, 23 000 h., soieries.

S.-pr. : **Albertville**, 6., place forte.

Moutiers-en-Tarentaise †, 3., sur l'Isère.

Saint-Jean-de-Maurienne †, 3., sur l'Arc.

Aix-les-Bains, 9., près du lac du Bourget, eaux sulfureuses. — *Modane*, village où commence le grand tunnel dit du *Mont-Cenis*, long de 12 km. et traversant les Alpes pour déboucher en Italie à La Bardonnèche, sur la Riparia et la route de Turin.

XXXII. DAUPHINÉ, 3 départements.

304. **Généralités**. Pays *alpestre*, presque entièrement couvert par les ramifications des Alpes, dont les hauts sommets sont couronnés de *glaciers* et de neiges perpétuelles. Des vallées profondes s'ouvrent à l'O., sur la grande vallée du Rhône.

Agriculture. Céréales, surtout dans la vallée du Graisivaudan; cultures de chanvre, mûriers, noyers, vignes; alpages; élevage de moutons, vaches, chèvres, vers à soie, abeilles.

Industrie. Fer et forges; toiles, lainages, soieries; gants; liqueurs.

305. **ISÈRE**. Ch.-l. **Grenoble** †, 78 000 h., place forte sur l'Isère. Fabrication de gants et de liqueurs. Bayard est né aux environs, à Pontcharra.

S.-pr. : **Vienne**, 25 000 h., sur le Rhône, ville ancienne; fabriques de draps.

Saint-Marcellin, 3.; **La Tour-du-Pin**, 4.

Voiron, 13., toiles. — *La Grande-Chartreuse*, célèbre monastère situé dans une vallée agreste et où se fabriquait jadis une liqueur très estimée. — *N.-D. de la Salette*, lieu de pèlerinage, situé à 1 800 m. d'altitude, dans le massif du Pelvoux.

306. **DROME**. Ch.-l. **Valence** †, 29 000 h., sur le Rhône, soie et vin.

S.-pr. : **Die**, 4., sur la Drôme, vin blanc appelé *clairette de Die*.

Montélimar, 13., commerce de soie et de nougats.

Nyons, 4.

Romans, 17., sur l'Isère, cordonnerie.

307. **HAUTES-ALPES**. Ch.-l. **Gap** †, 11., près de la Durance et à 740 m. d'altitude.

S.-pr. : **Briançon**, 8., à 1 320 m. d'altitude, place forte qui défend la vallée de la haute Durance.

Embrun, 3., sur la Durance, jadis fortifié.

XXXIII, XXXIV. PROVENCE, le COMTAT et NICE, 5 départements.

308. **Généralités**. Pays *alpestre* très élevé dans les parties orientales, et s'abaissant en montagnes moyennes au centre et en légères collines à l'O., pour se terminer par la plaine et le delta du Rhône.

Agriculture. Culture de la vigne, du mûrier, de l'olivier, de l'amandier, de l'oranger, du tabac; des fleurs odoriférantes à Nice; forêts, pâturages et élevage de moutons dans les Alpes.

Industrie. Peu développée dans les montagnes, plus active dans le Comtat et sur la côte; lignite; forges et constructions navales; lainages, chapellerie, huiles et savons; filature de la soie; parfums; marais salants.

Devoir 93. — 1. Quelles sont les provinces de la région de l'Est? — 2. Comment ces provinces ont-elles été rattachées à la couronne? — 3-4. Qu'appelle-t-on Morvan, Le Creusot, Alise, Jura, Rive-de-Gier? — 5. Où trouve-t-on, dans cette région, des rubans, des bœufs renommés, de la tabletterie? — 6. Tracez la carte de la région de l'Est.

Arles, 31 000 h., sur le Rhône, à l'entrée de l'île de la Camargue, antiquités romaines.

La Ciotat, 10., constructions navales. — *Tarascon*, 9., sur le Rhône, commerce de saucissons et d'huiles.

313. **ALPES-MARITIMES**. Ch.-l. **Nice** ✝, 143 000 h., place forte, port marchand sur la Méditerranée; parfums, huiles et fruits; principale station hivernale de la Côte d'Azur. Patrie de l'astronome Cassini et du maréchal Masséna.

S.-pr. : **Grasse**, 20 000 h., parfums, huiles et fleurs; **Puget-Théniers**, 1.

Cannes, 22 000 h., port, rappelle le débarquement de Napoléon à son retour de l'île d'Elbe. — *Menton*, 18., est, comme Nice, Grasse et Cannes, une station hivernale très fréquentée.

Carte du massif du Mont-Cenis.
Tunnel de Modane à La Bardonnèche, sous le col de Fréjus.

311. **VAR**. Ch.-l. **Draguignan**, 10., corroieries.

S.-pr. : **Brignoles**, 5., prunes renommées. **Toulon**, 105 000 h., grand port militaire sur la Méditerranée. Cette ville fut livrée aux Anglais, en 1793, et reprise après un siège où se révéla le génie militaire de Bonaparte.

Hyères, 21., près d'une vaste rade fermée par les îles de même nom, jouit d'un climat délicieux et fait le commerce d'oranges, de citrons et d'huiles. Patrie de Massillon. — *Fréjus* ✝, 4., près de la baie de Fréjus, dite aussi de Saint-Raphaël, où Bonaparte débarqua en 1799. Nombreuses ruines romaines. — *La Seyne*, 22 000 h., sur la rade de Toulon, constructions navales.

314. **MONACO**, 4., est la capitale d'une petite principauté de 15 000 h., indépendante, bien qu'enclavée dans le département des Alpes-Maritimes.

309. **VAUCLUSE**. Ch.-l. **Avignon** ✝, 49 000 h., sur le Rhône, a été le séjour des papes de 1309 à 1376. Château et cathédrale remarquables.

S.-pr. : **Orange**, 11., arc de triomphe et autres antiquités romaines; — **Apt**, 6., faïencerie; — **Carpentras**, 10., lainages, confiseries.

Vaucluse, village où jaillit la fontaine qui donne naissance à la *Sorgue*.

310. **BOUCHES-DU-RHONE**. Ch.-l. **Marseille** ✝, 551 000 h., sur la Méditerranée, fondée par une colonie grecque, 600 ans avant Jésus-Christ, est le premier port de mer et la seconde ville de la France. Elle exporte des vins, huiles, savons, soieries, et importe du blé, des denrées coloniales, etc. Son port est en communication surtout avec l'Algérie, l'Inde et la Chine. Nombreuses savonneries et huileries, industries alimentaires, navires. Dévouement de Belsunce son évêque, pendant la peste de 1720. Sanctuaire de N.-D. de la Garde.

S.-pr. : **Aix** ✝, 30 000 h., école des arts et métiers. Eaux thermales, amandes, huiles d'olives.

312. **BASSES-ALPES**. Ch.-l. **Digne** ✝, 7., commerce de fruits secs et confits.

S.-pr. : **Barcelonnette**, 2.; **Castellane**, 2.; **Forcalquier**, 3.; **Sisteron**, 4.

XXXV. CORSE, 1 département.

315. **Généralités**. La Corse est une *île haute*, presque entièrement couverte de montagnes très élevées au centre, et s'abaissant à l'E. sur une côte basse et bordée de lagunes.

Agriculture arriérée. Céréales, vins, tabac, oliviers, orangers, châtaigniers; forêts et chênes liège; chèvres et vers à soie. *Industrie* presque nulle. Marbre et porphyre; forges et fonderies.

316. **CORSE**. Ch.-l. **Ajaccio** ✝, 20 000 h., ville maritime fortifiée, fait le commerce de corail. Patrie de Napoléon Ier.

S.-pr. : **Bastia**, 29 000 h., place forte et port au N. de l'île; pâtes alimentaires dites *pâtes d'Italie*, marbreries, forges et fonderie du Toga.

Calvi, 2., place forte, port.

Corte, 5., statue du patriote Pascal Paoli; **Sartène**, 5.

Bonifacio, 4., sur le détroit qui sépare la Corse de la Sardaigne. — *Porto-Vecchio*, 4., sur une magnifique baie, au S.-E. — *Ile-Rousse*, 2., petit port au N. de l'île.

Devoir 94. — **1.** Quelles sont les provinces de la rég on du S.-E.? — **2.** Qu'appelle-t-on *pays alpestre*, et quels sont ses caractères généraux? — **3.** Dites la situation et l'industrie des villes ci-après : Montélimar, Digne, La Ciotat, Hyères. — **4.** Quels faits historiques rappellent Grenoble, Annecy, Toulon, Fréjus, Ajaccio, Marseille? — **5.** Tracez la carte de la région du Sud-Est.

Devoir 95. — **1.** Rangez par ordre d'importance les quinze villes de France qui ont plus de 100 000 hab. — **2.** les dix-huit villes qui ont de 60 à 100 000 hab.

Les exercices cartographiques.

« *En France, nous ne connaissons pas de meilleur système cartographique que celui des Frères*, » dit le DICTIONNAIRE DE PÉDAGOGIE de M. Buisson.

Les élèves ont à *compléter* et à colorier d'abord les cartes semi-muettes des cahiers, puis à les reproduire *à vue*, enfin *par cœur*. C'est le moyen de se les graver dans la mémoire par l'imagination et le travail de la main.

LE CAHIER Nº 2 (la France et le Globe) répond à la matière de cette GÉOGRAPHIE-ATLAS.

COLONIES FRANÇAISES

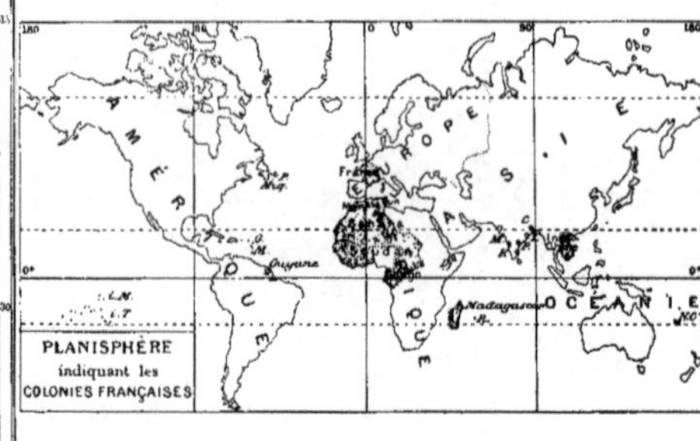

I. AFRIQUE FRANÇAISE

MAROC

317. Le **Maroc**, situé à l'O. de l'Algérie, a une *superficie* d'environ 500 000 km². C'est une contrée montagneuse, traversée par la chaîne de l'Atlas, où les monts Aïachi et Miltsin atteignent 4 000 m. d'altitude.

Il est arrosé par la *Moulouïa*, qui se jette dans la Méditerranée; le *Sébou* et le *Tensift*, tributaires de l'Atlantique.

Le Maroc compte environ 3 500 000 habitants : Berbères, Maures, Arabes et nègres, tous mahométans. Cette *sultanie*, où l'anarchie régnait en permanence, a été placée sous le protectorat français, sauf le littoral nord, ou Rif, et une zone sud protégés par l'Espagne.

Villes. Fez, 100 000 h., **Meknez**, 40., et **Maroc**. 50., sont trois capitales sultaniennes.

Tanger, port international, sur le détroit de Gibraltar; **Rabat, Casablanca et Mogador**, sur l'Océan, sont les ports principaux. Ceux de *Melilla, Ceuta, Tetouan* et *El-Araïch* dépendent de l'Espagne.

Le pays est fertile au nord-ouest de l'Atlas. Au sud, c'est le désert du Sahara avec quelques oasis. Le *commerce*, déjà en progrès, exporte du bétail pour Gibraltar, des peaux et laines, des fruits et légumes. Il importe des cotonnades, de la quincaillerie, des farines, sucres et café.

317. *bis* **Utilité des colonies.** — Les avantages des colonies sont surtout de *développer le commerce*, la *marine*, ainsi que l'influence morale et politique de la métropole, à laquelle elles offrent en outre une patrie nouvelle pour l'excédent de sa population. Elles lui procurent des *matières premières pour l'industrie*, telles que le coton, la soie, les métaux, ainsi que les denrées que l'Europe ne cultive pas, comme le café, les épices. Les colonies reçoivent, en retour, de la métropole des *produits manufacturés* : vins, tissus, armes, machines, quincaillerie, etc.

Devoir 96. — 1. Nommez les *colonies françaises* en Afrique. — 2. Dans quel océan et dans quelle partie du monde se trouvent la Martinique? — Madagascar? — Saïgon? — le Sénégal? — la Nouvelle-Calédonie? — Taïti? — la Guadeloupe? — 3. Qu'est-ce que la Cochinchine? — le Tonkin? — la Réunion?

Devoir 97. — Décrivez un voyage aux colonies en allant de l'ouest à l'est, puis un autre de l'est à l'ouest, en consultant le planisphère ci-dessus.

ALGÉRIE

318. **Bornes**. L'**Algérie** est bornée, au N., par la Méditerranée; — à l'O., par le Maroc; — au S. par le Sahara; — à l'E. par la Tunisie.

La *superficie* de l'Algérie propre ou du Nord est de 208 000 kilomètres carrés.

La *côte*, peu échancrée, est en général rocheuse et escarpée; les baies, mal abritées, rendent la navigation souvent difficile. Le cap *Bougiarone*, à l'E., est le plus septentrional.

Montagnes. L'Algérie est traversée de l'ouest à l'est par les monts *Atlas*, composés de deux chaînes parallèles très ramifiées, que séparent les *Hauts Plateaux*. La chaîne du N. renferme les massifs de l'Ouarsenis et du *Djurdjura*; celle du sud, le *djebel Amour* et le *djebel Aurès*, avec le mont Chélia, 2 328 m., point culminant.

Les *cours d'eau* (oueds) de l'Algérie ne sont pas navigables; mais, par des barrages, on les fait servir à l'irrigation du sol. Les principaux sont, de l'O. à l'E. : la *Tafna*, grossie de l'*Isly*; la *Macta*, formée de l'Habra et du Sig; le *Chéliff*, le plus grand de tous (630 km); l'*Isser* le *Sahel*, le *Rummel* et la *Seybouse*.

Il n'y a *pas de lacs*, mais des nappes saumâtres qui se dessèchent la plupart en été; telles sont : la sebkha d'*Oran*, les chotts *Chergui* et du *Hodna*; le chott *Melrhir*, dont le niveau est inférieur de 27 m. à celui de la mer.

Régions physiques. 1° Le *Tell*, entre la mer et l'Atlas, est une région montueuse, avec plaines et vallées, où croissent toutes les cultures de l'Europe méridionale; — 2° les *Hauts Plateaux*, entre les deux chaînes de l'Atlas, présentent des champs d'alfa, des chotts et des pâturages d'été; — 3° le *Sahara algérien*, au S. de l'Atlas, est une région sablonneuse ou pierreuse, torride et déserte, présentant cependant de nombreuses *oasis* plantées surtout de palmiers et habitées : celles de Laghouat, Zaatcha, Biskra, etc.

Population. L'Algérie a une population de 5 564 000 habitants, formée principalement de Berbères, d'Arabes, de Maures et de nègres, tous mahométans et parlant le berbère ou l'arabe. On compte 752 000 Européens, dont 563 000 Français ou naturalisés Français.

320. **Administration**. L'Algérie, colonie autonome, est administrée par un gouverneur général. Elle forme les **trois départements** d'*Alger*, de *Constantine* et d'*Oran*, divisés en 17 arrondissements;

En outre, au sud, les **quatre Territoires** militaires d'*Aïn-Sefra*, des *Oasis*, de *Ghardaïa* (Laghouat) et de *Tougourt* (Ouargla), qui comprennent une grande partie du Sahara.

319. Tableau général.

COLONIES ET DATES D'ACQUISITION		SUPERFICIE	POPULATION
AFRIQUE		kilom. car.	habitants.
Maroc	1912	440 000	3 300 000
Algérie	1830	208 000	5 070 000
— *Territ. du Sud*	1890	2 700 000	494 000
Tunisie, protectorat	1881	120 000	1 900 000
Sénégal, Mauritanie	XIXe s.	600 000	1 500 000
Ht-Sénégal et Niger	1880	3 000 000	4 500 000
Guinée	1843	300 000	1 500 000
Côte de l'Ivoire	1843	325 000	900 000
Dahomey	1892	110 000	1 200 000
Afrique équat. franç.	1880	1 500 000	4 000 000
Réunion	1630	2 512	175 000
Comores	1885	2 000	90 000
Madagascar	1885	580 000	3 000 000
Somalie française	1862	120 000	210 000
ASIE			
Territoires indiens	XVIIIe s.	508	282 000
Cochinchine	1862	66 000	3 050 000
Cambodge, protector.	1863	175 000	1 500 000
Annam, protectorat	1874	160 000	5 600 000
Tonkin	1885	120 000	6 100 000
Laos, protectorat	1895	2 0 000	630 000
Kouang-tcheou	1898	900	160 000
OCÉANIE			
Nouvelle-Calédonie	1851	20 000	53 000
Taïti et *Marquises*	1847	4 000	29 000
AMÉRIQUE			
Guyane	XVIIe s.	78 000	35 000
Martinique	*id.*	987	183 000
Guadeloupe et dép.	*id.*	1 870	190 000
S-Pierre et Miquelon	XVIe s.	245	4 000
Totaux, environ		11 000 000	53 000 000

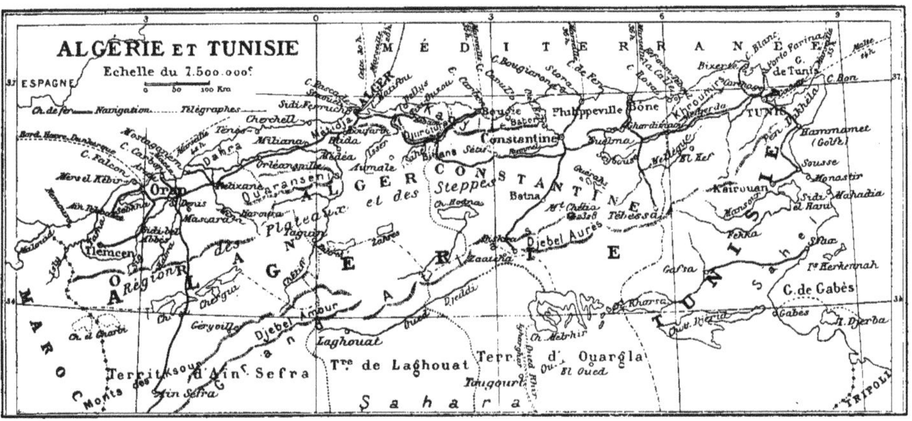

L'Algérie constitue, avec la Tunisie, notre **19e région de corps d'armée**, dont le quartier général est à Alger.

Elle est divisée en **trois diocèses**, dont un archevêché, Alger, et deux évêchés, Oran et Constantine.

Pour l'instruction publique, elle forme l'*académie d'Alger*. Les musulmans ont des écoles coraniques.

Département d'Alger, ch.-l. *Alger;* sous-préfectures *Médéa, Miliana, Orléansville, Tizi-Ouzou*.

Alger, 172000 h., ville forte bâtie en amphithéâtre sur la Méditerranée, est la capitale de l'Algérie et l'entrepôt général du commerce de la colonie. Jadis repaire de pirates, elle fut prise par les Français en 1830.

Staoueli, près d'Alger, première victoire des Français en 1830. Couvent et ferme des Trappistes. — *Boufarik*, 11., centre agricole. — *Blida*, 35., commerce d'oranges.

Médéa, 16., est un important marché, ainsi qu'*Aumale*, 6., poste militaire.

Miliana, 9., et **Orléansville**, 16., dans la vallée du Chéliff, sont des marchés agricoles. — **Tizi-Ouzou** et *Fort-National* surveillent la Grande-Kabylie.

Laghouat est le chef-lieu d'un *territoire militaire*, où se trouve *El-Goléa*.

Département d'Oran, ch.-l. *Oran;* sous-préfectures *Mascara, Mostaganem, Sidi-bel-Abbès, Tlemcen*.

Oran, 123000 h., grand port de commerce, en partie peuplé d'Espagnols.

Tlemcen, 40., belle ville sur un plateau.

Sidi-bel-Abbès, 31.; **Mascara**, 24., ancienne capitale d'Abd-el-Kader, et *Saint-Denis-du-Sig*, 14., sont des centres agricoles florissants.

Mostaganem, 23., port près du Chéliff. — **Aïn-Sefra**, 10., ch.-lieu d'un *territoire militaire* où se trouve **Figuig**, et qui est suivi du *territoire des Oasis*, chef-lieu **Insalah**, dans le Touat.

Département de Constantine, ch.-l. *Constantine;* sous-préfectures *Batna, Bône, Bougie, Guelma, Philippeville, Sétif*.

Constantine, 65000 h., est une ville forte située sur un plateau rocheux. Elle fut prise d'assaut en 1837. Céréales.

Philippeville, 27., est un port actif, ainsi que **Bône**, 42. — *La Calle*, 5., corail et liège.

Bougie, 19., exporte de l'huile d'olive et des fruits. — **Guelma**, 11., et **Sétif**, 26., dans l'intérieur, élèvent des bestiaux et chevaux. — **Batna**, 10., poste militaire. — *Tébessa*, 10., phosphates.

Biskra, 11., à l'entrée du désert, station d'hiver, dattes et olives.

Tougourt est le chef-lieu d'un *territoire militaire* à l'est.

321. L'Algérie est essentiellement agricole. Le Tell cultive les **céréales**, **la vigne**, le tabac, l'olivier, l'oranger, les primeurs, etc.; sur les Hauts-Plateaux, on récolte l'*alfa*, plante textile; les oasis, fertilisées par les puits artésiens, produisent des *dattes*. L'**élevage** est également prospère : bœufs, dans le Tell, moutons et chèvres sur les Hauts-Plateaux; chameaux dans les oasis; ânes porteurs. Le célèbre cheval arabe diminue.

L'Algérie extrait des minerais de fer, de zinc, de plomb, des marbres et phosphates, du sel des chotts; sources thermales (*hammam*). Mais elle a peu d'industrie manufacturière, faute de mines de houille.

Le *commerce intérieur* possède une artère de chemins de fer parallèle à la côte, allant d'Oran à Alger, Constantine et Tunis avec des lignes perpendiculaires, dites de *pénétration*, vers le sud.

Le *commerce extérieur* dépasse un milliard de francs et se fait pour les $^3/_4$ avec la France, par Marseille notamment.

Importation de *tissus* de coton et de laine, de machines et autres objets *fabriqués*, de vins, sucres, café, houille.

Exportation de *vins*, *céréales*, oranges, figues et dattes, primeurs, *huile d'olive*, *bestiaux*, laines, tabac, *liège*, *alfa*, *minerais* et *phosphates*.

Le commerce avec le Sahara et le Soudan est très faible; il se fait par caravanes.

TUNISIE

322. La **Tunisie** est *bornée* au N. et à l'E. par la Méditerranée, à l'O. par l'Algérie, dont elle est le prolongement physique.

Sa **superficie** est d'environ 120 000 kilomètres carrés.

Le **littoral tunisien**, plus découpé que celui de l'Algérie, présente plusieurs golfes, îles et caps, outre la presqu'île de Dakhéla.

La Tunisie est traversée au N. par l'extrémité E. de l'*Atlas* et arrosée par la *Medjerda*, qui se jette dans le golfe de Tunis. Au S., s'étendent les chotts *Rharsa* et *Djérid*.

Les productions naturelles sont analogues à celles de l'Algérie et déjà activement exploitées.

La Tunisie compte environ 1 900 000 hab., de races berbère et arabe, de religion mahométane. Il y a 75000 juifs et 135000 Européens.

La Tunisie, ci-devant régence ou province turque, est depuis 1881 sous le protectorat français. Elle est gouvernée par un *bey* héréditaire, sous le contrôle du *résident général de France*. — Elle forme l'archevêché de Carthage et Tunis.

323. **Tunis**, 230000 h., au fond d'une baie, est la capitale et un port actif, dont *La Goulette* était jadis l'avant-port. Fabriques d'armes, de bijoux, selles, maroquins, tapis, essences de fleurs.

Bizerte, 20., port militaire et marchand.

Kairouan, 25., est la cité sainte des musulmans tunisiens. — *Sousse*, 20., port, exporte de l'huile d'olive.

Sfax, 70., port actif, expédie surtout des phosphates. — *Gabès*, 12., oasis et petit port sur le golfe de ce nom. — *Gafsa*, 4., station de caravanes dans le Beled-Djérid, fertile en dattes. — L'île *Djerba* compte 40000 indigènes industrieux.

Outre ses produits agricoles, la Tunisie fournit du fer, du plomb, du marbre, des *phosphates* surtout; mais la houille fait défaut. L'industrie indigène est alimentée par l'importation des mêmes articles européens.

Des *chemins de fer* relient Tunis à l'Algérie, ainsi qu'à La Goulette, Bizerte, El Kef, Sousse et Kairouan, Sfax et Gafsa.

Le *commerce extérieur* atteint 265 millions de francs, dont plus de la moitié pour l'exportation.

Devoir 98. — Qu'est-ce que l'*Algérie*? — 2. Comment est-elle divisée? — 3. Nommez la préfecture et les sous-préfectures du département d'Alger. — 4. Quels sont les ports de l'Algérie? — ses montagnes? — son oued principal? — 5. Que savez-vous de la *Tunisie* physique? — Faites la carte de l'Algérie avec la Tunisie. — Dites-en la population, les religions, les produits agricoles et miniers, la valeur commerciale.

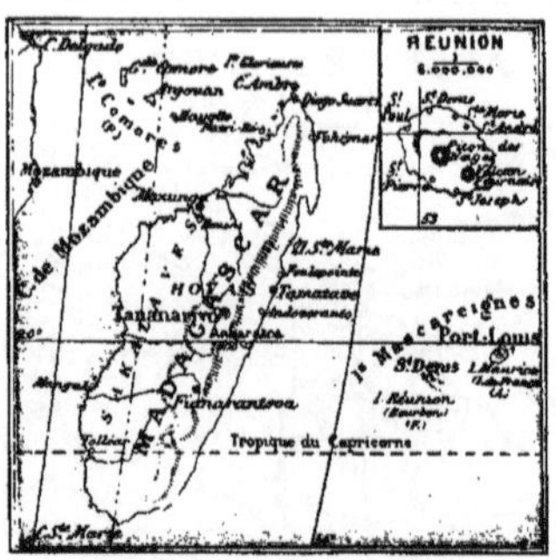

324. Le **Sahara français**, majeure partie du Grand Désert africain, est formé de plaines et dunes sablonneuses, de plateaux pierreux et des massifs du Ahaggar, du Tassili, de l'Aïr et du Tibesti. Il est sillonné de vallées sèches : celles des oueds *Igharghar, Taderret*, etc. Partagé en territoires militaires et civil, on distingue : au N., les oasis de *Figuig, Tougourt* et autres; à l'O., l'*Adrar* et le *Tagant*, peuplés de Maures; au centre, le *Touat*, le *Hoggar* et l'*Aïr*, où dominent les Touareg, nomades et pillards; à l'E., le *Tibesti*.

AFRIQUE OCCIDENTALE

325. L'**Afrique occidentale française** comprend les *colonies* du **Haut-Sénégal-et-Niger**, du **Sénégal**, de la **Guinée**, de la **Côte de l'Ivoire** et du **Dahomey**; le *territoire militaire* du **Niger** et le *territoire civil* de la **Mauritanie**.

Le gouverneur général civil, résidant à *Dakar*, correspond avec les chefs spéciaux de ces colonies et territoires.

Cette contrée s'étend de l'Atlantique au lac Tchad, dans le bassin du Sénégal et celui du haut et moyen Niger; huit fois plus étendue que la France, elle est peuplée d'environ 10 millions de nègres païens ou mahométans, sauvages ou très peu civilisés. — *Climat* torride. *Exportation* d'arachides, de noix de palme et de kola, de caoutchouc, gomme, poudre d'or.

326. La *colonie* du **Haut-Sénégal-et-Niger** a pour chef-lieu *Bamako*, sur le Niger, relié par chemin de fer avec *Kayes*, sur le Sénégal; v. pr. *Tombouctou*, 10. A l'est, le *territoire militaire du Niger*, ch.-l. *Zinder*, 15., s'étend jusqu'au Tchad.

— La *colonie du* **Sénégal** comprend le bassin du bas *Sénégal*, jusqu'à Kayes, et celui de la *Gambie* supérieure. Elle renferme 4 000 Européens, avec les villes de *Saint-Louis*, 25., ch.-l., port sur le Sénégal, et *Dakar*, 20., port militaire et marchand, plus accessible. Au N. du Sénégal, s'étend le *territoire civil de la Mauritanie*.

327. La *colonie de la* **Guinée** comprend les rivières maritimes dites *du Sud*, les bassins supérieurs du Sénégal et du Niger, avec le massif du Fouta-Djalon. Relativement favorable à la colonisation, elle a pour chef-lieu *Konacry*, bon port.

— La *colonie de la* **Côte de l'Ivoire** renferme : *Bingerville*, ch.-lieu; les établissements de *Grand-Bassam*, *Assinie* et autres, situés sur le littoral, bas et insalubre; le bassin du Comoé et le plateau montueux de Kong, v. pr *Kong*, 15.

— La *colonie du* **Dahomey** renferme *Abomey*, 20., ancienne capitale de rois sanguinaires; les ports de *Porto-Novo*, chef-lieu, *Kotonou* et *Ouidah*, sur la côte des Esclaves. Elle s'avance jusqu'à *Saï*, sur le Niger.

AFRIQUE ÉQUATORIALE

328. L'**Afrique équatoriale française**, traversée par une enclave allemande, a 1 500 000 km², avec 4 millions de nègres, pour la plupart sauvages et idolâtres. Montueuse vers la côte, elle est arrosée par l'*Ogôoué*, le *Congo* inférieur et son affluent l'*Oubangui*, ainsi que le *Chari*, qui se jette dans le lac *Tchad*. Elle comprend : la colonie du **Gabon**, ch.-l. *Libreville*, port; la colonie du **Moyen-Congo**, ch.-l. *Brazzaville*, résidence du gouverneur général; la colonie de l'**Oubangui-Chari** et le territoire militaire du **Tchad**, qui s'étend jusques et y compris le *Ouadaï* mahométan. — *Climat* torride. *Exportation* de caoutchouc, ivoire, noix de palme, arachides, bananes.

AFRIQUE ORIENTALE

329. La grande île **Madagascar** est située dans l'océan Indien, au S.-E. de l'Afrique, dont la sépare le canal de Mozambique. Son climat, très chaud, est malsain sur la côte marécageuse, plus salubre sur le plateau de l'intérieur, que domine le massif de l'*Ankaratra*, 2 700 m. Il y a plusieurs fleuves peu navigables. Madagascar compte 3 000 000 d'indigènes : Hovas, de race malaise; Sakalaves et autres Malgaches, de race nègre. Depuis 1897, l'île est administrée par un gouverneur général français. Ses villes sont : *Tananarive*, 65., chef-lieu, situé sur le plateau et relié à la côte par un chemin de fer; *Fianarantsoa*, 6.; *Tamatave*, 15., port principal, à l'E.; *Diégo-Suarez*, port militaire au N., *Majunga*, port au N.-O.

Exportation de riz, bœufs, bois de teinture, or, caoutchouc.

L'île *Sainte-Marie* à l'E., *Nossi-Bé* au N.-O., ainsi que les îles *Comores*, dépendent du gouverneur de Madagascar.

330. La **Réunion** ou île *Bourbon*, colonie ancienne, est très montagneuse, volcanique et riche en cultures tropicales. Elle est surtout peuplée de créoles et de noirs affranchis (175 000 h.). Ses villes principales sont : *Saint-Denis*, 30., ch.-lieu; *Saint-Pierre*, 24., et *Saint-Paul*, 25., ports, qui expédient en France du sucre de canne, du rhum, de la vanille. Un chemin de fer fait presque le tour de l'île.

331. La **Côte française des Somalis**, ancien territoire d'Obock, est située au fond du golfe d'Aden, avec 200 000 h., de races

Devoir 99. — 1. De quoi est fait le Sahara et où sont les Touareg? — 2. Qu'est-ce que Tombouctou, Saint-Louis, Dakar, Abomey? — 3. Qu'appelle-t-on Côtes de l'Ivoire et des Esclaves, et pourquoi? — 4. Quelles colonies africaines exportent de l'or? du caoutchouc? des arachides? — 5. Que savez-vous des habitants de l'Afrique équatoriale, de ceux de Madagascar et de la Réunion? — 6. Tracez la carte de notre Afrique occidentale et équatoriale.

arabe et abyssine mélangées. Ch.-lieu *Djibouti*, bon port, relié par un chemin de fer avec l'Abyssinie, dont il fait une partie du commerce.

II. ASIE FRANÇAISE

332. **L'Inde française** (280000 h.) comprend cinq villes avec leurs territoires, savoir : *Mahé*, port sur la côte de Malabar; *Karikal, Pondichéry*, 50., ch.-lieu, et *Yanaon*, ports sur la côte de Coromandel; *Chandernagor*, 33., port sur l'Ougly, au N. de Calcutta. — Exportation de cotonnades bleues dites guinées, d'arachides, d'indigo.

Indo-Chine française.

333. **L'Indo-Chine française**, la plus importante de nos colonies après l'Algérie-Tunisie, est située au sud de la Chine sur l'océan Pacifique. Elle comprend la Cochinchine, le Cambodge, l'Annam, le Tonkin, le Laos et Kouang-tcheou; soit une superficie d'environ 800000 kilom. carrés.

L'intérieur du pays est un *plateau* de 500 à 1000 m. d'altitude moyenne, surmonté de chaînes montagneuses, surtout dans l'Annam. Il y a aussi les *plaines* du Bas Laos et du Cambodge, ainsi que les deltas, très fertiles en riz et très peuplés, du *Mékong* et du *Song-Koï* ou *Fleuve Rouge*.

Le *climat*, très chaud et humide, surtout dans les deltas, est débilitant pour les Européens; mais il y a sept mois réconfortants au Tonkin.

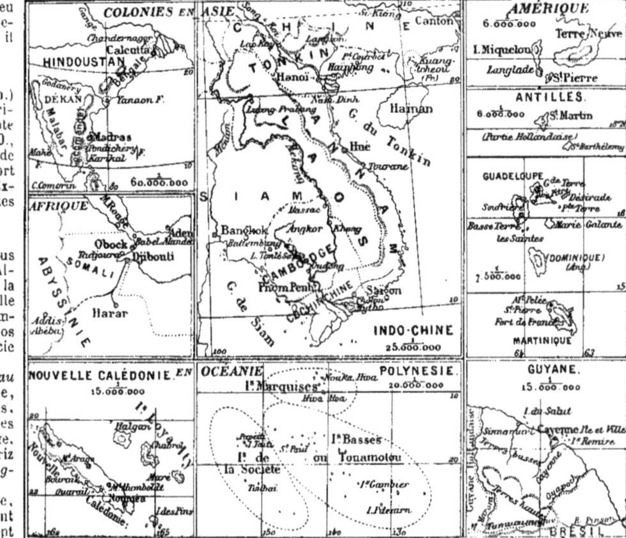

La *population* totale est évaluée à 17 millions d'habitants, de race jaune et professant le culte de Bouddha et celui des ancêtres; on compte 600000 catholiques.

334. **Administration.** L'Indo-Chine française est administrée par un *gouverneur général civil*, ayant sous ses ordres le *lieutenant-gouverneur* de la Cochinchine et les *résidents supérieurs* des autres pays. Saïgon et Hanoï en sont les chefs-lieux.

La **Cochinchine**, conquise en 1862, a pour chef-lieu *Saïgon*, 56., belle ville, principal port d'importation, port de guerre. — *Cholon*, 180., peuplé surtout de Chinois, décortique et exporte **le riz**, dont il est le grand entrepôt.

Le royaume « protégé » du **Cambodge** a pour capitale *Pnom-Penh*, 50., située sur le Mékong, non loin de la ville de *Oudong* et du lac Tonlé-Sap, où abonde le poisson. — *Battembang*, 50., est à l'ouest.

Le royaume « protégé » d'**Annam** a pour capitale *Hué*, 60., située à trois lieues de la mer et à proximité du port de *Tourane*.

Le **Tonkin** est très peuplé à l'est. — *Hanoï*, 150., à l'origine du delta du Song-Koï, est le chef-lieu du pays et une capitale de l'Indo-Chine. — *Nam-Dinh*, 30., dans le S. du delta; *Haiphong*, port principal, et *Hongay* (*Port-Courbet*), station navale dans le N.-E.

Le **Laos**, sur la rive gauche du Mékong, est aussi un pays de protectorat; ch.-l. *Vien-tiane*; v. pr. *Louang-Prabang*.

En outre, le territoire de *Kouang-tchcou*, port franc, en Chine.

335. **L'industrie** des Indo-Chinois consiste principalement dans la culture du **riz**, du thé, du coton, l'élève du bétail et des vers à soie, la pêche, la fabrication des objets usuels. L'industrie moderne se développe.

Le **commerce**, surtout en Cochinchine et au Tonkin, consiste dans l'exportation du *riz*, principalement, et l'importation de cotonnades, wagons, etc. Il s'y fait en grande partie au moyen des *canaux* naturels et par les Chinois, qui trafiquent surtout avec leur pays et les places anglaises de Hong-kong et Singapore. Il s'élève à 550 millions de fr.

Des *chemins de fer* se dirigent d'Hanoï : au nord vers Lang-Son, Lao-Kay et dans le Yunnan chinois, au sud vers Hué, etc.

III. OCÉANIE FRANÇAISE

336. La **Nouvelle-Calédonie**, située à l'est de l'Australie, est une longue île ayant pour annexes l'île des *Pins* et les îles *Loyalty*. La population est de 55000 habitants, y compris les déportés français, forçats des pénitenciers ou colons libérés.

Nouméa, 4., chef-lieu, est le port principal. Exportation de minerais de nickel et autres, en échange de vivres et vêtements.

Les îles de la **Société**, principalement *Taïti*, ch.-l. *Papéiti*, les îles *Marquises* et les îles *Basses* ou *Touamotou* sont des archipels de la Polynésie orientale.

Les **Nouvelles-Hébrides** (70000 h.) appartiennent par indivis à la France et à l'Angleterre.

Devoir 99 bis. — 1. De quoi se compose l'*Indo-Chine* française? — 2. Quelle est sa population? — 3. son importance commerciale? — 4. Qu'entend-on par : Loyalty, Marquises, Antilles, Miquelon et Guyane, Cambodge, Yanaon? — 5. Tracez la carte de l'Indo-Chine française.

IV. AMÉRIQUE FRANÇAISE

337. La **Guyane** française, située au N. du Brésil, est une contrée basse et fertile sur la côte, mais insalubre. Au sud sont les monts *Tumucumaque*. Il y a plusieurs établissements pénitenciers. Le chef-lieu est *Cayenne*, 12., port dans une petite île; exportation d'or.

Les **Antilles** françaises comprennent deux îles importantes et plusieurs petites :

1° La **Martinique**, ch.-l. *Fort-de-France*, 15., port militaire. La ville maritime de *Saint-Pierre*, détruite en 1902 par une éruption volcanique, se rebâtit activement.

2° La **Guadeloupe**, formée de deux îles très rapprochées : la Basse-Terre, v. pr. *Basse-Terre*, ch.-l. et port, et la Grande-Terre, v. pr. *Pointe-à-Pitre*, 17., port.

3° La *Désirade*, *Marie-Galante*, les *Saintes*, qui dépendent du gouvernement de la Guadeloupe, ainsi que l'île *Saint-Barthélemy* et la moitié de l'île *Saint-Martin*, situées plus au N.

Les Antilles exportent beaucoup de sucre de canne et de rhum.

Les petites îles **Saint-Pierre** et **Miquelon**, situées au S. de Terre-Neuve, sont un rendez-vous pour les bâtiments français qui viennent chaque année faire la pêche de la morue, très abondante dans les parages terre-neuviens.

Devoir 100 (*oral*). — 1. Quelles sont celles de nos colonies qui peuvent être peuplées par les Européens, et pourquoi? — 2. Quelles sont celles dont le climat est trop chaud pour les Européens? — 3. Quels sont les inconvénients du climat du Tonkin ou de la Guyane? — 4. Quelles denrées trouve-t-on à la Réunion et aux Antilles, que l'Algérie ne produit pas, et pourquoi? — 5. Dans quel voisinage se trouve l'Indo-Chine, et d'où vient son importance coloniale?

EUROPE

Géographie physique.

366. Caractères physiques : 1° L'Europe est caractérisée par sa *faible étendue* relative et par le démembrement de sa masse continentale. Ses *contours*, très sinueux, présentent beaucoup de presqu'îles et enferment de nombreuses mers intérieures. Ses *côtes*, basses dans le Nord, montagneuses dans le Sud, sont riches en bonnes positions commerciales.

2° La *profondeur des mers* septentrionales, entourées de plaines, est peu considérable. On observe en moyenne 100 à 200 mètres dans la mer du Nord, la Baltique, la mer Blanche et le nord de la Caspienne. — Au contraire, les mers méridionales, entourées de montagnes, atteignent 4400 m. de profondeur dans la Méditerranée, et 6000 m. dans l'Atlantique.

3° Le relief du sol européen, généralement moins élevé que celui des autres continents, forme deux divisions de premier ordre : la *haute Europe du Sud-Ouest*, qui a de 500 à 1000 m. d'altitude moyenne, et atteint 4810 m. au point culminant du grand massif des Alpes; — la *grande plaine de la basse Europe du Nord-Est*, qui atteint à peine 300 m. d'altitude; c'est l'une des plus vastes du globe, car elle s'étend depuis l'Oural et la mer Caspienne jusqu'aux Pyrénées.

4° Une *dépression* remarquable au-dessous du niveau général de l'Océan est formée en Russie par la région qui entoure au nord la *mer Caspienne*, dont le niveau est à 25 m. plus bas que celui de la mer Noire.

367. L'**Europe** (10000000 de km²) est la plus petite des trois divisions de l'Ancien Continent et des cinq Parties du monde, car elle égale à peine le tiers de l'Afrique et le quart de l'Amérique ou de l'Asie.

368. **Bornes.** L'Europe est bornée au N. par l'océan Glacial boréal; — à l'E. par l'Asie (ou par les monts Ourals, le fleuve Oural et la mer Caspienne); — au S. par le Caucase, la mer Noire et la Méditerranée; — à l'O. par l'océan Atlantique.

369. **Contrées.** Les 22 contrées principales de l'Europe, constituées en États, sont :

A l'ouest, la *France*, les *Iles Britanniques*, la *Belgique*, les *Pays-Bas*, ou la *Hollande*, et le grand-duché de Luxembourg;

Au centre, l'*Allemagne*, l'*Autriche-Hongrie* et la *Suisse;*

Au nord, le *Danemark*, la *Suède*, la *Norvège* et la *Russie;*

Au sud, le *Portugal*, l'*Espagne*, l'*Italie*, la *Grèce*, la *Bulgarie*, la *Turquie*, la *Roumanie*, la *Serbie*, le *Montenegro* et l'*Albanie*.

370. **Mers.** 1° L'**océan Glacial** BORÉAL, formant la mer *Blanche*.

2° L'**océan Atlantique**, formant la mer *Baltique*, la mer du *Nord*, la mer d'*Irlande* et la *Manche*.

3° La mer **Méditerranée**, formant la mer *Tyrrhénienne*, la mer *Adriatique*, la mer *Ionienne*, l'*Archipel* (ou mer Egée), la mer de *Marmara*, la mer *Noire* et la mer d'*Azov*.

4° La mer **Caspienne** est isolée; c'est le plus grand lac du globe.

371. **Golfes.** Dans la Baltique, le golfe de *Botnie*, entre la Suède et la Russie; — les golfes de *Finlande* et de *Riga*, en Russie. — Dans la mer du Nord, le *Zuiderzée*, au nord des Pays-Bas. — Dans l'Atlantique, le golfe de *Gascogne*, entre la France et l'Espagne. — Dans la Méditerranée, le golfe du *Lion*, en France; — les golfes de *Gênes*, de *Tarente* et de *Venise*, en Italie; les golfes de *Lépante* et de *Salonique*, en Grèce.

372. **Détroits.** 1° Dans l'Atlantique, le *Skagerrak*, le *Kattegat* et le *Sund*, entre le Danemark, la Norvège et la Suède. — Le *Pas de Calais*, entre la France et l'Angleterre (34 km de largeur); — le canal *du Nord* et le canal *Saint-Georges*, entre la Grande-Bretagne et l'Irlande.

2° Dans la Méditerranée, le détroit de *Gibraltar*, entre l'Espagne et l'Afrique; — le détroit de *Bonifacio*, entre la Corse et la Sardaigne; — le *Phare de Messine*, entre l'Italie et la Sicile; — le canal d'*Otrante*, entre l'Italie et l'Albanie;

Les *Dardanelles*, ou détroit de Gallipoli, et le *Bosphore*, ou canal de Constantinople, entre la Turquie d'Europe et la Turquie d'Asie; — le détroit de *Kertch*, ou d'Iénikalé, entre la Crimée et la Caucasie.

373. **Iles et archipels.** 1° Dans l'océan Glacial, la *Nouvelle-Zemble* et *Vaïgatch*, appartenant à la Russie; — les îles *Lofoten*, à la Norvège.

2° Dans la mer Baltique, les îles *Seeland*, *Fionie*, et autres îles de l'*archipel Danois;* — les îles *Œland* et *Gotland*, à la Suède; — les îles *Aland*, *Dagœ* et *Œsel*, à la Russie.

3° Dans l'Atlantique, l'*Islande* et les îles *Færoer*, au Danemark; — l'archipel des *îles Britanniques*, comprenant la **Grande-Bretagne**, l'**Irlande** et les *Hébrides;* — l'île *Jersey*, à l'Angleterre.

4° Dans la Méditerranée, les îles *Baléares*, à l'Espagne; — la *Corse*, à la France; — la **Sardaigne**, la **Sicile**, à l'Italie; — l'île de *Malte*, à l'Angleterre; — les îles *Ioniennes*, les *Cyclades*, *Eubée* et la *Crète*, à la Grèce; — les îles du N. de l'*Archipel*, à la Turquie.

374. **Presqu'îles.** Les quatre grandes presqu'îles sont : la péninsule *scandinave* (Suède et Norvège); — la péninsule *hispanique* (Espagne et Portugal); — la péninsule *italique;* — celle des *Balkans* (Bulgarie, etc.).

On cite trois petites presqu'îles : le *Jutland*, en Danemark; — la *Morée*, partie sud de la Grèce; — la *Crimée*, au sud de la Russie.

375. **Isthmes.** On ne compte en Europe que deux isthmes remarquables par leur peu de largeur : celui de *Corinthe* (6 km), qui joint la Morée au continent (il est percé par un canal), et celui de *Pérécop* (8 km), qui unit la Crimée à la Russie.

376. **Caps.** Dans l'océan Glacial, le cap *Nord*, en Laponie. — Dans l'Atlantique, les caps *Lindesness*, en Norvège; *Falsterbo*, en Suède, et *Skagen*, au N. du Jutland; — les caps *Duncansby*, en Ecosse; — *Landsend*, en Angleterre; — *Saint-Mathieu*, en France; — *Finisterre*, en Espagne; — *Saint-Vincent*, en Portugal.

Dans la Méditerranée, les caps *Spartivento* et *Leuca*, en Italie; — *Matapan*, en Morée.

377. **Montagnes.** Les principales sont :

1° DANS L'EUROPE CENTRO-MÉRIDIONALE. — Les **Alpes**, en France, en Italie, en Suisse et en Autriche. Le point culminant est le *Mont-Blanc*, 4810 m. d'altitude; — le *Jura*, entre la France et la Suisse; — les *Vosges*, entre la France et l'Allemagne; — les *Cévennes* et les *monts d'Auvergne*, en France.

Les *monts de Bohême;* les *Karpates*, en Autriche-Hongrie; — les *Balkans*, en Bulgarie, et les autres monts de la Balkanie; — les *Apennins*, en Italie.

2° AU SUD-OUEST. — Les **Pyrénées**, 3404 m., entre la France et l'Espagne; — les *monts Ibériens* et la **Sierra Nevada**, en Espagne.

3° AU NORD. — Les *monts Grampians*, en Ecosse; — les *monts Kiœlen* et les *Fielde*, en Norvège et en Suède.

4° A L'EST. — L'*Oural*, 1700 m., entre la Russie et l'Asie.

378. **Volcans.** Les volcans les plus remarquables de l'Europe sont : le **Vésuve**, près de Naples; — l'*Etna*, en Sicile, — et l'*Hékla*, en Islande.

Les **plateaux** remarquables sont ceux de l'*Espagne* (750 m.), de la *France centrale*, de l'Allemagne méridionale, de la *Bohême*, de la *Transilvanie*, de la Balkanie et de la Scandinavie. Les plateaux russes, très vastes, ont à peine 150 m. d'altitude moyenne.

Les grandes **plaines** de l'Europe sont : la *Russie*, qui est une des plus vastes plaines du monde; — les plaines de la Suède méridionale, de l'*Allemagne septentrionale*, des *Pays-Bas hollandais et danois*, de la *Belgique* et de la France occidentale; — les plaines isolées de la *Hongrie* et du *Pô*.

379. **Bassins maritimes.** L'Europe peut se diviser en deux grands *versants généraux du Nord-Ouest et du Sud-Est*, comprenant *sept grands bassins* ou *versants* maritimes, savoir : le versant de l'*océan Glacial*, le bassin de la mer *Baltique*, le bassin de la mer du *Nord*, le versant propre de l'*Atlantique*, le versant de la mer *Méditerranée*, le versant de la mer *Noire* et le versant de la mer *Caspienne*.

Chacune de ces divisions hydrographiques est circonscrite par une *ligne de partage* des eaux.

380. La **ligne de partage** *des deux versants généraux* s'étend de l'océan Glacial au détroit de Gibraltar. Elle passe par les monts *Ourals* et les plateaux de la Russie (*Valdaï*), les plaines de la Pologne, les monts *Karpates*, les monts de *Bohême*, la Forêt-Noire, les *Alpes* suisses, le Jura, les Cévennes, les *Pyrénées*, les monts Ibériens et la *Sierra Nevada*.

381. **Cours d'eau.** 1° Dans le versant de l'OCÉAN GLACIAL : la *Petchora* et la *Dvina*, au nord de la Russie.

2° Bassin de la BALTIQUE : la *Dal* et la *Torne elf*, en Suède; — la *Neva*, la *Dūna*, le *Niemen*, en Russie; — la *Vistule*, en Pologne, — et l'*Oder*, en Prusse.

3° Bassin de la MER DU NORD : le *Glommen*, en Norvège; la *Göta*, en Suède; — l'*Elbe* et la *Weser*, en Allemagne; — le **Rhin**, qui traverse la Suisse, l'Allemagne et les Pays-Bas (1300 km); — la *Meuse* et l'*Escaut*, en France, en Belgique et dans les Pays-Bas; — la *Tamise* et l'*Humber*, en Angleterre.

4° Versant propre de l'ATLANTIQUE : le *Shannon*, en Irlande; la *Severn*, en Angleterre; — la *Seine*, la *Loire* et la *Garonne*, en France; — le *Douro*, le *Tage*, la *Guadiana* et le *Guadalquivir*, dans la péninsule hispanique.

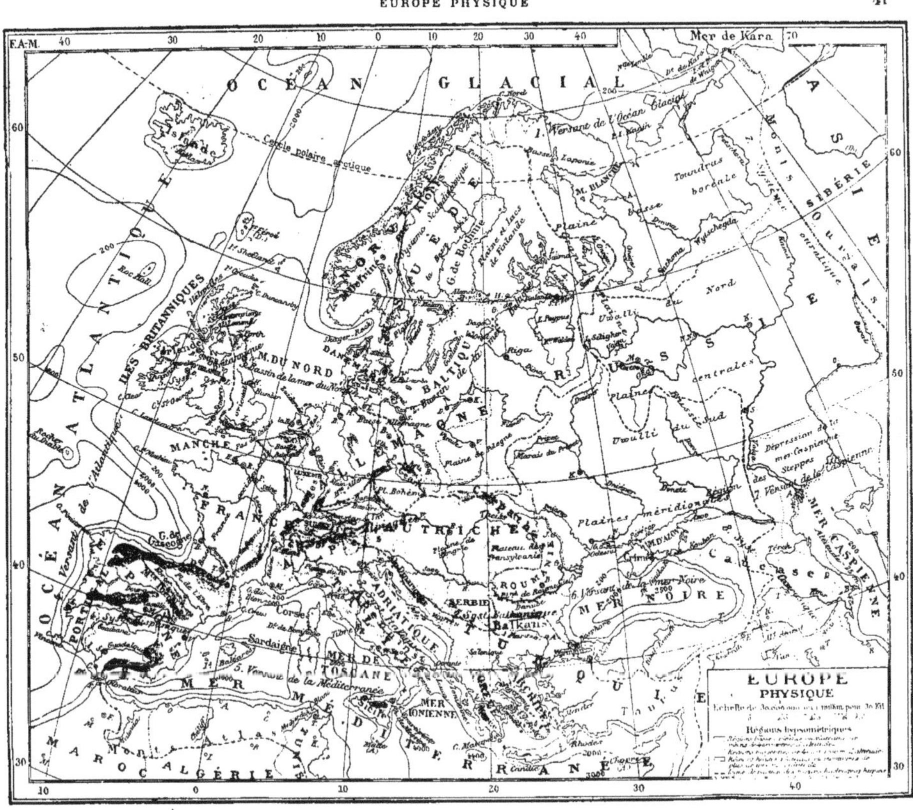

5° Versant de la MÉDITERRANÉE : l'*Ebre*, en Espagne; — le ***Rhône***, en France; — l'***Arno***, le ***Tibre*** et le ***Pô***, en Italie; — la ***Maritza***, en Bulgarie et en Turquie.

6° Versant de la MER NOIRE : le **Danube**, le second fleuve de l'Europe (2800 km), qui parcourt l'Allemagne, l'Autriche, et sépare la Bulgarie de la Roumanie; — le ***Dniestr***, le ***Dniepr*** et le ***Don***, en Russie.

7° Versant de la MER CASPIENNE : la **Volga** (**3400 km**), le plus long fleuve de l'Europe, en Russie; — enfin l'*Oural*, que l'on prend pour limite entre l'Europe et l'Asie.

382. **Lacs**. En Russie, le lac **Ladoga**, le plus grand de l'Europe, et le lac *Onega*; — en Suède, les lacs ***Venern***, ***Vettern*** et ***Mælar***; — en Suisse, les lacs de ***Genève*** et de ***Constance***; — en Italie, les lacs ***Majeur*** et de ***Garde***; — en Hongrie, le lac ***Balaton***.

383. **Climat et productions naturelles.** (Voir p. 47.)

EUROPE

Devoir 104. — 1. Qu'est-ce que l'Europe? — 2. Quelle est son étendue en kilom. carrés? — 3. Combien de fois est-elle plus petite que l'Asie? — 4. plus grande que la France? — 5. En combien de contrées est-elle divisée? — 6. Nommez ses grandes mers. — 7. Entre quelles contrées se trouve la mer du Nord? — la Baltique? — l'Adriatique? — 8. Dans quelle contrée se trouve le golfe de Finlande? — celui de Tarente? — celui de Gênes?

Devoir 105. — 1. Citez un détroit entre l'Espagne et l'Afrique. — 2. deux détroits entre l'Angleterre et l'Irlande. — 3. deux en Turquie. — 4. Quel accident géographique porte le nom de Gotland (île)? — Sund? — Gênes? — Botnie? — Marmara? — 5. Où se trouve le golfe du Lion? — les Dardanelles? — les îles Ioniennes? — le Jutland? — Malte? — 6. Suivez la côte du cap Nord au cap Saint-Mathieu en indiquant les caps, les golfes, les embouchures de fleuves.

Devoir 106. — Coloriez et complétez les écritures de la carte 15 du cahier cartographique n° 2.

Devoir 107. — 1. Tracez la côte de l'Europe depuis le cap Nord jusqu'au détroit de Gibraltar, avec toutes les îles de l'Ouest, d'après le modèle 16 du cahier cartographique. — 2. Achevez les contours de la carte de l'Europe. — 3. Tracez les montagnes et les fleuves sur votre carte commencée, et faites les écritures.

Devoir 108. — 1. Où est l'isthme de Corinthe? — le Jura? — le Rhin? — le cap Saint-Vincent? — 2. Dites la nature et la situation des choses suivantes : Pyrénées, — Tamise, — Dago, — Lion, — Roumanie, — Malte, — Tage, — Niemen. — 3. Nommez les fleuves de la Russie et les mers où ils se jettent. — 4. De même pour les fleuves de l'Espagne, — de l'Italie.

Devoir 109. — 1. A quel pays appartient l'Oder? — l'Oural? — le cap Leuca? — le cap Matapan? — l'île de Sardaigne? — la Laponie? — Gibraltar? — le lac Onega? — 2. Qu'appelle-t-on lac? — fleuve? — golfe? — détroit? — mer? — 3. Donnez deux exemples de chaque chose. — 4. Le Rhin est-il plus grand que la Loire et que le Danube?

Devoir 110. — 1. Un navigateur va de Saint-Pétersbourg à Odessa : dites quelles mers et quels détroits il traversera. — 2. quelles îles, presqu'îles et caps il rencontrera. — 3. Faites les mêmes réponses pour un voyage de retour, c'est-à-dire d'Odessa à Saint-Pétersbourg.

EUROPE POLITIQUE

I. — NOTIONS GÉNÉRALES

384. **Population.** La population totale de l'Europe est d'environ 455 000 000 d'habitants. Sa superficie est de 10 000 000 de kilom. carrés (ou 19 fois la superficie de la France). — Sa *densité* ou *population relative* moyenne est donc de 45,5 hab. par km car. La Russie en compte 25, la France 74, l'Allemagne 122, l'Angleterre 146, et la Belgique 254.

385. **Ethnographie.** L'Europe est peuplée par la race blanche, qui se divise en trois familles principales :

1° La *famille latine*, comprenant les Français, les Belges-Wallons, les Espagnols, les Portugais, les Italiens et les Roumains.

2° La *famille teutonne*, qui comprend les Allemands, les Hollandais, les Belges Flamands, les Scandinaves et les Anglais.

3° La *famille slave*, qui comprend les Russes, les Polonais, les Bohèmes, les Serbes, les Bulgares.

Il y a en outre 25 millions de *jaunes* : Finlandais, Hongrois, Turcs, etc.

386. **Religions.** Le *catholicisme* domine au S.-O. : Italie, Espagne, Portugal, France, Belgique, ainsi qu'en Autriche-Hongrie, Pologne et Irlande.

Le *protestantisme*, au N.-O. : Grande-Bretagne, Allemagne, Suisse, Hollande, Danemark, Suède et Norvège.

Le *schisme grec*, à l'E., en Russie et dans la péninsule balkanique.

On compte environ 8 millions de *mahométans*, en Balkanie et dans la Russie méridionale; 9 millions de *juifs*, surtout en Russie et en Pologne.

387. **Gouvernement.** La forme dominante des gouvernements en Europe est la *monarchie constitutionnelle représentative*. Il y a aussi plusieurs républiques.

L'Europe, malgré sa faible étendue relative, est, grâce surtout aux bienfaits de la religion chrétienne, la Partie du monde la plus civilisée, la plus riche, la plus puissante. Elle étend sa domination sur une grande partie du reste du globe.

388. **Divisions politiques.** L'Europe se divise en 70 États; mais beaucoup d'entre eux, en général peu considérables, étant réunis dans la *confédération* suisse ou dans l'empire *fédératif* d'Allemagne, on ne considère que 22 puissances distinctes, dont six sont dites les *grandes puissances*.

389. **Tableau des États de l'Europe.**

ÉTATS	SUPERFICIE		POPULATION	
	ABSOLUE	COMPARÉE	ABSOLUE	RELATIVE
Pour 1913.	km. car		habitants	hab.
FRANCE, *république*	537 000	1	39 600 000	74
ANGLETERRE, *royaume*	315 000	0,6	46 000 000	146
Belgique, roy.	29 500	0,05	7 500 000	254
Pays-Bas, roy.	33 000	0,06	6 000 000	182
Luxembourg, grand-duché	2 600	»	260 000	100
ALLEMAGNE, *empire*	540 000	1	66 000 000	122
AUTR.-HONG., *emp.-roy.*	675 000	1,3	52 000 000	77
Suisse, républ.	41 400	0,08	3 800 000	92
Danemark, royaume	40 000	0,07	2 900 000	72
Norvège, royaume	325 000	0,6	2 400 000	7
Suède, royaume	450 000	0,8	5 600 000	12
RUSSIE, *empire*	5 500 000	10	135 000 000	25
Portugal, république	90 000	0,16	5 500 000	61
Espagne, roy.	500 000	1	20 000 000	40
ITALIE, *roy.*	287 000	0,5	34 700 000	121
Turquie, emp.	19 000	»	1 700 000	89
Bulgarie, roy.	118 000	0,22	5 200 000	44
Grèce, roy.	120 000	0,22	4 500 000	37
Roumanie, roy.	131 000	0,25	7 300 000	55
Serbie, roy.	87 000	0,16	4 000 000	46
Monténégro, roy.	17 000	»	400 000	24
Albanie, roy.	21 000	»	700 000	29
EUROPE, environ	10 000 000	19	455 000 000	45,5

II. ILES BRITANNIQUES

390. Les **Iles Britanniques** forment le *royaume-uni* de Grande-Bretagne et d'Irlande, comprenant l'**Angleterre**, capitale *Londres*; l'ÉCOSSE, capitale *Édimbourg*, et l'IRLANDE, cap. *Dublin*.

Elles ont une *population* de 46 000 000 d'hab., qui, pour la plupart, appartiennent à la *famille* teutonne et à la *religion* protestante, et parlent la *langue* anglaise. Les Irlandais sont catholiques.

391. **Villes.** En Angleterre, **Londres**, sur la Tamise, capitale de l'empire britannique, est la première ville de l'Europe pour la richesse, le commerce et la population; celle-ci est de 4 500 000 habitants. — **Liverpool**, 750 000 hab., est célèbre par son commerce maritime : coton, laine; — **Manchester**, 715 000 hab., par ses tissus de coton; — **Birmingham**, 550 000 hab., par ses armes et machines; — *Sheffield*, par ses aciers et sa coutellerie; — *Leeds*, par ses draps; — *Newcastle*, par sa houille. — *Hull*, *Douvres*, *Bristol*, ports.

En ÉCOSSE : **Edimbourg**, 350 000 hab., capitale; — **Glasgow**, 880 000 hab., port, houille, tissus, constructions navales.

En IRLANDE : **Dublin**, 400 000 hab., capitale, port; — *Belfast*, port, industrie du lin.

392. **Industrie.** Le sol des Iles Britanniques, généralement bas, fertile, très bien cultivé, est en outre le plus riche de l'Europe en charbon de terre. L'Angleterre est la plus grande puissance commerciale, maritime et coloniale dont l'histoire fasse mention.

393. **Colonies.** L'empire colonial britannique, le plus vaste et le plus peuplé du monde, comprend en *Europe* : la ville de Gibraltar et l'île de Malte;

En *Asie* : l'EMPIRE DES INDES, cap. Delhi, plusieurs États malais, les îles Ceylan, Singapore et Hong-Kong; Aden, à l'entrée de la mer Rouge; l'île de Chypre, dans la Méditerranée;

En *Afrique* : la Gambie, le Sierra-Leone, la Côte de l'Or et la NIGERIA; l'île Sainte-Hélène, dans l'Atlantique; l'UNION SUD-AFRICAINE (Cap, Natal, Orange, Transvaal); la Rhodesia; l'Est africain anglais, etc.; la Somalie septentrionale, les îles Maurice, Zanzibar, Seychelles et Socotora, dans l'océan Indien; — en outre, l'occupation de l'ÉGYPTE et du Soudan égyptien.

En *Amérique* : le CANADA, la Guyane anglaise, la Jamaïque et la plupart des petites Antilles;

En *Océanie* : l'AUSTRALIE, la Tasmanie et la Nouvelle-Zélande; une partie de la Nouvelle-Guinée et de Bornéo, etc.

III. BELGIQUE

394. Le *royaume* de **Belgique** compte plus de 7 500 000 hab., qui appartiennent aux *familles* teutonne et latine, professent la *religion* catholique, et parlent les *langues* flamande et wallonne ou française.

395. **Villes. Bruxelles**, 700 000 h., capitale de la Belgique; — **Anvers**, 300 000 hab., sur l'Escaut, est le principal port de commerce; — *Gand*, 170 000 hab., centre d'industrie cotonnière et linière; — *Liège*, 175 000 hab., *Charleroi* et le « Couchant » de *Mons* exploitent de riches bassins houillers et produisent beaucoup de fers. — *Ostende*, port et station balnéaire.

396. **Industrie.** La Belgique est une contrée généralement basse, très fertile et très bien cultivée, riche en mines de houille et en carrières. Eu égard à son étendue, c'est le pays le plus peuplé de l'Europe. Elle se place au premier rang par la valeur proportionnelle des produits commerciaux.

397. **Colonie.** Le *Congo belge*, dans l'Afrique centrale. Le roi Léopold II, à qui l'on doit sa fondation, en 1885, l'a cédé à la Belgique en 1908.

IV. PAYS-BAS

398. Le *royaume* des **Pays-Bas** ou de **Hollande** a 6 000 000 d'hab., appartenant à la *famille* teutonne et aux *cultes* protestant et catholique.

399. **Villes. La Haye**, 280 000 h., capitale de la Hollande; — **Amsterdam**, 580 000 hab., second port marchand sur le Zuiderzee, taille du diamant. Le premier port est **Rotterdam**, 430 000 h., à l'embouchure de la Meuse.

400. **Industrie.** Les Pays-Bas, comme leur nom l'indique, forment une région plate et très basse, dont les parties occidentales, nommées *polders*, ont un niveau inférieur à celui des hautes marées, et doivent être maintenues à l'abri des inondations par des digues. C'est une contrée agricole, tandis que la mer et de nombreux canaux en font une contrée essentiellement maritime et commerçante.

401. **Colonies.** En *Amérique*, la Guyane hollandaise et quelques-unes des Antilles; — en *Asie* et *Océanie*, l'importante île JAVA, cap. Batavia; les îles Sumatra, Célèbes et Moluques; Bornéo et Nouv.-Guinée (en partie).

402. Le grand-duché de LUXEMBOURG, 260 000 hab., de langue allemande, fut détaché de la Belgique en 1839, et forme un Etat indépendant. La capitale est *Luxembourg*, 25.

V. ALLEMAGNE ET PRUSSE

403. **L'Allemagne** a une *population* de 66 000 000 d'hab., qui appartiennent à la *famille* teutonne et professent les *cultes* luthérien et catholique. Elle forme depuis 1871 un *empire fédératif*, dont le roi de Prusse est le chef et *Berlin* la capitale.

L'empire allemand comprend 26 États, dont : un *grand État*, la Prusse, qui compte 41 000 000 d'hab.; sept *États moyens*, et dix-neuf *petits États*, ceux-ci n'ayant pas 1 000 000 d'hab. chacun.

404. **États et villes.** 1° Le *royaume de* PRUSSE, capitale **Berlin**, 2 100 000 h., sur la Sprée, la 3e ville de l'Europe, centre industriel. — V. pr. : **Breslau**, 530 000 h., sur l'Oder, marché et tissage de laines. — **Cologne**, 530 000 hab., avec une cathédrale magnifique, et *Dusseldorf*, ports sur le Rhin. — *Essen*, grand centre houiller et métallurgique. — *Kœnigsberg*, *Danzig*, *Stettin* et *Kiel*, ports sur la Baltique. — *Magdebourg*, sur l'Elbe, sucreries. — *Francfort-sur-Main*, ville de banque et de librairie. — *Aix-la-Chapelle*, ancienne capitale de l'empire de Charlemagne. — *Hanovre*, anc. capitale d'un royaume.

2° Le *royaume de* BAVIÈRE, cap. **Munich**, 620 000 h., renommée par sa bière. — *Nuremberg*, connue par sa bimbeloterie.

3° Le *royaume de* SAXE, cap. **Dresde**, 560 000 h., qui rappelle une victoire des Français en 1813. — **Leipzig**, 650 000 h., célèbre par ses foires et sa librairie. Bataille de 1813. — *Chemnitz*, grand centre de tissage.

4° Le *royaume de* WURTEMBERG, cap. **Stuttgart**, 300 000 hab.

5° Le *grand-duché de* BADE, c. **Carlsruhe**.

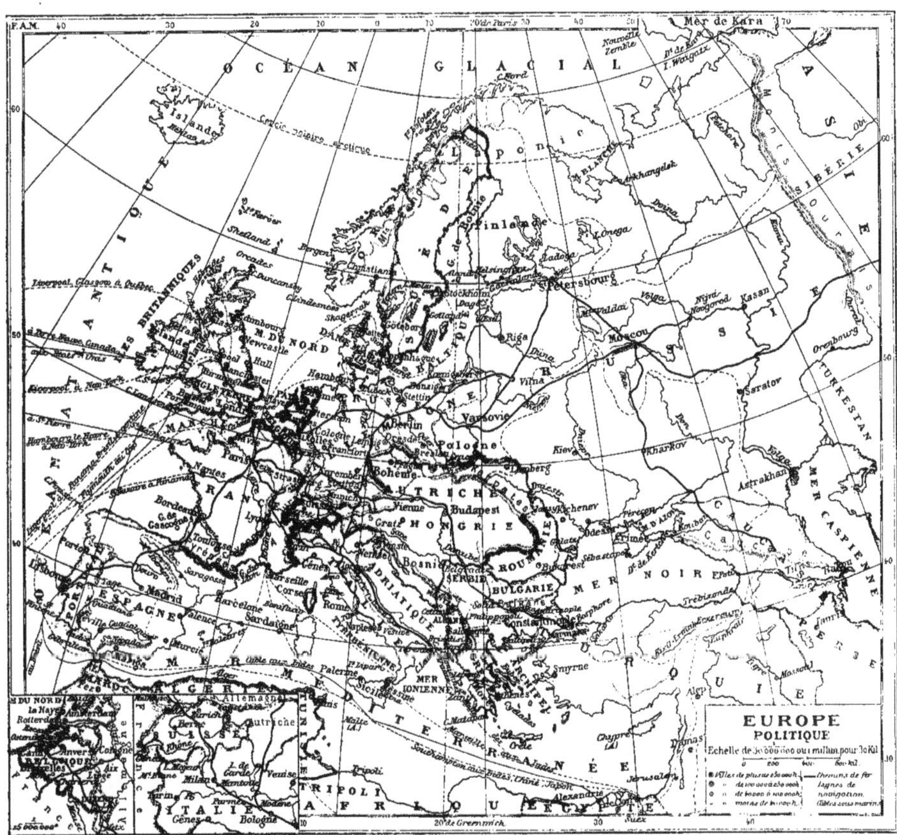

Devoir 111. — 1. Un vaisseau marchand longe les côtes de l'Europe depuis la mer Noire jusqu'à la mer Blanche; dites quels pays il rencontrera, et quels ports il pourra visiter. — 2. Quelles mers et quels pays traverserait un voyageur qui irait en ligne droite de Dublin à Constantinople? — 3. de Gibraltar à Saint-Pétersbourg? — 4. de Stockholm à Tunis (en Afrique)? — 5. Quels sont les pays de l'Europe baignés par la mer Baltique?

Devoir 112. — 1. Quels sont les mers ou les golfes qui baignent l'Espagne? — la France? — l'Italie? — la Turquie? — l'Allemagne? — les îles Britanniques? — 2. Quelles sont les mers qui sont mises en communication par le Sund? — le Pas de Calais? — le canal Saint-Georges? — le détroit de Gibraltar? — le Bosphore? — et par chacun des autres détroits de l'Europe?

Devoir 113. — 1. Quelles sont les îles appartenant à la France? — à l'Angleterre? — à la Russie? — à l'Espagne? — à l'Italie? — 2. Quels sont les fleuves et les montagnes de la Russie? — de l'Allemagne? — de la France? — de l'Autriche?

Devoir 114. — 1. Classez les États de l'Europe par ordre d'étendue. — 2. Indiquez les bornes particulières de la Russie, — de l'Allemagne, — de l'Autriche, — de la Turquie, — de l'Espagne, — de la Suède, — de la Norvège, — de la Suisse, — des Iles Britanniques, — de la Grèce.

Devoir 115. — 1. Quelle est l'orientation des États de l'Europe par rapport à la France? — par rapport à l'Autriche? — par rapport au Danemark? — 2. Quelle est l'orientation des capitales de l'Europe par rapport à Paris? — par rapport à Rome?

Devoir 116. — 1. Quelles sont les principales *îles Britanniques?* — 2. Quel nom donne-t-on encore à cet État? — 3. Sur quel fleuve se trouve Londres? — 4. Qu'est-ce que Dublin? — 5. Qu'est-ce que Liverpool? — Glasgow? — Belfast? — 6. Quel est le port anglais situé en face de Cherbourg? — 7. Quelles sont les mers qui entourent les îles Britanniques? — 8. Tracez la carte de ces îles. — 9. Faites le tableau des colonies anglaises.

Devoir 117. — 1. Qu'est-ce que la Belgique? — 2. Quelles langues y parle-t-on? — 3. Quelles sont ses villes? — 4. Parlez de ses produits, de son commerce et de sa colonie. — 5. Faites la carte de la Belgique.

Devoir 118. — 1. Que savez-vous du *Danemark?* — 2. Nommez les mers et les détroits qui l'entourent. — 3. Parlez de son commerce. — 4. Quelle chaîne de montagnes parcourt la Norvège? — 5. Citez en *Suède-Norvège* trois caps, — deux fleuves, — un golfe, — trois villes. — 6. Quelles sont les colonies danoises? — 7. Dessinez la carte de ces 3 pays.

Devoir 119. — 1. Nommez les mers, les fleuves et les montagnes de la *Russie*. — 2. Quelle est sa religion, sa population? — 3. Où est Saint-Pétersbourg? — Varsovie? — Odessa? — 4. Qu'exporte la Russie? — 5. Que comprend l'empire russe? — 7. Tracez la carte de la Russie.

Devoir 120. — 1. Citez en *Allemagne* deux fleuves, — deux chaînes de montagnes, — une mer, — cinq villes. — 2. Citez en *Autriche-Hongrie* trois fleuves ou rivières, — trois chaînes de montagnes, — une mer, — cinq villes. — 3. Qui est roi de Hongrie? — 4. Faites la carte de ces deux grands États. — 5. Nommez les colonies allemandes.

Devoir 121. — 1. Quelle est la population des *Pays-Bas?* — de la *Suisse?* — 2. Qu'est-ce que La Haye? — Berne? — Amsterdam? — 3. Quelle est la population de ces villes? — 4. Nommez deux lacs et deux fleuves en Suisse, — deux ports et un golfe en Hollande, — trois villes dans chacun de ces pays. — 5. Tracez la carte de ces deux pays.

6° Les villes libres de **Hambourg**, 950000 hab., **Brême** et *Lubeck*, grands ports marchands.

7° L'Alsace-Lorraine, 1900000 hab., est administrée comme *pays d'Empire* depuis 1871. — Villes : **Strasbourg**, 185000 hab., capitale, ville forte et commerçante; — *Mulhouse* et *Colmar*, cotonnades peintes; — *Metz*, en Lorraine, ville forte.

405. **Industrie**. L'Allemagne est une contrée basse, sablonneuse et peu fertile au nord; accidentée, montagneuse au sud, très bien cultivée. Elle se place après l'Angleterre par l'importance de ses mines de houille, de fer, de zinc, et par son industrie et son commerce.

406. **Colonies**. En *Afrique*, le Togo et le Cameroun, sur le golfe de Guinée; le Sud-Ouest et l'Est africains allemands; — en *Océanie*, le N.-E. de la Nouvelle-Guinée, l'archipel Bismarck, les îles Carolines et Mariannes.

VI. AUTRICHE-HONGRIE

407. L'*empire* d'**Autriche** et le *royaume de* **Hongrie** ont un même souverain; ils comptent 52000000 d'hab., qui appartiennent aux *familles* teutonne, slave et hongroise, et professent, pour la plupart, la *religion* catholique.

408. **Villes. Vienne**, 2100000 hab., cap. de l'Autriche, est une belle ville, savante et manufacturière. — **Budapest**, 900000 hab., cap. de la Hongrie, est formée de deux villes séparées par le Danube; grand marché pour les grains et les farines. — **Prague**, 230000 hab., cap. de la Bohême, principal centre industriel. — *Brünn*, en Moravie, soieries et lainages. — *Graz*, en Styrie, centre métallurgique. — *Lemberg*, en Galicie. — **Trieste** et *Fiume*, ports sur l'Adriatique. — *Seraïevo*, ch.-l. de la Bosnie, ci-devant turque.

409. **Industrie**. L'Autriche-Hongrie est une contrée généralement montagneuse, renfermant cependant, au centre, la vaste plaine hongroise. Elle est très riche en mines et en forêts. La Hongrie exporte des bestiaux, des grains et farines; l'Autriche, plus industrielle, exporte du sucre, des tissus, verreries, etc.

VII. SUISSE

410. La **Suisse** ou *confédération helvétique* a 3800000 hab., qui appartiennent en majorité à la *famille* teutonne, professent les *cultes* protestant et catholique, et parlent l'allemand, le français ou l'italien.

Villes. Berne, 90000 h., est le siège du gouvernement fédéral de la Suisse; — **Genève**, 130000 h., sur le lac de ce nom, centre d'une grande fabrication d'horlogerie fine; — *Bâle*, 140000 h., sur le Rhin, et *Zurich*, 200000 h., villes de commerce et d'industrie.

411. **Industrie**. La Suisse, très visitée pour la beauté de ses montagnes, ses vallées pittoresques, ses glaciers, ses lacs et ses cascades, est un pays d'élevage, industriel et très commerçant. Exportation de soieries, cotonnades, montres, fromages.

VIII. DANEMARK

412. Le *royaume* de **Danemark** compte 2900000 h., qui appartiennent à la *famille* teutonne et professent le *culte* luthérien.

Villes. Capitale **Copenhague**, 580000 hab., ville forte, située sur le Sund, dans l'île Seeland, est le centre du commerce et de l'industrie du Danemark.

413. **Industrie**. Le Danemark est une contrée basse, formée d'îles et de presqu'îles. C'est un pays agricole et marchand, ayant beaucoup d'analogie avec la Hollande. Il *exporte* des œufs, du beurre, des chevaux, des céréales et des produits de pêche maritime.

414. **Colonies**. L'Islande et les îles Færoer, en Europe; — le Groenland, au nord de l'Amérique, et les îles Saint-Thomas et Sainte-Croix, dans les Antilles.

IX. NORVÈGE

415. Le *royaume* de **Norvège**, séparé de la Suède en 1905, a 2400000 hab., qui appartiennent à la *famille* teutonne et au *culte* luthérien.

Villes. Christiania, 250000 hab., capitale, port. — *Bergen*, sur l'Atlantique, port, pêcheries.

Industrie. Les Norvégiens, établis sur un littoral très étendu, rocheux, découpé en *fiords*, s'occupent surtout de la pêche, des constructions navales, du commerce maritime; ils exportent du poisson, du bois, du minerai de fer.

X. SUÈDE

416. Le *royaume* de **Suède** compte 5600000 hab., qui appartiennent à la *famille* teutonne et au *culte* luthérien.

Villes. Stockholm, 350000 hab., capitale, très bon port sur la Baltique. — **Göteborg**, 175000 hab., sur le Kattegat, port, cotonnades.

Industrie. La Suède, basse et assez fertile au S.-E., produit du minerai de fer, des bois de sapin, de la pâte à papier pour l'*exportation*.

XI. RUSSIE

417. L'*empire* de **Russie** compte en Europe une *population* de 135000000 d'hab., qui appartiennent généralement à la *famille* slave et professent la *religion* grecque schismatique. Les Polonais sont catholiques.

418. **Villes. Petrograd** (St-Pétersbourg), 2300000 hab., cap. de l'empire russe et port à l'embouchure de la Neva. — **Moscou**, 1500000 hab., ancienne capitale, centre principal de l'industrie russe. — *Nijni-Novgorod*, 110., grandes foires.

Varsovie, 860000 hab., sur la Vistule, est l'ancienne capitale de la Pologne. — *Lodz*, 400000 hab., centre manufacturier.

Riga, 330000 h., port, exportation de lin, graine de lin et bois de sapin dits de Riga.

Odessa, 480000 hab., port sur la mer Noire, exporte une grande quantité de froment. — *Astrakhan*, 150., à l'embouchure de la Volga, est l'entrepôt des marchandises de l'Asie centrale russe. — *Kiew*, 450., dans l'Ukraine, distilleries, sucreries.

419. **Industrie**. La Russie d'Europe est une vaste plaine, froide et stérile dans le nord, aride au sud-est, mais très fertile au centre, et produisant pour l'*exportation* du froment de l'avoine, du lin, des peaux, des fourrures. Elle exploite de grandes forêts de sapins et de riches mines d'or, de platine, de fer et de pierres précieuses, dans l'Oural.

420. L'empire russe comprend, en *Asie*, la Caucasie la Sibérie et le Turkestan occidental. L'ensemble de son territoire égale 22500000 km car., soit plus de deux fois la superficie de l'Europe.

XII. PORTUGAL

421. La *république* du **Portugal** compte 5500000 hab., qui appartiennent à la *famille* latine et professent la *religion* catholique.

Villes. Lisbonne, 360000 hab., cap. du Portugal, à l'embouchure du Tage, qui forme l'une des plus belles rades de l'Europe. C'est un grand port d'escale.

Porto, 180000 hab., port, exporte des vins renommés. — *Coïmbre*, anc. université.

422. **Industrie**. Le Portugal est une contrée montagneuse, fertile, mais mal cultivée; les mines sont inexploitées. Il produit cependant pour l'*exportation* du vin, du sel, de l'huile d'olive, des fruits, surtout des oranges.

423. **Colonies**. En *Afrique*, les Açores, Madère, parties intégrantes de la république; — les îles du Cap-Vert, l'Angola, l'Est africain portugais; — en *Asie*, Goa, sur la côte ouest de l'Inde, Macao, sur la côte sud de la Chine; la moitié de l'île Timor.

XIII. ESPAGNE

424. Le *royaume* d'**Espagne** compte 20000000 d'hab., qui appartiennent à la *famille* latine et professent la *religion* catholique.

425. **Villes. Madrid**, 600000 hab., au centre, est la capitale, une ville de science et d'industrie. — *Valladolid*, fabrique activement des soieries et farines.

Barcelone, [illegible]00000 hab., grand port sur la Méditerranée, est le principal centre industriel de l'Espagne. — **Valence**, 230000 hab., connue pour ses oranges, est le centre de l'industrie de la soie. — *Malaga*, 150000 hab. et *Alicante* sont renommées pour leurs vins et leurs fruits. — *Cadix*, *Séville*, 160000 hab.; *Cordoue*. *Grenade* et *Murcie*, sont des villes célèbres du midi de l'Espagne. — *Tolède*, sur le Tage, possède une superbe cathédrale. — *Saragosse*, sur l'Ebre, fut prise par les Français en 1809. — **Gibraltar**, 27000 hab., port très commerçant et forteresse importante, appartient aux Anglais.

426. **Industrie**. L'Espagne est formée de plateaux arides où dominent les pâturages; ses montagnes sont riches en mines, et ses vallées sont très fertiles. Mais l'insuffisance de voies de communication paralyse l'industrie et le commerce.

427. **Colonies**. En *Afrique*, le nord et le sud du Maroc; les îles Canaries, province du royaume, le Rio de Oro, le Rio Mouni, l'île Fernando-Po.

XIV. ITALIE

428. Le *royaume* d'**Italie** a une population de 34700000 hab., qui appartiennent à la *famille* latine et professent la *religion* catholique.

429. **Divisions et villes**. Le royaume d'Italie comprend les anciennes divisions politiques suivantes :

1° Le Piémont, villes principales : **Turin**, 430000 hab., centre industriel, et **Gênes**, 280000 hab., port marchand le plus actif de l'Italie; — la Sardaigne, ville principale *Cagliari*, port.

2° La Lombardie et la Vénétie, villes princ. : **Milan**, 600000 hab., rivale de Lyon pour les soieries; — **Venise**, 160000 hab., bâtie sur des îlots de l'Adriatique, fabriques d'émaux et de verroteries.

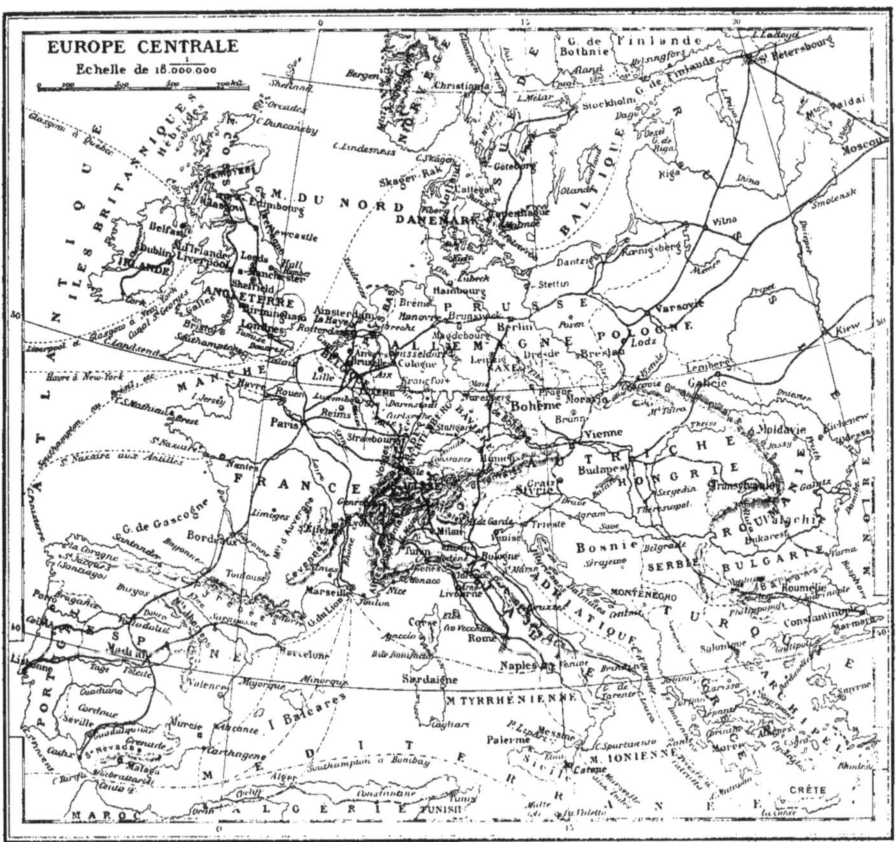

3° La Toscane, villes princ. : **Florence**, 230 000 hab., renommée pour ses édifices et ses industries d'art ; — *Livourne*, 105 000 h., port actif, exportation de soie et de marbre.

4° et 5° Les anciens duchés de Parme et de Modène, avec les villes de mêmes noms.

6° Les États de l'Église, villes princ. : **Rome**, 550 000 hab.. sur le Tibre, capitale de l'Italie et du monde chrétien, séjour des Papes ; nombreux monuments de toutes époques ; — **Bologne**, 175 000 hab., renommée pour ses écoles.

7° L'ancien royaume de Naples et de Sicile, villes princ. : **Naples**, 700 000 hab., la plus grande ville de l'Italie, port superbe ; — **Palerme**, 350 000 h., *Catane*, 210 000 h., et *Messine* (détruite en 1908), 130 000 h., ports de la Sicile.

430. Les principales **îles italiennes** sont : la Sicile, renommée pour ses soufrières ; — la Sardaigne ; — l'île d'*Elbe*, retraite de Napoléon après sa première abdication ; — les îles *Lipari*.

L'importante île de **Malte**, 240 000 hab., chef-lieu *La Valette*, appartient aux Anglais.

431. **Commerce**. L'Italie est une contrée célèbre par la beauté de son ciel, la variété et l'agrément de ses aspects, et par ses richesses naturelles. Cependant son industrie est peu progressive, excepté dans les provinces septentrionales, qui sont aussi très fertiles.

432. **Colonies**. L'Italie possède en Afrique la Tripolitaine, la côte de l'Abyssinie (*Erythrée*) et la Somalie orientale.

XV. TURQUIE D'EUROPE

433. L'*empire* **Turc** ne compte plus en Europe, depuis 1912, que 1 700 000 hab. : ils forment une *famille* mongolique et professent la *religion* mahométane.

434 **Villes Constantinople**, 1 200 000 h., capitale de l'empire, à l'entrée du Bosphore, est le plus grand entrepôt commercial du Levant. Vue du dehors, la ville paraît magnifique, mais elle est mal bâtie. — *Andrinople*, 120 000 h., place forte sur la Maritza : tissus, essence de roses. — *Gallipoli*, port sur les Dardanelles.

435. **Industrie**. Le pays, naturellement riche, est pourtant peu prospère.

436. **L'empire turc comprend principalement la Turquie d'Asie, avec une partie de l'***Arabie*.

XVI. BULGARIE

437. Le *royaume* de **Bulgarie**, au sud du Danube, compte 5 200 000 habitants, la plupart de famille slave et professant le schisme grec. Cap. *Sophia*, 105 000 hab. — *Philippopoli*, draps. — *Varna*, port sur la mer Noire.

Exportation de froment, bestiaux, laines, essence de roses.

XVII. GRÈCE

438. Le *royaume* de **Grèce** compte 4 500 000 hab., qui sont, en général, **grecs** de *famille*, de *religion* et de *langue*.

Villes. Athènes, 170 000 h., cap. de la Grèce, évoque de **grands souvenirs historiques** et possède de **belles ruines**. V. pr. : *le Pirée*, et *Salonique*, 115 000 hab., ports et cités industrielles. — *Corfou*, *Zante*, la *Canée*, ports dans les îles.

439. La Grèce est une contrée péninsulaire et insulaire, favorable au commerce maritime; mais elle a des plaines fertiles, et surtout des plateaux montagneux, arides. Elle exporte des minerais, marbres, raisins secs, vins et fruits.

XVIII-XXII. ROUMANIE, SERBIE, MONTENEGRO, ALBANIE

440. Les **Roumains** appartiennent à la *famille* latine, les **Serbes** et les **Montenegrins** à la *famille* slave. Ils professent la *religion* grecque schismatique. Les **Albanais** sont catholiques au nord, musulmans au sud.

441. Le *royaume de* **Roumanie** compte 7 400 000 hab. Capit. **Bukarest,** 340 000 hab., dans la Valachie. Villes princ. *Iassy*, dans la Moldavie; — *Galatz*, port sur le Danube.

442. **Industrie.** La Roumanie est un pays de plaines fertiles en blé et maïs, qu'elle exporte pour l'Occident, ainsi que du pétrole, par le Danube et le *port* de Constanza.

443. Le *royaume de* **Serbie**, 4 000 000 d'hab., a pour capitale *Belgrade*, 90 000 hab., sur le Danube; villes principales *Monastir* et *Prizrend*.

444. Le *royaume de* **Montenegro**, 400 000 hab., a pour capitale *Cettinié*.

444 *bis*. Le *royaume* d'**Albanie**, 700 000 hab., a pour capitale *Durazzo*, port; v. pr. : *Scutari*.

La Serbie exporte aussi des produits agricoles; mais l'Albanie et le Montenegro, montagneux, ne produisent que pour la consommation locale.

INDUSTRIE ET COMMERCE DE L'EUROPE

445. Pour l'activité **industrielle et commerciale**, les pays de l'Europe les plus remarquables sont ceux de l'Ouest et du Centre : l'*Angleterre*, l'*Allemagne*, la *France*, pour la quantité absolue des produits; la *Belgique*, les Pays-Bas, la Suisse et le Danemark, pour la quantité proportionnelle à la population et à la superficie.

Ce sont aussi les pays où la population est généralement la plus dense et la plus riche.

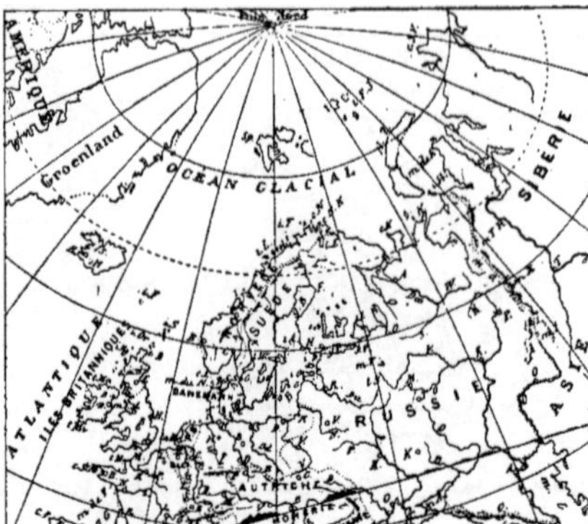

446. **Produits végétaux.** Considérant la quantité absolue des produits, le **froment** est surtout cultivé en Russie, France, Autriche-Hongrie; — le *seigle* et l'*avoine*, en Russie, Allemagne, France; — le *maïs*, en Hongrie, Roumanie, Italie; — la **vigne**, en France, Italie, Espagne, Hongrie; — l'*orge* et le *houblon* (pour la bière), en Russie, Allemagne, Autriche, Angleterre; — la *betterave* (pour le sucre), en Allemagne, Autriche-Hongrie, Russie, France, Belgique; — le *lin* et le *chanvre*, en Russie et en Allemagne. — La Russie, la Scandinavie et l'Autriche ont le plus de *forêts*.

447. **Animaux domestiques.** Pour la quantité absolue, la Russie, l'Autriche-Hongrie, l'Allemagne et la France sont les pays qui élèvent le plus de **chevaux**, de **gros bétail**, et de **porcs**; la Russie, l'Angleterre et la France, le plus de **moutons**. L'Angleterre possède les races les plus perfectionnées. Les races bovines hollandaise et suisse donnent beaucoup de lait, dont on fait du beurre et des fromages renommés; les moutons saxons donnent la meilleure laine.

448. **Produits minéraux.** L'*Angleterre*, produisant la moitié de la **houille** et beaucoup de fer, se place au premier rang. L'Allemagne est au second rang; puis viennent l'Autriche-Hongrie, la Russie, la France, la Belgique, etc.

449. **Industrie et commerce.** L'*Angleterre*, riche en métaux et surtout en combustibles nécessaires à la construction et à l'usage des machines, tient la première place pour les **produits manufacturés**, ainsi que pour le **commerce**. Au second rang vient l'Allemagne et au troisième la France pour la quantité absolue; de même la Belgique et la Suisse pour la quantité proportionnelle. Valeur du commerce, 118 milliards de francs.

450. **Moyens de transports des produits.** 1° Les pays qui ont le plus de *chemins de fer*, par rapport à la superficie, sont : la *Belgique*, l'*Angleterre*, l'Allemagne, la Hollande, la France et la Suisse.

2° Les pays les mieux dotés en *voies navigables* sont : la Hollande, l'Angleterre, l'Allemagne, la Belgique et la France.

3° La *marine marchande* **anglaise** est plus considérable que toutes les autres marines européennes réunies. Viennent ensuite les marines allemande, norvégienne, française, italienne, hollandaise, suédoise, russe, etc.

451. **Grands ports de commerce.** Par ordre de *situation géographique*, les ports principaux de l'Europe sont sur :

La *mer Baltique* **Pétrograd** et **Riga**, en Russie. — Danzig, Stettin, Lubeck et Kiel, en Prusse. — Copenhague, en Danemark. — Stockholm, en Suède.

La *mer du Nord :* **Hambourg** et Brême, en Allemagne. — Amsterdam et **Rotterdam**, en Hollande. — **Anvers**, en Belgique. — Dunkerque, en France. — **Londres**, Hull, Newcastle, en Angleterre.

La *mer d'Irlande :* **Liverpool**, en Angleterre. — **Glasgow**, en Écosse. — Dublin, en Irlande.

La *Manche :* Boulogne, **Le Havre** et Rouen, en France. — Southampton, en **Angleterre.**

L'*Océan :* Bristol, en Angleterre. — Nantes, Saint-Nazaire, La Rochelle, **Bordeaux** et

---

Devoir 122. — 1. Qu'est-ce que la péninsule *hispanique?* — 2. Nommez-y trois chaînes de montagnes, — cinq fleuves, — un archipel. — 3. Sur quel fleuve se trouve Lisbonne? — Saragosse? — Séville? — 4. Qu'est-ce que Valence? — Madrid? — Cadix? — Porto? — la Guadiana? — les Baléares? — 5. Faites la carte des deux pays de la péninsule.

Devoir 123. — 1. Faites la carte de l'*Italie*, avec ses îles, mers, golfes, fleuves, montagnes et villes. — 2. Indiquez la nature et la situation de Venise, — Bonifacio, — Elbe, — Tarente, — Messine, — Naples, — Malte, — Cagliari, — Turin.

Devoir 124. — 1. Qu'appelle-t-on Balkans? — Danube? — Philippopoli? — Dardanelles? — Archipel? — Matapan? — Ioniennes? — 2. Indiquez la position de ces choses. — 3. Citez dans la presqu'île des Balkans quatre États, — cinq villes, — deux fleuves, — deux golfes. — 4. Faites la carte de cette contrée.

Devoir 125. — Dessinez une *carte d'Europe* en la coloriant par divisions politiques. — Tracez-y les chaînes de montagnes et les fleuves.

Devoir 126. — 1. Indiquez la nature et la situation des choses désignées sous le nom de Constantinople, — Sicile, — Riga, — Constance, — Salonique, — Seeland, — Finistère, — Barcelone, — Astrakhan, — Azov, — Roumanie, — Kasan. — 2. Sur quel fleuve se trouve Saratow? — Kiew? — Arkhangel? — Stettin? — Turin? — Magdebourg?

Devoir 127. — 1. Quels sont les pays les plus industriels de l'Europe? — 2. Quels sont ceux qui produisent le plus de froment, de vins, de chevaux, de houille, d'objets manufacturés? — 3. Quelles sont les plus fortes marines?

Devoir 128. — 1. Citez les grands ports de commerce dans la mer du Nord et la Méditerranée. — 2. Faites la visite des ports en suivant les côtes de Naples à Hambourg. — 3. Avec quels pays la France fait-elle le plus de commerce?

Bayonne, en France. — Porto et **Lisbonne**, en Portugal. — Cadix, en Espagne.

La *Méditerranée :* Malaga, Valence et **Barcelone**, en Espagne. — Cette, **Marseille** et Nice, en France. — **Gênes**, Livourne et Naples, en Italie. — Messine et Palerme, en Sicile.

L'*Adriatique :* Ancône et Venise, en Italie. — **Trieste**, en Autriche; Fiume, en Hongrie. — L'*Archipel :* Le Pirée, Salonique, en Grèce. — La *mer de Marmara :* **Constantinople**, en Turquie.

La *mer Noire :* Varna, en Bulgarie. — Constanza, en Roumanie. — Odessa, en Russie. — La *mer Caspienne :* Astrakhan, en Russie.

Principaux objets d'échange

entre l'Europe et les autres Parties du monde.

452. L'Europe, renfermant les populations les plus actives et les plus intelligentes du globe, produit, malgré sa faible étendue relative, une somme de marchandises bien supérieure à celle des autres Parties du monde, et elle provoque la presque totalité du mouvement commercial intercontinental.

Les **échanges** s'établissent surtout entre **l'Angleterre**, **l'Allemagne**, la **France**, la Belgique, la Hollande, d'une part; — les **Etats-Unis**, le Canada, les Indes et l'Australasie, d'autre part.

453. L'Europe **exporte** ou expédie dans toutes les Parties du monde des produits manufacturés et des substances alimentaires :

1° *Produits manufacturés :* **tissus** de coton, de laine et de soie; vêtements confectionnés, objets de mode, d'ameublement; — articles de bijouterie, d'horlogerie, de quincaillerie; — armes et machines; — instruments de musique et de précision, objets d'art et de science; — articles de librairie.

2° *Substances alimentaires :* vins, spiritueux, sucres raffinés, farines, conserves alimentaires, etc.

454. L'Europe reçoit des autres Parties du monde et **importe** chez elle :

1° Des *matières premières* pour ses manufactures : coton, soie, laine, peaux, etc.

2° Des *minéraux* ou *métaux bruts :* or, fer, cuivre, etc.

3° Des *substances alimentaires :* blé et farine, viandes, café et denrées coloniales. (Voir Asie, Afrique, Amérique, Océanie, pages suivantes.)

Venise. — La place Saint-Marc.

Séville. — Chevet de la cathédrale.

CLIMAT ET PRODUCTIONS NATURELLES

(SUITE DE LA PAGE 41)

383. **Climat.** Le climat européen est généralement *tempéré.* Il est plus *humide* dans les contrées de l'Ouest, soumises à l'influence des **vents tièdes** de l'Atlantique; — *plus froid* dans les contrées du Nord-Est, où soufflent les vents polaires; — *plus chaud* dans les contrées du Sud, où se font même sentir les vents d'Afrique.

Minéraux. L'Europe est riche en minéraux usuels : *houille, fer,* cuivre, plomb, zinc, mercure, *sel,* marbres, etc.

Végétaux. L'Europe peut se diviser en 4 *zones agricoles,* basées sur les principales cultures alimentaires ou industrielles; du reste, chaque zone possède les cultures des zones qui la précèdent :

1° La *zone du seigle,* de l'orge et de l'avoine comprend : la Suède, la Norvège et la Russie boréale, régions trop froides pour les autres cultures.

2° La *zone du froment,* de la pomme de terre, du lin, du chanvre, comprend les îles Britanniques, la Belgique, les Pays-Bas, le Danemark, l'Allemagne septentrionale et la Russie centrale.

3° La *zone de la vigne,* du maïs, du houblon, du colza, du tabac, comprend spécialement : la France, l'Allemagne méridionale, la Hongrie et la Russie méridionale.

4° La *zone de l'olivier,* de l'oranger, du figuier, du riz, du mûrier, etc., comprend les régions baignées par la Méditerranée.

Animaux. Parmi les *animaux sauvages* de l'Europe, citons l'ours blanc des régions polaires, l'ours brun des montagnes, le loup, le renard; la marmotte et le chamois des Alpes, le cerf, le sanglier, le lièvre, les oiseaux rapaces, etc.

Les *animaux domestiques* sont : le cheval, l'âne et le mulet, la vache, la chèvre, le mouton, le renne de Laponie, le porc, le lapin, les oiseaux de basse-cour, l'abeille et le ver à soie.

ASIE

I. — Géographie physique.

455. **Caractères physiques** : 1° L'Asie se fait remarquer par sa *grande masse* continentale, en forme de trapèze, ainsi que par ses grandes îles et presqu'îles. Ses *côtes* sont sinueuses, souvent montagneuses, offrant de larges embouchures de fleuves, de vastes deltas et de bonnes positions commerciales.

2° Le *relief du sol* présente un immense *Plateau central*, presque aussi étendu que l'Europe, ayant de 1000 à 4000 mètres d'altitude moyenne et entouré de grandes chaînes de montagnes, dont la plus remarquable est l'*Himalaya*, le « séjour des neiges ». Ce Plateau central renferme le Tibet, le Pamir, etc., et s'abaisse vers les quatre points cardinaux en versants plus ou moins accidentés.

3° Au N.-O. et à l'O. s'étend *une grande région basse*, la plus vaste du globe, formée des plaines herbeuses ou *steppes* de la Sibérie et du Turkestan occidentaux, et des marais glacés (*toundras*) de la Sibérie boréale.

4° L'Asie est traversée par la grande *zone des déserts* sablonneux qui s'étend dans la Mongolie (le *Gobi*), le Turkestan, la Perse, l'Arabie, et se rattache au Sahara africain.

5° L'Asie, aux puissants fleuves, renferme en outre un *grand bassin central fermé*, dont les eaux se perdent dans des *lacs sans écoulement* ou dans les sables du désert.

456. L'**Asie** est la plus grande des cinq Parties du monde. Sa superficie est d'environ 44000000 de km²: c'est 4 fois et demie la superficie de l'Europe et environ 81 fois celle de la France.

457. **Bornes**. L'Asie est bornée au N. par l'océan Glacial arctique; — à l'E. par l'océan Pacifique; — au S. par l'océan Indien; — à l'O. par la mer Rouge, la Méditerranée et l'Europe.

458. **Contrées**. Les grandes contrées de l'Asie sont :

Au N., la **Sibérie**; — à l'E., la **Chine** et le **Japon**; — au centre, la *Mongolie* et le *Turkestan*; — au S., l'*Insulinde*, l'*Indo-Chine* et l'**Inde**; — à l'O., l'*Iran*, la *Turquie d'Asie* et l'*Arabie*.

459. **Mers**. Au N., l'Océan Glacial arctique;

A l'E., le Pacifique, ou Grand Océan, formant la mer de *Béring*, la mer d'*Okhotsk*, la mer du *Japon*, la mer *Jaune*, la mer de *Chine orientale* et la mer de *Chine méridionale*;

Au S., l'Océan Indien, formant le golfe de *Bengale*, la mer d'*Oman* et la mer *Rouge*;

A l'O., la Méditerranée, la mer *Noire* et la mer *Caspienne*.

Golfes. Le golfe de l'*Ob*, en Sibérie; les golfes du *Tonkin* et de *Siam*, dans l'Indo-Chine; le golfe *Persique*, entre la Perse et l'Arabie; le golfe d'*Aden*, entre l'Arabie et l'Afrique.

Détroits. Le détroit de *Béring*, entre l'Asie et l'Amérique; le détroit de *Malacca*, entre le Malacca et Sumatra; le détroit de la *Sonde*, entre Sumatra et Java; le *Bab-el-Mandeb*, entre l'Arabie et l'Afrique; les *Dardanelles* et le *Bosphore*, entre les Turquies d'Asie et d'Europe.

460. **Iles**. Dans le Pacifique, l'île **Sakhaline**, appartenant à la Russie et au Japon; les *Kouriles*, *Yéso*, *Hondo*, *Formose* et autres îles de l'empire du Japon; l'île *Haïnan*, appartenant à la Chine; — les îles de l'Insulinde (n° 472); — dans l'océan Indien, l'île **Ceylan**, et dans la Méditerranée, l'île de *Chypre*, aux Anglais.

Presqu'îles. L'*Anatolie*, ou Asie Mineure, entre la mer Noire et la Méditerranée; — l'*Arabie*, entre le golfe Persique et la mer Rouge; — l'Inde méridionale, entre la mer d'Oman et le golfe de Bengale; — l'*Indo-Chine*, terminée par le Malacca, entre le golfe de Bengale et la mer de Chine méridionale; — la *Corée* à l'E., et le *Kamtchatka*, au N.-E. de l'Asie.

Caps. Le cap *Oriental*, au N.-E. de la Sibérie; — le cap *Romania*, au S. du Malacca; — le cap *Comorin*, au S. de l'Inde.

461. **Montagnes**. Les monts **Himalaya**, avec le pic *Everest*, 8840 m., la plus haute montagne du monde, au nord de l'Inde.

Les monts *Kouen-loun*, *Thian-Chan* et *Hindou-Koh*, sur le Plateau central;

Les monts *Altaï*, en Sibérie et Mongolie.

L'**Oural** et le **Caucase**, entre l'Asie et l'Europe.

On cite les *plateaux* du *Tibet* (4000 m.), du Pamir, de la Perse; — les *plaines* de la Sibérie et du Turkestan occid., de la Chine orientale, du Gange. Il y a de nombreux *volcans* dans le Japon, le Kamtchatka et l'Insulinde.

462. **Bassins maritimes**. L'Asie forme quatre grands versants maritimes appartenant aux bassins de l'*océan Glacial*, du *Grand Océan*, de l'*océan Indien* et de la *Méditerranée*; — en outre, un grand *bassin central fermé*, dont les eaux ne se rendent pas dans l'Océan.

463. **Fleuves**. 1° Dans le versant de l'océan Glacial: l'**Ob**, l'*Iénisséi* et la *Léna*, en Sibérie;

2° Dans le versant du Grand Océan : en Chine, l'*Amour*, le **Hoang-ho** ou fleuve *Jaune*, le **Yang-tse-kiang** ou fleuve *Bleu* (5000 km); — en Indo-Chine, le *Mékong*.

3° Dans le versant de l'océan Indien : dans l'Inde, le **Brahmapoutre**, le **Gange** et l'*Indus*; — en Turquie, l'**Euphrate** et le *Tigre*, formant le *Chatt-el-Arab*.

464. **Lacs**. Le lac **Caspien**, ou mer *Caspienne*, entre l'empire russe et la Perse; — les lacs *Aral* et *Balkach*, dans le Turkestan; — le lac *Baïkal*, en Sibérie.

II. — Géographie politique.

465. **Population**. L'Asie est la plus peuplée des cinq Parties du monde : 910 000 000 d'hab.; ce qui lui donne une *population relative* de 21 hab. par kilom. carré.

466. **Races humaines**. La *race jaune* comprend les Chinois et leurs tributaires, les Coréens, les Japonais, les Sibériens, les Indo-Chinois, les Indonésiens, les Turcs, les Tartares; la *race blanche*, la plupart des Indiens, les Persans, les Arabes et autres peuples à l'ouest de l'Indus.

Religions et civilisation. Les *chrétiens* sont peu nombreux en Asie. Les Arabes, les Turcs, les Persans, de nombreux Chinois et Indiens sont *mahométans*. Les autres peuples sont *païens* : les Chinois, les Indo-Chinois et les Japonais professent les cultes de Bouddha et des ancêtres; les Hindous, le brahmanisme ou culte de Brahma : ils ont une civilisation propre très ancienne; mais ils adoptent, les Japonais surtout, celle de l'Europe. L'Asie occidentale a été le berceau du genre humain et de la religion chrétienne et le siège des premiers empires; mais elle est tombée en décadence par la domination du mahométisme.

467. **Gouvernements**. La forme gouvernementale est en général la *monarchie*, naguère *absolue*, aujourd'hui *constitutionnelle*, avec parlement élu.

468. **Divisions**. L'Asie est divisée politiquement en une vingtaine de contrées dont les unes sont des *États libres* (Chine, Japon, Perse, Siam), les autres des *possessions européennes* ou *américaines*.

469. L'**ASIE RUSSE, 33000000** d'h., comprend : la Sibérie, immense contrée froide, en partie stérile; v. pr. *Tomsk* et *Irkoutsk*; — l'Asie centrale russe, v. pr. *Omsk*, *Tachkent* et *Boukhara*; — la Caucasie, v. pr. *Tiflis*, ch.-l., et *Bakou*, centre pétrolifère.

La *Sibérie méridionale*, ou la zone de l'immense chemin de fer *transsibérien*, est fertile et voit se développer la culture des céréales, l'élevage des bestiaux et l'exploitation des mines, en même temps que la colonisation par les Russes.

Le *Turkestan* (coton) et la *Caucasie* (ver à soie, pétrole) sont également agricoles et miniers. Les établissements industriels se multiplient.

470. Les **Etats-Unis de CHINE** (375 millions d'h.) se composent :

1° De la Chine propre, capitale **Péking** (1 000000 d'h.); v. pr. *Tientsin*, port de Péking; **Nanking**, ville manufacturière; **Changhaï** et **Canton**, 900000 hab., ports de mer, qui exportent surtout la soie et le thé; **Hankow**, grand marché de l'intérieur. — **Hong-Kong** est un grand port anglais.

2° De la Mandchourie, cap. *Moukden*;

3° De pays tributaires, savoir : le Turkestan oriental, le Tibet, cap. *Lhassa*, la Mongolie intérieure ou du Sud.

La République chinoise est aussi étendue que l'Europe et presque aussi peuplée que l'Empire britannique. L'agriculture, très soignée, produit surtout le *riz*, base de l'alimentation, et le *thé*, qui donne la boisson nationale; puis viennent le coton, la canne à sucre, le pavot à opium, destiné à disparaître. C'est le pays par excellence des *vers à soie*. L'industrie d'intérieur est très variée : soieries, cotonnades, vêtements, tabletterie, ameublement, porcelaine, papiers, vernis-laque, encre, etc. Le commerce s'élève à 3 milliards de francs.

471. L'empire du **JAPON**, très florissant (69000000 d'hab.), est formé de la Corée, annexée en 1910, de cinq grandes îles et de plusieurs milliers de petites; capitale **Tokio**, 2200000 hab.; v. pr *Kioto*, dans l'intérieur; *Osaka*, 1300000 hab., *Kobé*, *Yokohama*, *Nagasaki*, ports; *Séoul*, ancienne capitale de l'ex-royaume coréen.

Beaucoup plus avancé que la Chine, qu'il a vaincue en 1894, le Japon est complètement initié aux sciences et aux industries européennes : extraction de la houille et des minerais, métallurgie, constructions navales, filature et tissage du coton et de la soie. Le riz et le thé sont très cultivés, l'opium est sagement prohibé. Le commerce est de 3 milliards de francs.

472. L'**Insulinde** (Inde insulaire), également très fertile, comprend :

1° Les îles de la **Sonde** : Sumatra, surtout Java, très peuplée, riche en denrées coloniales et en pétrole; cap. **Batavia**, port

prin·ipal ; Célèbes, les Moluques, ou « îles aux épices » ; Bangka, connue pour son étain ; le tout appartenant aux Hollandais, ainsi qu'une partie de Bornéo (l'autre partie est aux Anglais) ; soit une population de 40 millions d'habitants, faisant un commerce de 1600 millions de francs.

2° Les **Philippines,** peuplées de 8 500 000 habitants, la plupart catholiques ; enlevées aux Espagnols par les Etats-Unis, elles ont pour cap. **Manille,** port superbe dans l'île Luçon. — Sucre, chanvre, copras, tabac et cigares.

3° L'île Timor, en partie aux Portugais et aux Hollandais.

472 *bis.* L'**Indo-Chine**, contrée qui tient des richesses et des populations de l'Inde, de la Chine et de l'Insulinde, comprend :

1° Le royaume indépendant de Siam (7 000 000 d'h.), cap. *Bangkok ;*

2° L'Indo-Chine française (17 000 000 d'h.), comprenant la Cochinchine, ch.-l. *Saigon ;* le Tonkin, ch.-l. **Hanoï ;** les royaumes d'Annam, cap. *Hué*, et de Cambodge, cap. *Pnom-Penh*, et le Laos.

3° L'Indo-Chine anglaise (15 000 000 d'h.), v. pr. **Singapore** et *Rangoun*, grands ports, et *Mandalai*, cap. de la *Birmanie.*

473. L'**INDE** forme avec la *Birmanie*, etc., le riche Empire des Indes (aux Anglais), qui compte 316 000 000 d'h. La capitale est **Delhi**, au centre. — Villes principales : **Calcutta**, **Bombay**, *Karatchi* et **Madras**, ports ; *Haïderabad*, *Bénarès*, *Luknov*, *Lahore*, *Srinagar*. — Ceylan relève directement de la couronne d'Angleterre, cap. **Colombo**, port.

— (Pondichery, Chandernagor et trois autres petites villes de l'Inde appartiennent aux Français ; — Goa, aux Portugais.)

L'*agriculture* indienne, très développée comme d'ailleurs l'exubérante végétation, produit les céréales et les denrées tropicales. L'extraction de la houille progresse, ainsi que l'industrie du coton et du jute, s'ajoutant aux riches soieries. Les chemins de fer ont plus de 50 000 km de longueur, et le *commerce* atteint 7 milliards de francs. Néanmoins la famine et la peste qui s'ensuit font parfois de nombreuses victimes. Annuellement 22000 personnes sont tuées par les serpents, un millier par les tigres.

Le **Béloutchistan**, chef-lieu *Kélat*, est annexé à l'Inde anglaise.

L'**Afghanistan**, 5000000 d'h., a pour cap. *Kaboul*.

474. Le royaume de **Perse**, 9500000 h., est vaste, mais peu peuplé; cap. **Téhéran**; v. pr. *Ispahan*, anc. capitale, et *Tabriz* (Tauris), très commerçante.

La **TURQUIE D'ASIE**, 17000000 d'h., a pour villes principales *Smyrne*, port actif, *Damas*, *Jérusalem*, *Alep*, *Beyrouth*, *Bagdad*. — Elle comprend plusieurs contrées historiques : l'*Asie Mineure*, la *Syrie*, la *Palestine*, l'*Arménie*, la *Mésopotamie* et la *Babylonie*.

La Turquie d'Asie et la Perse sont deux contrées musulmanes très arriérées et peu actives; cependant elles produisent des soieries, des tapis, des armes de luxe.

L'**Arabie**, en partie aux Turcs, est une immense presqu'île, en majeure partie déserte; v. pr. *La Mecque*, patrie de Mahomet et grand pèlerinage des musulmans; *Mascate*; Aden, port important et relâche des paquebots, aux Anglais.

475. **Climat.** L'Asie a un climat *très varié*, car elle est traversée au nord par le cercle polaire et au sud, dans l'Insulinde, par l'équateur. Ses plaines septentrionales et ses hauts plateaux du centre sont très *froids* et peu habités; les régions sud-orientales et de l'Inde sont *humides*, *chaudes* et très populeuses; l'Asie occidentale est *sèche* et beaucoup moins peuplée.

476. **Productions.** Les productions naturelles de l'Asie sont importantes en espèces *minérales* : houille, pétrole, fer, or, étain, pierres précieuses; — en espèces *végétales* : riz, froment, thé, mûrier, cotonnier, épices, canne à sucre, opium, forêts (bambous), etc.; — en espèces *animales* : éléphant des Indes, chameau des déserts, renne de Sibérie, chèvre du Kachmir, cheval persan, bœuf porteur, buffle, chevrotain porte-musc du Tibet, vers à soie, singes, tigre royal, serpents, etc.

Sibérie, paysage d'hiver. (Les constructions sont en bois de sapin.)

Chine. — Péking : l'ancien palais impérial, et le Grand Canal.

477. **Industrie.** Le Japon jouit de tous les progrès modernes, auxquels sont plus ou moins ouverts les autres États asiatiques; ceux-ci pratiquent surtout l'agriculture, l'élevage et diverses industries qui en dérivent. L'exploitation minière et la métallurgie naissent à peine.

478. **Commerce.** L'Asie fournit à l'Europe :

L'or, l'argent, le platine, le fer, les pierres précieuses, les céréales, le beurre et les fourrures de la Sibérie; le *pétrole* de Bakou; l'*étain* du Malacca et de Bangka.

Le *thé*, le *coton*, la *soie*, la graine de vers à soie et les soieries des Indes, de la Chine et du Japon;

Le *riz*, le *froment*, les *oléagineux*, le *jute* de l'Inde, l'ivoire, les *papiers* et *porcelaines* de la Chine et du Japon.

Le cuivre du Japon, les perles, le caoutchouc de Ceylan. Les denrées coloniales et le pétrole de l'Insulinde.

Le café, la gomme, l'encens, le corail de l'Arabie et de la Perse;

Les céréales, figues, raisins secs, les laines et tapis, le tabac, les olives, les éponges de la Turquie d'Asie.

L'Asie *achète* à l'Europe du matériel de chemins de fer, des navires et canons, des machines et des métaux ouvrés, des cotonnades. Le commerce a une valeur de 17 milliards de francs. Il a lieu surtout avec l'Angleterre et par la voie de Suez.

La *navigation fluviale et côtière* est active; les *chemins de fer* sont étendus dans les Indes, l'Asie russe et le Japon. Les principaux *ports* sont : Osaka, Yokohama, Changhaï, Canton, Hong-kong, Manille, Batavia, Singapore, Calcutta, Bombay, Madras, Aden, Smyrne.

479. **Les découvertes en Asie.** — L'Asie Mineure nous fut révélée tout d'abord par la *Bible* (Moïse), puis par les écrits d'*Homère*, d'*Hérodote*, de Strabon, de Ptolémée. **Alexandre le Grand** pénétra jusqu'aux Indes. Au VIIIe siècle, les Arabes s'avancèrent en Chine, suivis, au XIIIe siècle, par les missionnaires catholiques, notamment le moine flamand Ruysbroeck ou Rubruquis.

Marco Polo, Vénitien, le plus grand des voyageurs du moyen âge, parvint de Constantinople à Péking et à Canton. — En 1498, **Vasco de Gama**, Portugais, arriva aux Indes en doublant le cap de Bonne-Espérance.

A partir du XVIe siècle, les négociants portugais et hollandais, les missionnaires jésuites, notamment saint François Xavier, pénétrèrent dans l'Asie méridionale et orientale, suivis plus tard par les Anglais et les Français, pendant que les Russes conquéraient la Sibérie, et que le Danois *Béring* abordait à l'océan Glacial par le détroit qui porte son nom.

Le *Passage Nord-Est*, par le nord de l'Asie, a été traversé en 1879 par **Nordenskiold**, et en 1915 par *Vilkitsky*.

Devoir 129. — 1. Qu'est-ce que l'Asie? — 2. Touche-t-elle à l'Europe et à l'Afrique? — 3. Quelles sont ses plus grandes contrées? — 4. Citez 3 mers séparant l'Europe de l'Asie, — 3 mers baignant la Chine, — 3 détroits de l'océan Indien. — 5. A quoi donne-t-on le nom de Tonkin, Romania, Mékong, Béring, Baïkal, Téhéran, La Mecque?

Devoir 130. — 1. Où est le golfe du Bengale, le cap Oriental, le Hoang-ho ou fleuve Jaune, la mer d'Oman, la mer Rouge, la mer de Chine orientale? — 2. Est-ce que l'équateur traverse l'Asie? et le cercle polaire? — 3. De quoi est formé le Japon? — 4. Qu'est-ce que l'Arabie? — 5. Dites la nature et la situation de Bombay, Péking, Gange, Perse, Dékan, Altaï, Aral.

Devoir 131. — 1. Tracez les contours de la carte d'Asie, d'après le modèle 23 du cahier cartographique n° 2. — 2. Indiquez les bornes particulières de chacun des grands pays de l'Asie.

Devoir 132. — 1. En consultant la carte, faites le tour de l'Asie, par mer, du N. au S., et indiquez successivement tous les accidents géographiques traversés ou rencontrés : mers, caps, îles, pays, etc. — 2. Ou bien faites le même voyage en sens inverse, c'est-à-dire du S. au N.

Devoir 133. — 1. Nommez les îles et les contrées appartenant aux Français, aux Anglais, aux Portugais, aux Russes, aux Turcs. — 2. Nommez les villes de l'Asie, et dites dans quels pays elles se trouvent. — 3. Nommez les ports de l'Asie.

Devoir 133 *bis*. — 1. Quelle est l'industrie du Japon comparée à celle des autres États? — 2. Pourquoi cette différence? — 3. En quoi se distingue l'industrie chinoise? — hindoue? — persane? — 4. Quel pays élève le plus de vers à soie? — celui qui fabrique les plus riches soieries? — 5. Quels sont les deux produits alimentaires principaux de l'Asie? — le produit minéral spécial de la Caucasie? — 6. Quels sont les trois pays les plus commerçants et les produits qu'ils exportent? — 7. Quels sont les deux grands empires asiatiques et leurs populations? — les races et les religions auxquelles ils appartiennent?

AFRIQUE

I. — Géographie physique.

480. **Caractères physiques** : 1° L'Afrique est caractérisée par sa grande masse continentale aux *contours arrondis*, sans profondes échancrures, *sans mers intérieures*. — Ses *côtes* sont généralement basses, sablonneuses, marécageuses, *malsaines, dépourvues de bons ports*.

2° Le relief du sol présente le *grand plateau de l'Afrique australe et centrale*, ayant de 1000 à 2000 mètres d'altitude moyenne, bordé de montagnes, et dont l'intérieur est peu connu. — Au centre, se trouvent la *grande plaine* du Soudan et celle du Congo, habitées par des populations nègres.

3° Le grand désert du *Sahara*, presque aussi vaste que l'Europe, est formé de *plaines* sablonneuses et arides, de plateaux pierreux, de montagnes mêmes, de vallées sans eau, enfin de vertes *oasis*. Des tribus arabes et berbères habitent ces oasis et y cultivent notamment le dattier; les troupeaux sont transhumants, et le Sahara est parcouru en caravanes à chameaux.

Afrique du Nord. — Sahara : plaine de sable salé, colline, oasis, caravane.

482. **L'Afrique** est la troisième division de l'Ancien Continent. Elle se rattache à l'Asie par l'isthme de Suez.

Sa superficie égale 30 000 000 de km carrés, c'est-à-dire 3 fois celle de l'Europe, et 56 fois celle de la France.

483. **Bornes**. L'Afrique est bornée, au N., par la Méditerranée; — à l'E., par la mer Rouge et l'océan Indien; — au S. et à l'O., par l'Atlantique.

484. **Contrées**. Au N., le *Maroc*, *l'Algérie*, la *Tunisie* et la *Tripolitaine*, autrefois appelés Etats barbaresques; — au N.-E., l'**Egypte** et l'*Abyssinie*; — au centre, le **Sahara**, le **Soudan** et le **Congo**; — à l'O., le *Sénégal*, la *Guinée* et l'*Angola*; — au S., le S.-O. *africain* allemand et l'**Afrique australe anglaise**; — à l'E., l'*Afrique orientale*, portugaise, allemande et anglaise; la *Somalie* et l'île *Madagascar*.

485. **Mers**. A l'O., **l'océan Atlantique**, qui forme au nord la *Méditerranée*;

A l'E., **l'océan Indien**, qui forme la *mer Rouge*.

Golfes. Le golfe de la *Sidre* ou Syrte, dans la Tripolitaine; — le golfe de *Guinée*, dans l'Atlantique; — le golfe d'*Aden*, à l'entrée de la mer Rouge.

Détroits. Le détroit de *Gibraltar*, entre le Maroc et l'Espagne; — le canal de *Mozambique*, à l'O. de Madagascar; — le *Bab-el-Mandeb*, entre l'Afrique et l'Arabie.

486. **Iles**. Dans l'Atlantique : les *Açores*, les *Madère*, les îles du *Cap-Vert*, appartenant aux Portugais; — les *Canaries*, aux Espagnols; — l'île *Sainte-Hélène*, aux Anglais; — dans l'océan Indien : la grande île **Madagascar**, les îles *Comores* et l'île de *la Réunion*, aux Français; — les îles *Maurice*, *Zanzibar* et *Socotora*, aux Anglais.

Isthme. L'Afrique est jointe à l'Asie par l'*isthme de Suez*, qui a 110 km de largeur et qui est traversé par un canal navigable, dû au Français de Lesseps.

Caps. Le cap *Blanc*, au N. de la Tunisie; — le cap *Vert*, à l'O. du Sénégal; — le cap de *Bonne-Espérance*, au S. de la colonie du Cap. — et le cap *Guardafui*, à l'E. de la Somalie.

487. **Montagnes**. **L'Atlas**, qui traverse le Maroc, l'Algérie et la Tunisie; — les monts de la *Guinée* et de l'*Abyssinie*; — les monts **Ruenzori**, **Kénia** et **Kilima-Ndjaro**, aux sources du Nil : ce sont les plus hauts de l'Afrique, 6000 m. d'altitude; — les monts de l'*Afrique australe* et ceux de Madagascar.

Volcans. Le *Piton de la Fournaise*, dans l'île de la Réunion; — le *Pic de Ténériffe*, dans les îles Canaries; — les *Virunga*, au N.-E. du Congo belge.

Afrique centrale. — Village nègre fictif, avec diverses formes de huttes.

488. **Bassins maritimes**. L'Afrique forme trois grands versants maritimes, appartenant aux bassins de la *Méditerranée*, de l'*Atlantique* et de l'*océan Indien*; en outre, le *bassin fermé du Sahara*, dont les cours d'eau, d'ailleurs temporaires, ne communiquent pas avec l'Océan.

489. **Fleuves**. 1° Versant de la Méditerranée : le **Nil**, formé du Nil-Blanc et du Nil-Bleu, et traversant le Soudan oriental et l'Egypte;

2° Versant de l'Atlantique : le *Sénégal*, la *Gambie* et le **Niger**, dans l'Afrique occidentale; — le **Congo**, dans l'Afrique centrale; — l'*Orange*, dans l'Afrique australe;

3° Versant de l'océan Indien : le **Zambèze**, dans l'Afrique australe.

Les deux cours d'eau les plus remarquables de l'Afrique sont : le *Nil*, dont les débordements fertilisent l'Egypte, et le *Congo*, qui a d'immenses affluents. Leurs sources sont alimentées par les *grands lacs* de la haute Afrique.

490. **Lacs**. Les lacs **Victoria** et *Albert*, aux sources du Nil-Blanc; le **Tanganika**, tributaire du Congo; le *Nyassa*, tributaire du Zambèze; le lac *Rodolphe*, dans l'Afrique orientale; le lac *Tchad*, dans le Soudan central.

II. — Géographie politique.

491. **Population**. La *population* totale de l'Afrique est évaluée à 130 000 000 d'hab., sa *population relative* est de 4 hab. par kilom. carré.

492. **Races humaines**. La *race blanche* comprend les Arabes et les Berberes, au nord; les Boers (Orange, Transvaal) et les colons européens. La race *brune* comprend les Abyssins et les Gallas, les Hovas (Madagascar) et les Fellatas (Soudan occid.); la race *noire* ou *nègre*, la plus nombreuse, règne ailleurs.

Religions. Le *fétichisme*, parmi les noirs; le *mahométisme*, parmi les blancs indigènes, dominent en Afrique. Le *christianisme* comprend les colons européens et les Boers, ainsi que les Abyssins et les coptes égyptiens.

Le **fétichisme** est l'idolâtrie la plus grossière. Pour écarter les esprits malfaisants, les *féticheurs* ou sorciers leur adressent des prières, des incantations, des sacrifices; ils usent également des épreuves par le poison : aussi exercent-ils sur les populations superstitieuses une influence aussi complète que funeste, produisant l'abrutissement et le terrorisme.

Les missionnaires catholiques sont disséminés un peu partout, pour évangéliser ces malheureux païens, qui deviennent d'excellents chrétiens et d'utiles citoyens.

Civilisation. A part les Egyptiens, les Abyssins et les peuples des côtes méditerranéennes, qui ont subi de tout temps l'action civilisatrice de l'Europe ou de l'Asie occidentale; à part les Boers, d'origine hollandaise, aucun peuple de l'Afrique n'a jamais joui d'une civilisation réelle. **Les nègres**, qui sont les plus arriérés, vivent généralement à l'état sauvage; l'esclavage existe parmi eux, bien que la chasse à l'homme et la traite soient réprimées dans les colonies européennes; naguère, en effet, ils étaient la proie des Arabes ou de conquerants musulmans; ils se faisaient aussi une guerre presque continuelle, vendant ou immolant leurs prisonniers; plusieurs tribus sont encore anthropophages.

493. **Gouvernements.** Les gouvernements indigènes sont *absolus* et souvent tyranniques, mais ils s'adoucissent sous l'influence des Européens. Divisés en tribus, formant parfois des royaumes, les nègres ne connaissent en général d'autre groupement que le village indépendant. Aujourd'hui, à part l'Abyssinie et le Liberia, les véritables divisions politiques sont les *possessions européennes*.

494. **Divisions politiques.** Ce sont : le royaume d'ABYSSINIE, la république de LIBERIA, l'ÉGYPTE, les *possessions françaises*, *anglaises*, *belge*, *allemandes*, *portugaises*, *espagnoles* et *italiennes*.

495. Le royaume d'**ABYSSINIE** (8000000 d'h.) a pour cap. *Addis-Abeba*, sur un plateau montagneux.

L'**ÉGYPTE** (16000000 d'h.), nominalement dépendante de la Turquie, est gouvernée par un *khédive* sous le contrôle des Anglais, qui occupent le pays. Cap. **Le Caire**, 700000 hab., la plus grande cité africaine, à l'origine du delta nilien; villes princ. **Alexandrie**, 370000 hab., port actif; *Port-Saïd* et *Suez*, aux extrémités du canal de Suez; *Khartoum*, ch.-l. du Soudan anglo-égyptien. — Grâce aux débordements du Nil, la Basse Egypte, ou le Delta, produit en abondance le blé, le riz, le coton et la canne à sucre.

496. L'**AFRIQUE FRANÇAISE** (32 millions d'hab.) comprend :

1° Le **Maroc**, en majeure partie ; cap. *Fez*.

2° L'**Algérie**, contrée méditerranéenne; v. pr. : **Alger**, *Oran*, ports, et *Constantine*;

3° La **Tunisie**, prolongement de l'Algérie, cap. **Tunis**, port;

4° Le **Sahara**, ou *Grand Désert*, vaste contrée aride, habitée seulement dans les *oasis* arrosées;

5° L'**Afrique occidentale française**, ch.-l. *Dakar*, comprenant les colonies du **Sénégal**, du **Haut-Sénégal** et **Niger**, de la **Guinée**, de la **Côte de l'Ivoire** et du **Dahomey**; v. pr. *Saint-Louis*, *Bamako*, *Tombouctou*, *Konacry*, *Bingerville*, *Kong*, *Porto-Novo* et *Abomey*;

6° L'**Afrique équatoriale française**, ch.-l. *Brazzaville*;

7° L'île **Madagascar**, ch.-l. *Tananarive*, et l'île de **la Réunion**, ch.-l. *St-Denis*.

8° **La côte française de la Somalie**, ch.-l. *Djibouti*.

497. L'**AFRIQUE ANGLAISE** (37 millions d'hab.) comprend, outre l'occupation de l'Égypte et du Soudan égyptien :

1° A l'O., la **Gambie**, le **Sierra-Leone**, ch.-l. *Freetown*, port, — et la **Côte de l'Or**;

2° La **Nigeria** jusqu'au Tchad; v. pr. *Lagos*, port, *Abéokuta* et *Kano*;

3° L'**UNION SUD-AFRICAINE**, comprenant les colonies du **Cap**, de l'**Orange**, du **Transvaal** et du **Natal**; v. pr. **Le Cap**, port, *Bloemfontein* et *Prétoria*, capitales; **Johannesbourg**, au centre des plus riches mines d'or. Cette contrée, connue aussi par ses diamants (*Kimberley*), s'adonne surtout à la culture des céréales et à l'élevage du bétail;

4° La **Rhodesia** et le *Nyassaland;*

5° L'île **Maurice**, ch.-l. *Port-Louis;*

6° L'île **Zanzibar**, ch.-l. *Zanzibar*, port; l'**Est africain** anglais et l'*Ouganda*, v. pr. *Mombaza ;*

7° La *Somalie* anglaise.

498. Le **CONGO BELGE** (15 millions d'h.), sous l'équateur; postes : *Banana*, *Boma*, ch.-l., *Léopoldville*. Cette région congolaise renferme d'immenses forêts, au centre, et de riches mines de cuivre, exploitées dans le Katanga.

499. L'**Afrique allemande** (12 millions d'hab.) se compose du **Togo**, du **Cameroun**, du **Sud-Ouest africain** et de l'**Est africain** allemands.

500. L'**Afrique portugaise** (8 millions d'hab.) comprend les îles Acores, Madère, du Cap-Vert, l'**Angola**, ch.-l. *Loanda*, et l'**Est africain** portugais, ch.-l. *Quilimane*.

Les **Espagnols** possèdent les îles *Canaries*, le N. du Maroc, le Rio de Oro, le Rio Mouni et l'île Fernando-Po.

Les **Italiens** ont la TRIPOLITAINE, l'ERYTHRÉE, ou côte d'Abyssinie, et la SOMALIE orientale.

III. — Géographie économique.

501. **Climat.** L'Afrique a un climat généralement *très chaud* et très sec, à cause de sa situation entre les tropiques et dans la zone des vents continentaux, de l'absence de mers intérieures et de l'insuffisance de hautes montagnes, sauf dans l'Est. Excepté dans le Nord et le Sud, relativement tempérés, le climat ne convient pas aux Européens, qui, de ce fait, ne peuvent que diriger les travaux des noirs.

502. **Productions.** Les *minéraux* extraits sont : l'or, le diamant et la houille du bassin de l'Orange; le fer, le cuivre et autres métaux; le sel, les phosphates. Les *végétaux* les plus utiles sont : les céréales, le bananier, l'oranger, le dattier, le manioc, le cotonnier, le citronnier, les arbres et plantes à huiles et à caoutchouc, le kolatier. Toutes les autres cultures tropicales réussissent fort bien : caféier, cacaoyer, canne à sucre, riz, épices, et pourront devenir très rémunératrices, ainsi que l'exploitation d'immenses forêts, riches en bois de construction et d'ébénisterie.

Mais ce qui distingue surtout l'Afrique, c'est la *puissance du règne animal*. Outre le cheval, le bœuf, la chèvre, le mouton et le porc, les espèces principales sont : les singes chimpanzé et gorille, le lion, l'hyène, le léopard, l'éléphant, le rhinocéros, l'hippopotame, le chameau, la girafe, l'antilope, l'autruche, le crocodile, les serpents, les insupportables moustiques, la terrible mouche tsé-tsé, dont la piqûre, mortelle aux bestiaux, provoque chez les nègres la maladie du sommeil, qui dépeuple les régions du centre, etc.

503. **Industrie.** L'industrie moderne proprement dite n'existe pour ainsi dire pas en Afrique. L'agriculture, l'élevage et l'extraction des minéraux ne sont pratiqués d'une manière rationnelle que par les Européens en Algérie-Tunisie, en Egypte, dans la Sud-Afrique anglaise et plus ou moins dans les autres colonies européennes. Chez les indigènes, ils ont peu d'importance, vu l'outillage primitif employé; il en est de même de la mise en œuvre de la matière, dans le but de subvenir aux besoins si restreints à tous points de vue (tissage, vannerie, poterie, fabrication d'armes, d'outils, de bijoux, etc.). Les blancs, du Sahara notamment, et les bruns sont en général *nomades* et *pasteurs*. Les nègres sont *agriculteurs*, *éleveurs*, *chasseurs* et *pêcheurs*. La paix et la sécurité rétablies par l'influence des Européens, la navigation fluviale et les chemins de fer développent grandement les productions, les besoins et, par suite, le commerce.

504. **Commerce.** L'Afrique fournit à l'Europe : les marbres, minerais et phosphates, l'alfa, les céréales, le vin et l'huile d'olive, les bestiaux, les fruits et les primeurs d'Algérie-Tunisie.

Les cocos et les vins de Madère. — Les huiles de palme et d'arachide du Sénégal et du Congo.

Les plumes d'autruche et les dattes du Sahara. L'ivoire et le caoutchouc du Soudan et du Congo.

Le *coton*, les oignons et les fruits d'Egypte.

Les laines, le mohair, les peaux de bœufs, les plumes d'autruche, le cuivre et les diamants du Cap, l'or du Transvaal.

Le *sucre*, le café, la vanille de Maurice et de la Réunion.

L'Afrique reçoit de l'Europe des tissus, des objets d'ameublement, des armes et machines, de la quincaillerie, de la farine, des conserves alimentaires, des boissons, trop souvent alcooliques.

505. **Le commerce extérieur de l'Afrique** est d'environ 8 milliards, dont 3,5 milliards pour les possessions anglaises, 1900 millions pour les possessions françaises, 1900 millions pour l'Egypte. Il a lieu surtout entre l'Union Sud Africaine, l'Algérie-Tunisie et l'Egypte, d'une part; l'Angleterre, la France et l'Allemagne, d'autre part.

Voies commerciales. Le commerce se fait à l'intérieur par des *caravanes* qui relient surtout le Soudan avec les pays méditerranéens, les côtes de l'Atlantique et celles de l'océan Indien.

Les *chemins de fer* se trouvent principalement dans la Sud-Afrique anglaise et l'Egypte (ligne du Cap au Caire) et en Algérie-Tunisie.

La *navigation fluviale* est la plus active sur le Congo et ses affluents; le Nil, le Niger et le Zambèze.

Les principaux *ports* sont : Oran, Alger, Alexandrie, Port-Louis, le Cap.

IV. — Notice historique.

506. **Les découvertes en Afrique.** Les Grecs et les Romains ne connurent en Afrique que le littoral de la Méditerranée et de la mer Rouge. Les Arabes pénétrèrent dans l'intérieur, mais sans nous le faire connaître. — Au XVe siècle, les Portugais découvrirent et occupèrent les îles et les côtes de l'Océan; les autres nations les suivirent. Mais l'intérieur du continent ne fut exploré qu'au XIXe siècle.

(1800-1806.) **Mungo-Park** (Écossais) va, du Sénégal, découvrir le Niger et meurt sur le bas fleuve.

(1822-34.) **Clapperton** (Anglais) va, de Tripoli, découvrir le lac Tchad.

(1827-28.) *René* **Caillié** (Français) va du Sénégal à Tombouctou et au Maroc.

(1850-54.) **Barth** (Allemand) va de Tripoli au Tchad et à Tombouctou.

(1859-60.) *Duveyrier* (Français) va de l'Algérie à Ghadamès, Ghat et Tripoli.

(1841-73.) **Livingstone** (missionnaire écossais) parcourt toute l'Afrique australe, découvre le lac *Ngami* et le haut Zambèze, traverse l'Afrique de Loanda à Quilimane, découvre le lac *Nyassa*, le haut Congo, et vient mourir près du lac Bangwélo, d'où ses restes sont transportés en Angleterre.

(1858.) **Burton** et *Speke* (Anglais) découvrent le lac *Tanganika*; au retour, **Speke** seul, le lac *Victoria*.

(1862-63.) **Speke** (2e voyage) et *Grant* vont de Zanzibar au lac Victoria et découvrent le Nil-Victoria, qui en sort; ils reviennent en descendant le Nil-Blanc, et rencontrent **Baker**, qui, sur leurs renseignements, va découvrir le lac *Albert* (1863).

(1874-77.) **Stanley** (Anglais) (2e voyage) explore les lacs Victoria et Tanganika, sort par la Loukouga, arrive à Nyangwé et descend le *Congo* à travers toute l'Afrique jusqu'à l'océan Atlantique. — En 1887-1889, il traverse l'Afrique du Congo à Zanzibar, découvrant les monts *Ruwenzori* et ramenant Emin-Pacha.

Après 1875 parmi les Français, *Pierre* **de Brazza**, **Mizon et Maistre** explorent le Congo occidental; — **Binger**, les régions du haut Niger et le pays de Kong, — **Monteil** va du Sénégal au lac Tchad et revient par le Fezzan et Tripoli; — **Hourst** descend le Niger; — **Gentil** arrive du Congo au lac Tchad; — **Marchand** atteint le Nil par le Congo et l'Oubangui, — et l'expédition **Foureau-Lamy** traverse le Sahara, de l'Algérie au lac Tchad.

507. **Le partage politique de l'Afrique** *date surtout du Congrès de Berlin, en 1885*; il a eu pour **causes déterminantes** *la découverte du Congo, par Stanley*, coïncidant avec la création, par le roi des Belges, de l'*Association internationale pour la civilisation de l'Afrique centrale.*

Les États d'Europe, à qui furent attribuées des zones d'influence, envoyèrent un grand nombre d'explorateurs et d'expéditions, qui signaient des traités avec les chefs indigènes; ils se réservèrent ainsi pour l'avenir le droit exclusif de l'occupation et de l'exploitation desdits territoires.

Pour l'Afrique, plus encore que pour l'Asie, la conquête du pays par les Européens doit avoir des résultats favorables, non seulement au développement des relations commerciales, mais encore pour l'abolition de la traite et de l'esclavage, la civilisation des indigènes, et surtout pour la propagation du christianisme et de ses principes humanitaires. Ce sera l'œuvre du xxe siècle.

Devoir 134. — 1. Qu'est-ce que l'*Afrique?* — Est-elle au N. ou au S. de l'Europe? — 2. Quels sont les trois principaux cercles qui la traversent de l'E. à l'O.? — 3. Qu'est-ce que la Guinée? — 4. A qui appartient la colonie du Cap? — 5. Pourquoi l'appelle-t-on *du Cap?* — 6. Qu'est-ce que le Sénégal? — 7. Quelles villes y trouve-t-on? — 8. Quel est l'isthme qui sépare la mer Rouge de la Méditerranée? — 9. Comment communiquent ces deux mers?

Devoir 135. — 1. Qu'est-ce que l'Abyssinie? — 2. D'où sort le Nil? — 3. Quels pays arrose-t-il? — 4. Et le Niger? — 5. Nommez trois autres fleuves. — 6. Citez en Afrique 4 lacs, — 3 chaînes de montagnes, — 3 caps, — 3 groupes d'îles. — 7. Dites la nature et la situation des choses suivantes : Canaries, — Sidre, — Sainte-Hélène, — Kong, — Tchad, — Gambie.

Devoir 136 et 136 *bis.* — Appliquez à l'Afrique les questions des devoirs 132 et 133.

Devoir 137. — Complétez la carte de l'Afrique de la page 13 du cahier cartog. no 5.

Devoir 138. — 1. Quelles sont les trois contrées les plus prospères et les plus civilisées? pourquoi? — 2. Qu'exportent-elles? — 3. Quels sont leurs principaux ports? — 4. Quelles sont la population et la valeur commerciale des possessions françaises, anglaises, de l'Égypte? — 5. Quels sont leurs moyens de transport? — 6. Comment les Européens ont-ils obtenu leurs possessions? — 7. Que savez-vous des nègres?

AMÉRIQUE

I. — Géographie physique.

508. **Caractères physiques**. L'Amérique est caractérisée : 1° par sa *forme allongée, s'avançant vers les deux pôles* plus que l'Ancien Continent : elle a 16000 km de longueur sur une largeur variant de 100 à 5000 kilomètres;

2° Par sa *division en deux masses continentales* : l'une au nord, échancrée comme l'Asie et l'Europe, et l'autre au sud, arrondie comme l'Afrique;

3° Le relief du sol présente la *chaîne la plus longue du globe;* bordant toute la côte occidentale, elle est élevée en moyenne de 2000 à 4000 m. et renferme de hauts *plateaux* et de *nombreux volcans actifs;* les côtes basses de l'Est ont de bons ports;

4° Au Centre et à l'Est s'étendent de *vastes plaines* humides et plantureuses, appelées *prairies* ou *savanes* dans l'Amérique du Nord, *llanos, pampas* ou *selvas* dans l'Amérique du Sud;

5° A signaler aussi l'importance du *Mississipi*, de l'*Amazone*, des *lacs* canadiens et des *glaciers* polaires.

509. L'**Amérique** est la quatrième Partie du monde, et forme le deuxième continent. Elle comprend deux grandes régions ou presqu'îles, jointes par l'isthme de Panama. Sa superficie égale 41000000 de km car., c'est-à-dire 4 fois celle de l'Europe et 78 fois celle de la France.

510. **Bornes**. L'Amérique est bornée, au N., par l'océan Glacial arctique; — à l'E., par l'Atlantique; — au S. et à l'O., par le Grand Océan.

511. **Contrées**. Dans l'Amérique du Nord : l'*Alaska*, le *Groenland*, le **Canada**, les **Etats-Unis**, le *Mexique*, l'*Amérique centrale* et les *Antilles;*

Dans l'Amérique du Sud : la *Colombie*, le *Venezuela*, la *Guyane*, le **Brésil**, l'*Equateur*, le *Pérou*, la *Bolivie*, le *Chili*, l'**Argentine**, le *Paraguay* et l'*Uruguay*.

512. **Mers**. Au N., l'*océan Glacial arctique* ou *boréal*, formant la mer ou baie de *Baffin;* — à l'E., l'**Atlantique**, formant la mer ou baie d'*Hudson* et la mer des *Antilles;* — à l'O., l'**océan Pacifique**, formant la mer de *Béring*.

Golfes. Les golfes du *Saint-Laurent* et du *Mexique*, dans l'Atlantique; — les golfes de *Panama* et de *Californie*, dans le Pacifique.

Détroits. Le détroit de *Béring*, entre l'Alaska et la Sibérie; — les détroits de la *Floride* et du *Yucatan*, au N. et à l'O. de l'île Cuba; — le détroit de *Magellan*, entre la Patagonie et la Terre-de-Feu.

513. **Iles**. Dans l'océan Glacial, le *Groenland* et l'*Islande*, appartenant aux Danois; — dans l'Atlantique, *Terre-Neuve*, aux Anglais; — les **Antilles**, dont les principales sont : **Cuba**, autonome; *Porto-Rico*, aux Etats-Unis; la *Jamaïque*, aux Anglais; *Haïti*, indépendante; — au sud, la *Terre-de-Feu*, au Chili et à l'Argentine. — Dans l'océan Pacifique, *Vancouver*, au Canada, — et les *Aléoutes*, aux Etats-Unis.

Presqu'îles. Le *Labrador*, dans le Canada; — la *Floride*, dans les Etats-Unis; — le *Yucatan* et la *Basse-Californie*, dans le Mexique; — l'*Alaska*, à l'extrémité N.-O.

Isthme. L'isthme de *Panama*, qui joint les deux Amériques (65 kilom. de largeur), maintenant traversé par un canal.

Caps. Le cap *Saint-Roch*, à l'E. du Brésil; — le cap *Horn*, au S. de la Patagonie, — et le cap *Occidental*, au N.-O. de l'Alaska.

514. **Montagnes**. 1° Dans l'Amérique septentrionale, les montagnes **Rocheuses** qui traversent à l'ouest le Canada et les Etats-Unis; les monts du Mexique; — les *Appalaches-Alleghanys*, dans l'est des Etats-Unis.

2° Dans l'Amérique méridionale, la **Cordillère des Andes**, qui traverse la Colombie, le Pérou, le Chili, etc.; — les *montagnes* de la *Guyane* et celles du *Brésil*.

Volcans. Parmi les volcans, très nombreux, on cite l'*Aconcagua*, 7200 m., le plus haut pic américain, dans l'Argentine; — le *Chimborazo*, dans la république de l'Equateur; — le *Popocatepetl*, 5500 m., dans le Mexique.

515. **Bassins maritimes**. L'Amérique forme quatre versants principaux, appartenant aux bassins de *l'océan Glacial*, de l'*Atlantique Nord*, de l'*Atlantique Sud* et du *Pacifique*.

516. **Fleuves**. 1° Versant de l'océan Glacial : le *Mackenzie*, qui arrose l'Amérique anglaise;

2° Versant de l'Atlantique du Nord : le **Saint-Laurent**, qui arrose le Canada; — le **Mississipi** et ses affluents le *Missouri* et l'*Ohio*, dans les Etats-Unis; — le *Rio Grande del Norte*, au N. du Mexique.

3° Versant de l'Atlantique du Sud : l'*Orénoque*, qui arrose le Venezuela; l'**Amazone** et le *San Francisco*, dans le Brésil; — le **Parana-Plata** et ses affluents le *Paraguay* et l'*Uruguay*, dans le Brésil, l'Argentine et autres républiques.

4° Versant du Pacifique : le *Colorado* et l'*Orégon*, qui arrosent les Etats-Unis.

517. **Lacs**. Dans l'Amérique anglaise, les lacs du *Grand-Ours* et des *Esclaves;* — dans le Canada et les Etats-Unis, les grands lacs *Supérieur, Michigan, Huron, Erié* et *Ontario*, qui s'écoulent par le fleuve Saint-Laurent; — dans l'Amérique centrale, le lac *Nicaragua*, — et, entre le Pérou et la Bolivie, le *Titicaca*.

II. — Géographie politique.

518. **Population**. La *population absolue* de l'Amérique est de 180000000 d'h., et sa *population relative* de 4,4 hab. par kilomètre carré.

519. **Races humaines**. La nouvelle population américaine est principalement formée de *blancs*, originaires d'Europe; on y rencontre aussi quelques millions de *rouges* ou Indiens indigènes, de *nègres*, originaires d'Afrique, et de *métis* ou sang-mêlés.

Religions. Le *catholicisme* domine dans toutes les anciennes possessions des Espagnols, des Portugais, des Français et parmi les populations irlandaises, italiennes des Etats-Unis, etc.

Le *protestantisme* est dominant parmi les populations anglaises, allemandes et scandinaves aux Etats-Unis, au Canada et dans une partie des Antilles.

Civilisation. Les Américains de race blanche, surtout ceux des Etats-Unis et du Canada, possèdent en général la même civilisation que les Européens : ils parlent la langue et cultivent les sciences, les arts et les industries de leur patrie d'origine.

520. **Gouvernements**. Sauf le Canada, qui fait partie de la *monarchie britannique*, tous les Etats américains sont des *républiques*.

Divisions. AMÉRIQUE SEPTENTRIONALE (130000000 d'hab.) :

Le territoire d'**Alaska**, contrée polaire, produit de l'or et appartient aux Etats-Unis.

L'**Amérique danoise** est formée du *Groenland* et de l'Islande, contrées polaires.

521. La *Puissance du* **Canada**, ou l'*Amérique anglaise*, 7500000 hab., est une immense contrée, déserte au N., mais très peuplée et florissante au S.-E. Capitale *Ottawa;* villes princ. *Montréal*, 470000 h., et *Québec*, sur le Saint-Laurent; *Toronto*, sur le lac Ontario; *Winnipeg*, au Manitoba. — Un quart des Canadiens sont d'origine française et catholiques.

Le Canada prospère par ses *forêts* et ses *mines*, la culture des *céréales* et l'élevage des *animaux domestiques*. Son *commerce*, favorisé par de belles voies ferrées ou navigables, atteint cinq milliards de francs et a lieu surtout avec l'Angleterre.

522. Les **ÉTATS-UNIS** DE L'AMÉRIQUE DU NORD, 96000000 d'hab., forment l'un des Etats les plus riches et les plus puissants du globe.

Capitale **Washington;** villes principales : **New-York**, la première ville et le premier port du monde, 4800000 h.; *Boston*, **Philadelphie**, 1600000 h., *Baltimore, Nouvelle-Orléans*, grands ports sur l'Atlantique; — *Saint-Louis*, sur le Mississipi; **Chicago**, 2200000 h., sur le lac Michigan; *San Francisco*, sur le Pacifique, autres ports. — *Pittsburg*, à l'E., houille, métallurgie et verrerie.

Les Etats-Unis, qui n'avaient que 5000000 d'habitants en 1800, mais qui ont reçu des millions d'émigrants européens : anglais, irlandais, allemands, etc. comptent parmi les puissances prépondérantes du globe.

Ils sont très riches en mines, en céréales et produits coloniaux, en forêts et animaux domestiques; ils rivalisent avec l'Europe occidentale pour l'industrie, le commerce, la navigation; ils ont plus de chemins de fer que toute l'Europe : celui de New-York à San Francisco a 5400 km de longueur.

Le *commerce* des Etats-Unis, le 3e du globe, atteint 20 milliards de francs; il a lieu surtout avec l'Angleterre, l'Allemagne, le Canada et la France.

523. Le **MEXIQUE**, 15000000 d'hab., est une ancienne colonie espagnole, comme la plupart des Etats du Sud. Cap. **Mexico**, 480000 hab.; villes princ. *Puebla, Vera-Cruz*, port.

Le Mexique, riche en métaux, est le pays qui produit le plus d'*argent*.

Les six républiques de l'**Amérique centrale** sont : le *Guatemala*, le *Honduras*, le *Salvador*, le *Nicaragua*, le *Costa-Rica* et le *Panama;* v. pr. : *Guatemala, San Salvador* et *Panama*.

524. Les **Antilles**, îles nombreuses et riches en sucre, café et tabac, sont : **Haïti**, qui forme deux Etats nègres indépendants; — **Cuba**, république, cap. *La Havane*, port; — *Porto-Rico*, aux Etats-Unis; — la *Jamaïque* et plusieurs petites Antilles, aux Anglais; — la *Martinique* et la *Guadeloupe*, aux Français.

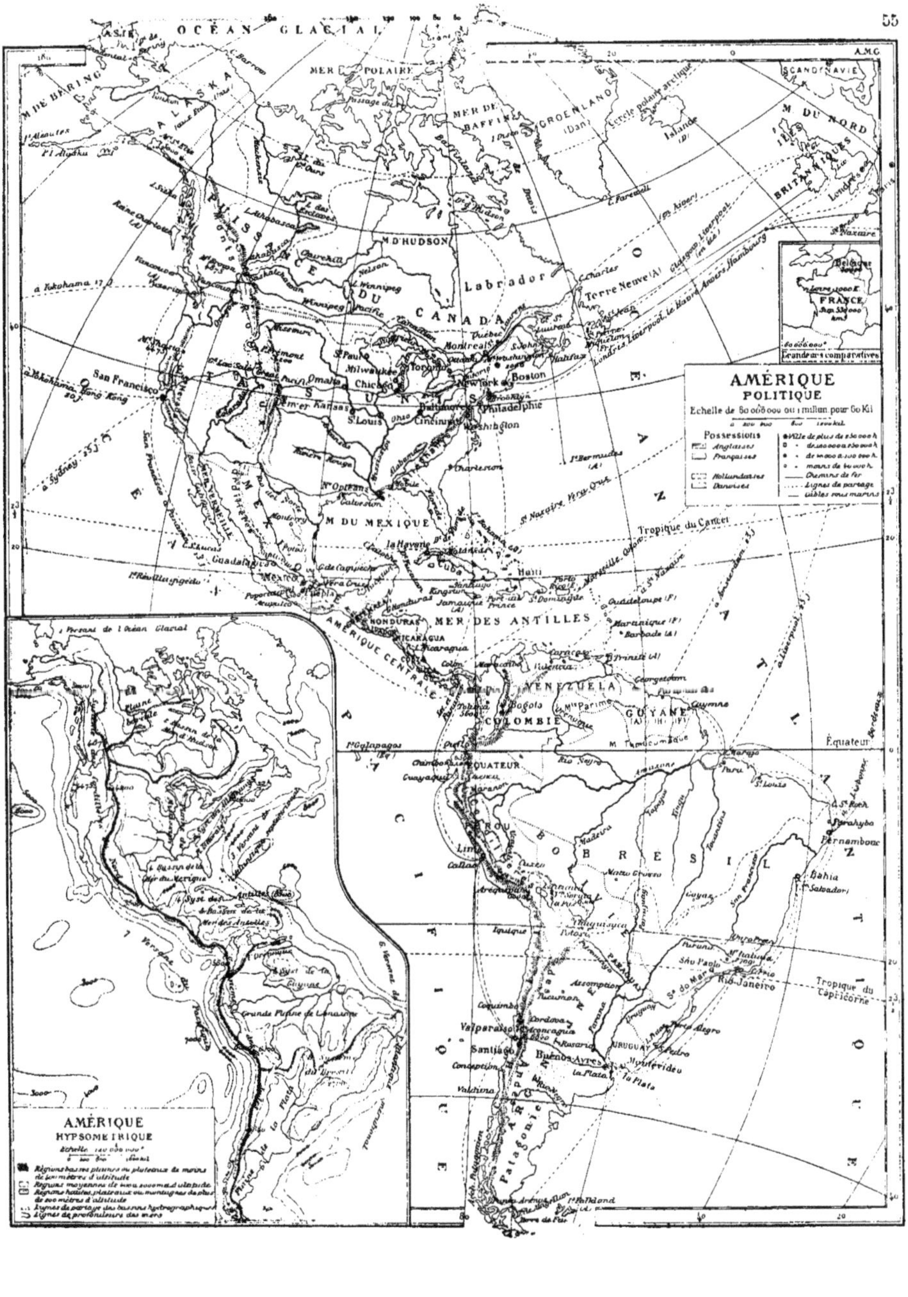

AMÉRIQUE
POLITIQUE
Echelle de 80 000 000 ou 1 millim. pour 80 Kil

Possessions
Anglaises
Françaises
Hollandaises
Danoises

Ville de plus de 250 000 h.
de 100 000 à 250 000 h.
de 20 000 à 100 000 h.
moins de 20 000 h.
Chemins de fer
Lignes de partage
Câbles sous marins

Grandeurs comparatives
FRANCE

OCÉAN GLACIAL
MER POLAIRE
MER DE BAFFIN
GROENLAND (Dan)
Cercle polaire arctique
Islande (D)
M. DU NORD
ILES BRITANNIQUES
SCANDINAVIE
M. DE BARING
ALASKA
M. D'HUDSON
Labrador
CANADA
Terre Neuve (A)
ÉTATS-UNIS
San Francisco
Chicago
New York
Boston
Philadelphie
Washington
St Louis
Montreal
Quebec
Halifax
Tropique du Cancer
M. DU MEXIQUE
MEXIQUE
Mexico
la Havane
Cuba
Haïti
MER DES ANTILLES
AMÉRIQUE CENTRALE
Jamaïque (A)
Guadeloupe (F)
Martinique (F)
Barbade (A)
VENEZUELA
GUYANE
COLOMBIE
Bogota
Équateur
ÉQUATEUR
PÉROU
Lima
Callao
BRÉSIL
Bahia
Pernambouc
Rio Janeiro
São Paulo
BOLIVIE
PARAGUAY
Assomption
URUGUAY
Montevideo
Buenos Ayres
Valparaiso
Santiago
Patagonie
Tropique du Capricorne
O. ATLANTIQUE
O. PACIFIQUE

AMÉRIQUE
HYPSOMETRIQUE
Echelle 1/140 000 000

Régions basses plaines ou plateaux de moins de 200 mètres d'altitude
Régions moyennes de 200 à 2000 m. d'altitude
Régions hautes, plateaux ou montagnes de plus de 2000 mètres d'altitude
Lignes de partage des bassins hydrographiques
Lignes de profondeurs des mers

525. AMÉRIQUE MÉRIDIONALE (50 000 000 d'hab.) :

La **Colombie**, 4 500 000 h., cap. *Bogota.*

Le **Venezuela**, cap. *Caracas.*

La **Guyane** appartient en partie aux Anglais, aux Hollandais et aux Français.

526. Les *États-Unis du* **BRÉSIL** sont une vaste contrée presque déserte et inexploitée, excepté vers les côtes; ils comptent 22 000 000 d'hab. Ses villes sont : **Rio de Janeiro,** 1 000 000 d'hab., capitale fédérale, sur une baie magnifique; **São Paulo**, au milieu des plus grandes plantations de café, dont *Santos* est le port; *Bahia, Recife* (Pernambouc), *São Luiz, Belem* (Para), *Porto-Alegre,* autres ports.

Ancienne colonie portugaise, le Brésil possède d'immenses forêts, que traverse le fleuve géant de l'Amazone; c'est le pays qui produit le plus de *café*, de maté (sorte de thé), de cacao et de *caoutchouc.*

527. L'**Équateur**, cap. *Quito;* ville princ. *Guayaquil*, port.

Le **Pérou**, 4 700 000 h., cap. **Lima**; ville princ. *Callao*, port.

La **Bolivie**, cap. *La Paz.*

528. Le **Chili**, formé d'une longue bande de territoire sur le Pacifique, est un pays agricole et minier. Pop. 3 500 000 hab. Cap. **Santiago**, 350 000 h., ville princ. *Valparaiso*, port.

L'**ARGENTINE** est une grande contrée, prospère au nord-est : cultures de froment, de maïs, de lin; élevage de chevaux, de bœufs et surtout de moutons; préparation active de viandes et d' « extrait Liebig ». Sa population est de 7 200 000 hab.; sa capitale, **Buenos Aires,** 1 400 000 hab., est le plus grand port de l'Amérique du Sud. Commerce : 3,5 milliards de francs.

Le **Paraguay**, cap. *Assomption*, sur le Paraguay, — et l'**Uruguay**, cap. **Montevideo,** 320 000 h., grand port sur la Plata, participent aux industries agricoles de l'Argentine.

III. — Géographie économique.

529. **Climat.** Le climat américain est *varié, généralement* plus *humide* et *moins chaud* que celui des parties de l'Europe et de l'Afrique situées sous les mêmes latitudes.

530. **Productions.** Les productions naturelles de l'Amérique sont importantes en *minéraux*, tels que houille, pétrole, or, argent, fer, cuivre, plomb, — et en *végétaux :* céréales, prairies, forêts, cotonnier, canne à sucre, cafeier, cacaoyer, etc. — Parmi les *espèces animales*, qui sont moins importantes que les minéraux et les végétaux, on doit citer le castor du Canada, les singes à queue prenante, le jaguar, le lama du Pérou, le condor des Andes, le vampire, les oiseaux-mouches, le caïman, le boa, la cochenille du cactus. Les chevaux, vaches, moutons et porcs sont très nombreux.

531. **Industrie.** Les Etats-Unis, de beaucoup en première ligne, et le Canada s'adonnent activement aux diverses *industries modernes*, tandis que l'Amérique centrale et les Antilles se caractérisent par leurs *produits agricoles;* le Mexique et les autres Etats du Pacifique par leurs *métaux*, surtout l'or et l'argent; les Etats de la Plata et le Brésil, par leurs *cultures* et par l'*élevage.*

Canada.— Cataracte du Niagara, formée par les eaux du Saint-Laurent, entre les lacs Érié et Ontario.

La ville de Rio de Janeiro, sur la magnifique baie de ce nom.

532. **Commerce.** L'Amérique fournit à l'Europe : les fourrures, *bois* et *denrées alimentaires*, l'or et les autres métaux du Canada;

Le *coton*, les *céréales*, le *tabac*, les *viandes*, les *métaux* et *machines*, l'*or* et l'*argent*, la *houille* et le *pétrole* des États-Unis;

L'*argent*, l'or, le cuivre du Mexique;

Les denrées coloniales : le *sucre*, le *rhum* et les *cigares* des Antilles; le *café*, le *maté*, le *cacao*, le *caoutchouc*, les *bois de teinture et d'ébénisterie* du Brésil;

Les *laines*, *peaux brutes* et *viandes* (avec l'extrait Liebig), le *froment*, le *maïs* et la *graine de lin* de l'Argentine;

L'or, l'argent, le *cuivre*, le guano et le *nitrate* du Pérou et du Chili.

L'Amérique *importe* de l'Europe surtout des tissus de soie, de coton et de laine, des métaux ouvrés, des modes, des objets d'art et d'ameublement, du sucre, des vins et liqueurs.

La *valeur* du commerce extérieur s'élève à 36 milliards de francs dont *la moitié pour les Etats-Unis;* puis viennent le Canada, l'Argentine, le Brésil. Il a lieu surtout avec l'Angleterre, l'Allemagne, la France, la Belgique, les Pays-Bas, à travers l'Atlantique. — Nombreux sont les *chemins de fer* aux Etats-Unis, au Canada, en Argentine; magnifiques sont les *voies navigables :* Grands Lacs, fleuves Saint-Laurent, Mississipi, Amazone, Parana et leurs affluents. — Les principaux *ports* sont : Montréal, New-York, Boston Nouvelle-Orléans, la Havane, Rio de Janeiro, Buenos Aires, Valparaiso, San Francisco.

533. **Les découvertes en Amérique.** — Les Danois et les Scandinaves avaient fréquenté les côtes du Groenland et du Canada, du xe au xve siècle; mais la découverte vraiment intentionnelle et scientifique de l'Amérique revient à **Christophe Colomb**, Génois (1492), et aux Espagnols de sa suite. **Amerigo Vespucci**, Florentin, lui ravit l'honneur de donner son nom au continent — Après Colomb, *Pinzon, Balboa, Pizarre, Fernand Cortez*, Espagnols; *Cabral*, Portugais; puis *Cabot*, Vénitien; Jacques *Cartier* et *de la Salle*, Français; *Davis, Hudson, Baffin, Mackenzie* et d'autres Anglais achevèrent les découvertes, jusqu'à celle du passage Nord-Ouest, traversé par Amundsen, en 1905, mais malheureusement impraticable à la navigation.

Devoir 139. — 1. Quelles sont les deux grandes parties de l'*Amérique?* — 2. Que désignent les mots Panama, Chili, Mexique, Lima, Antilles, Baffin, la Havane? — 3. De quel pays Assomption est elle la capitale? Bogota? Buenos Aires? Washington? — 4. Citez 5 ports de mer, — 4 villes d'intérieur, — 2 chaînes de montagnes, — 4 fleuves, — 3 golfes.

Devoir 140. — 1. Nommez les pays baignés par le Grand Océan et dites leurs capitales. — 2. Dans quels pays coule l'Amazone, le Mississipi, le Paraguay? — 3. Où sont les montagnes Rocheuses, les Andes, le Popocatepetl? — 4. Où est Buenos Aires, Quito, le cap Saint-Roch, le détroit de Magellan, la mer des Antilles? — 5. Qu'est-ce que le Michigan, l'Érié, San Francisco, Haïti, Cuba?

Devoir 141. — 1. Sur quel fleuve se trouve Québec? — Saint-Louis? — Montevideo? — 2. A qui appartiennent les trois Guyanes? — 3. Nommez les Antilles. — 4. Où passe l'Équateur, le tropique du Cancer? — 5. Entre quelles mers se trouve le détroit de Béring, l'isthme de Panama?

Devoirs 142 et 142 *bis*. — Appliquez à l'Amérique les devoirs 132 et 133.

Devoir 143. — 1. Quels pays exportent surtout le coton? — la laine? — le bois? — le café? — la viande? — le sucre? — le pétrole et la houille? — la graine de lin? — les céréales? — l'or et l'argent? — 2. Quels sont les trois pays les plus étendus? les plus peuplés? les plus commerçants? — 3. Quelles sont les six plus grandes villes? — 4. Quels sont les pays catholiques? protestants?

OCÉANIE

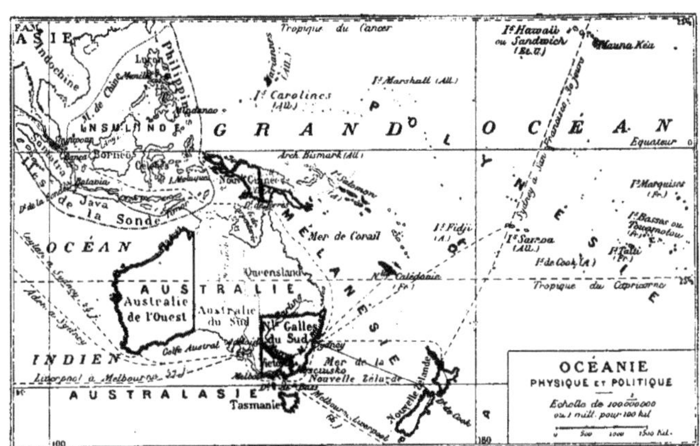

I. — Géographie physique.

534. **Caractères physiques.** 1° L'Océanie est caractérisée, comme son nom l'indique, par la *dispersion* de ses terres au milieu de l'Océan.

2° L'Australie, qui est la plus petite des masses continentales, a une *forme arrondie*, des contours peu sinueux, un *relief peu élevé*, et renferme de grands *déserts*.

3° Les petites îles de la Polynésie sont généralement *basses*, d'origine corallienne ou madréporique, c'est-à-dire construites par de petits animaux marins.

4° Les *terres antarctiques* forment un continent, où l'on a observé des monts de 3500 mètres; mais, *enveloppées de glaces* et de brumes, elles sont peu accessibles et *inhabitables*. Toutefois, le Norvégien Amundsen est parvenu au Pôle Sud en 1911 et l'Anglais Scott en 1912.

535. L'**Océanie** est la cinquième Partie du monde. Elle se compose de l'*Australie*, petit continent, et d'une multitude d'îles et d'archipels répandus surtout dans le Grand Océan. — L'ensemble des terres a une *superficie* un peu inférieure à celle de l'Europe, soit 9000000 de km carrés.

536. **Bornes.** L'Océanie s'étend à l'O. jusque vers l'Asie, l'Insulinde et l'océan Indien: à l'E., jusque vers l'Amérique; au S., jusque vers le cercle polaire austral.

537. **Divisions.** L'Océanie comprend trois grandes divisions naturelles :

1° L'Australasie, c'est-à-dire l'**Australie**, la **Tasmanie** et la **Nouvelle-Zélande**;

2° La Mélanésie (terre des noirs), formée de la **Nouvelle-Guinée** et des îles voisines;

3° La Polynésie, comprenant la multitude des archipels orientaux.

538. **Mers.** La mer de *Corail* et la mer de la *Nouvelle-Zélande*.

Golfes. Celui de *Carpentarie*, au nord de l'Australie, et le golfe *Austral*, au sud.

Détroits. Le détroit de *Torrès*, entre l'Australie et la Nouvelle-Guinée; le détroit de *Bass*, entre la Tasmanie et l'Australie.

Iles et archipels. On les énumère plus commodément dans les divisions politiques ci-après.

539. **Montagnes.** Les *Alpes australiennes* (m. Kosciusko, 2200 m.) et les montagnes *Bleues*, au S.-E. de l'Australie. — Les *volcans* sont nombreux dans la Nouvelle-Zélande et en Hawaii (Mauna Kéa, 4300 mètres d'altitude).

Le **fleuve** principal de l'Océanie est le *Murray*, grossi du *Darling*, dans l'Australie.

II. — Géographie politique.

540. **Population.** La *population absolue* de l'Océanie est d'environ 7500000 hab., et sa *population relative* de 0,8 hab. par kilom. carré.

541. **Races humaines.** L'Australasie est peuplée presque uniquement de *blancs*, qui sont surtout des Anglais. A peine 2 millions d'indigènes *noirs* ou de *teint clair* peuplent la Mélanésie et la Polynésie.

Religions. Le *catholicisme* et le *protestantisme* dominent en Australasie et en Polynésie, le paganisme en Mélanésie.

Civilisation. Les blancs de l'Australasie sont civilisés à l'européenne; les autres chrétiens ont une civilisation moindre; le reste de la population est plus ou moins sauvage.

542 **Gouvernements.** Les Blancs Australasiens et les Hawaiiens sont organisés en républiques; les autres peuples forment de petites monarchies.

Les véritables **divisions politiques** sont les possessions des Européens et des Américains.

543. Les Anglais possèdent : 1° l'**Australie**, la **Tasmanie** et la **Nouvelle-Zélande**, avec 6000000 d'hab. et formant plusieurs États très florissants; villes et ports princ. : **Sydney**, 640000 hab., résidence du gouverneur général, et **Melbourne**, 590000 hab.; *Adélaïde*; — 2° les îles *Fidji* et de *Cook*, une partie de la *Nouvelle-Guinée*.

Les États australiens et la Tasmanie sont réunis en Confédération, avec Chambre et Sénat qui siégeront à Camberra, au N.-O. de Sydney.

L'Australie et la Nouvelle-Zélande, très riches en mines d'or, d'argent, de cuivre et de houille, en céréales et en pâturages nourrissant 15 millions de bœufs et 120 millions de moutons, sont devenues en peu d'années une puissance commerciale remarquable (5 milliards de fr.).

544. Les Hollandais possèdent la moitié occidentale de la Nouvelle-Guinée.

545. Les États-Unis se sont annexé les îles *Hawaii*, république, dont la capitale est *Honolulu*, port, exportation de sucre et relâche des paquebots transpacifiques.

546. Les Français possèdent les îles *Taïti* et *Marquises*, la *Nouvelle-Calédonie*, naguère lieu de déportation, riche en métaux, et les îles *Touamotou*.

Les Allemands ont acquis la partie N.-E. de la *Nouvelle-Guinée*, l'archipel *Bismarck*, les îles *Marshall*, *Carolines*, *Mariannes* et *Samoa*.

III. — Géographie économique.

547. **Climat.** Le climat de l'Océanie est généralement *tempéré et humide*, à cause des brises constantes de la mer; toutefois il est torride et sec dans l'Australie intérieure, qui est désertique, ainsi que la Nouvelle-Guinée.

548. **Productions.** L'Australie est riche en *mines* d'or, d'argent et de houille, et possède des espèces végétales et animales particulières : pin araucaria, eucalyptus, lin de la Nouvelle-Zélande. — kangourou, ornithorynque, oiseaux de paradis, aptérix ou oiseau sans ailes, etc.

549. **Industrie et commerce.** L'Océanie produit des denrées tropicales; l'Australasie, particulièrement, cultive des céréales, élève de nombreux bestiaux, exploite de riches mines. En conséquence, les produits exportés principalement en Europe sont :

L'*or*, l'argent, le cuivre, la houille, les viandes gelées, les *laines*, le froment et autres produits agricoles de l'Australasie;

L'Océanie *importe* d'Europe des cotonnades et soieries, des vêtements, des wagons et machines, de la quincaillerie, de la houille, des vins et comestibles.

550. La *valeur* du commerce extérieur est de 5 milliards de francs; il se fait surtout avec l'Angleterre, les États-Unis, l'Allemagne et la France.

L'Océanie n'a pas de cours d'eau navigable; mais de nombreux ports et des chemins de fer étendus se trouvent dans l'Australie du sud-est.

Les principaux *ports* sont : *Melbourne, Sydney, Adélaïde* et *Auckland*, en Australasie.

Devoir 144. — 1. Qu'est-ce que l'Océanie? — 2. D'où vient ce nom? — 3. Quelles sont ses bornes? — 4. ses grandes divisions? — 5. ses grandes îles? — 6. ses habitants? — 7. A qui appartiennent l'Australie? — les Fidji? — les Marquises? — la Nouvelle-Zélande? — 8. Quelles sont les possessions françaises en Océanie? — 9. Dressez la carte de l'Océanie d'après le modèle 23 du cahier n° 2.

Devoir 144 *bis*. — 1. Quels sont les habitants chrétiens de l'Océanie? — Lesquels sont païens? — 2. Nommez la nation qui possède les colonies les plus peuplées et les plus commerçantes. — 3. Quelles contrées exportent de l'or? — du sucre? — 4. Quels sont les produits animaux qu'exporte l'Australie? — 5. Que savez-vous de la Nouvelle-Calédonie? — 6. Quelle est la valeur du commerce australasien et celle du reste de l'Océanie?

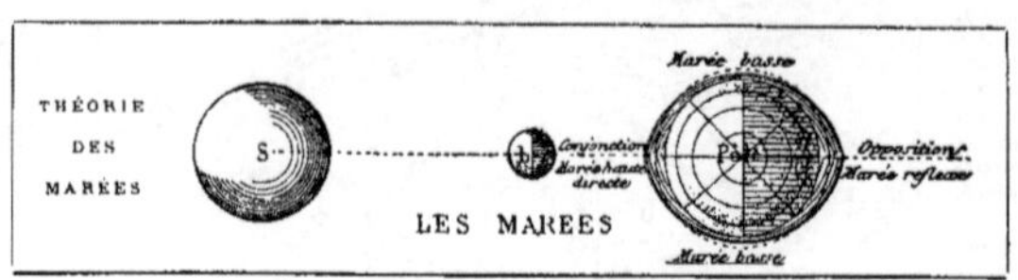

(SUPPLÉMENT DE LA PAGE 7)

L'OCÉAN

69 *bis* (p. 7). L'Océan est presque trois fois plus étendu que les terres réunies. — Il est le réservoir de toutes les eaux que lui apportent les fleuves, et il est l'origine des nuages et des eaux de pluie. — S'il ne déborde pas en recevant les fleuves, c'est parce qu'il perd continuellement une quantité équivalente d'eau qui s'élève en vapeur et forme les nuages. — Voici comment se forment les *nuages* : le soleil, échauffant les eaux de la mer, en transforme une partie en vapeurs; ces vapeurs deviennent des nuages, qui, transportés par les vents, produisent bientôt la pluie ou la neige sur les continents. — Les *eaux pluviales* arrosent et fertilisent les terres; elles entretiennent la vie des plantes dont les animaux et les hommes se nourrissent. — Les eaux de pluie retournent à l'Océan en formant successivement des ruisseaux, des rivières et des fleuves. — L'agitation des eaux de la mer les empêche de se corrompre. Elle y introduit l'air dont les poissons ont besoin pour respirer. — L'Océan fournit à l'homme une grande quantité de poissons, ainsi que le sel marin, ou sel de cuisine. Il facilite les communications entre les continents par le moyen de la navigation à vapeur ou à voiles.

— On appelle **marées** les mouvements alternatifs de flux et de reflux des eaux de la mer, lorsqu'elles se soulèvent ou s'abaissent par l'attraction du Soleil et surtout de la Lune, qui, plus rapprochée, exerce une action trois fois plus considérable que celle du Soleil.

Le *flux* ou *flot* et le *reflux* ou *jusant* se suivent à des intervalles de 6 h. 12 $^1/_2$ minutes, de sorte qu'il y a deux *marées hautes* et deux *marées basses* en 24 h. 50 m., temps correspondant au jour lunaire.

— Les **courants marins** sont de grandes masses d'eau ressemblant à des fleuves gigantesques qui se meuvent au sein des mers, dans une direction plus ou moins constante que suivent souvent les navires. Ils ont pour *causes* l'action des vents, la rotation de la Terre et surtout les différences de température, et par suite de densité, des eaux de l'Océan.

Les eaux chaudes et légères des tropiques glissent vers les pôles en *courants superficiels*, tandis que, pour rétablir l'équilibre, les eaux froides et lourdes des régions polaires se dirigent vers l'équateur, en formant des *contre-courants* latéraux ou des *courants profonds*.

Les principaux courants sont les *courants équatoriaux*, qui se dirigent de l'est à l'ouest dans les océans Atlantique, Pacifique et Indien. Dans l'Atlantique nord se produit le *Gulf-Stream*, contre-courant dirigé du golfe du Mexique vers le nord de l'Europe; et dans le Pacifique septentrional, le *Kouro-Chivo*, courant dirigé des côtes du Japon vers le détroit de Béring.

Fig. 45 GÉOLOGIE _ Coupe idéale de la croûte terrestre _ Disposition des terrains _ *Les épaisseurs sont ici exagérées.*

GÉOLOGIE

Classification des terrains géologiques.

90. Les **terrains primitifs** ou ignés, formés de matière qui fut d'abord en fusion, se présentent en masses fissurées dans tous les sens; ce sont les granits, les porphyres, le basalte, le quartz et autres roches cristallines.

Les **terrains sédimentaires** ou stratifiés se sont déposés par couches (strates) au fond des eaux. — On les divise, d'après leur âge relatif, en cinq groupes :

1° Les terrains *primaires* sont en général formés de roches dures (gneiss, schiste, grès, marbres), disposées en couches souvent brisées et relevées. Ils renferment les minerais et la houille, ainsi que les premières traces des plantes et des animaux aquatiques les plus simples.

2° Les terrains *secondaires* sont formés de roches plus tendres : calcaires, marnes, grès, riches en fossiles, surtout en mollusques (ammonites), reptiles marins gigantesques, reptiles volants (ptérodactyles), etc.

3° Les terrains *tertiaires* sont aussi formés de calcaires, de marnes, d'argiles; on y trouve du gypse, du sel, du lignite. Ils sont remarquables par l'apparition de nombreux mammifères herbivores, voisins des chevaux et des éléphants (mastodontes), etc.

4° Les terrains *quaternaires* sont les alluvions anciennes composées de limon et de sable, mêlés de cailloux roulés, qui forment généralement le sol horizontal des plaines et des vallées. — On y trouve les premières traces de l'existence de l'homme (squelettes, haches de pierre, os travaillés, débris de poterie).

5° Les terrains modernes comprennent la *terre végétale* ou la couche superficielle du sol; elle s'est formée et se forme encore aujourd'hui par la désagrégation des roches pierreuses ou friables qui constituent l'écorce du globe. Cette décomposition a pour cause l'action de l'air, du soleil, des pluies, des gelées, des eaux courantes, etc.

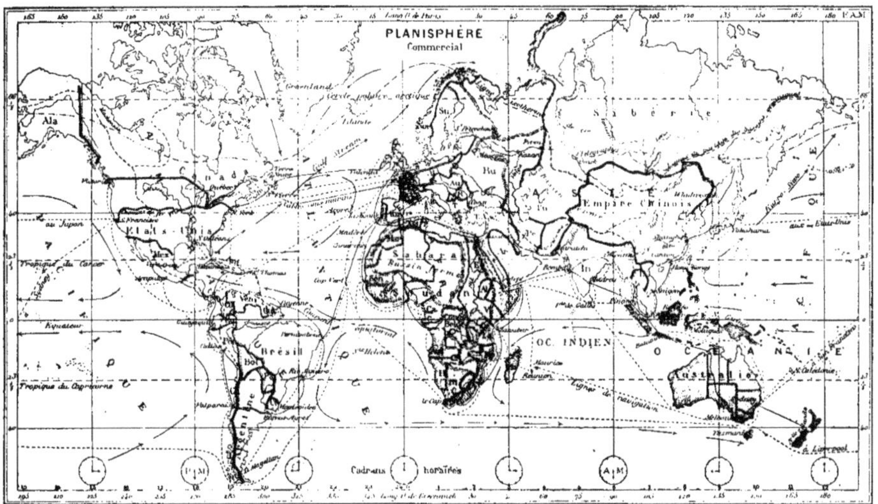

PLANISPHÈRE

RELATIONS INTERCONTINENTALES

551. **Grands ports.** Les principaux ports de commerce du monde, par ordre d'importance, sont :

New-York, Londres et *Liverpool*, qui font chacun annuellement pour environ 6 milliards d'affaires; *Hambourg*, en Allemagne; *Anvers*, en Belgique; *Rotterdam*, en Hollande; Marseille, en France; Hull, Glasgow, Southampton, en Angleterre; Singapore, Calcutta, Bombay, aux Indes; *Hong-kong*, Changhaï, Canton, en Chine; Osaka et Yokohama, au Japon; Melbourne et Sydney, en Australie.

552. Les **services réguliers à vapeur** *les plus importants* de l'Europe sont :

1° Vers l'Amérique :

Les *lignes du Canada*, ou de Liverpool et Glasgow à Québec et Montréal.

Les *lignes de New-York*, partant de Londres, de Liverpool, de Glasgow, de Southampton, de Hambourg, de Brême, d'Anvers, du Havre. Chacun de ces ports a son service direct pour New-York. Comme *services annexes* de prolongement, des bateaux partent de New-York pour La Havane, La Nouvelle-Orléans, Vera-Cruz ou Colon (canal de Panama).

Les *lignes directes de l'isthme de Panama*, partant de Liverpool, de Southampton et de Saint-Nazaire pour les Açores, Saint-Thomas (Antille danoise) et Colon (canal de Panama).

De Panama, les services se continuent au N. vers Acapulco, San Francisco et Victoria (île Vancouver); au S. vers Guayaquil, Callao et Valparaiso.

Les *lignes du Brésil et de la Plata*, partant de Liverpool, de Southampton, de Bordeaux, pour Lisbonne, Madère, les Canaries, l'île Saint-Vincent (du Cap-Vert), Recife, Rio-de-Janeiro, Montevideo, Buenos Aires.

2° Vers l'Afrique occidentale et méridionale :

Les *lignes des côtes de Guinee*, partant de Liverpool, Hambourg, Le Havre, Bordeaux, touchant à Lisbonne, Madère, Ténériffe, Dakar, Freetown, Liberia, Lagos, le Gabon, le Congo, l'Angola.

La *ligne du Cap*, partant de Plymouth pour Rio Janeiro et Le Cap, avec retour par Sainte-Hélène, l'Ascension et les Canaries.

3° Vers l'Asie et l'Océanie :

La *grande ligne des Indes*, partant de Southampton pour Gibraltar, Malte, Alexandrie, Suez, Aden, Bombay, — ou Aden, Colombo (Ceylan). Madras, Calcutta et Rangoun.

Les lignes annexes d'Aden aux îles Madagascar et Bourbon.

La *grande ligne de la Chine et du Japon*, de Southampton ou de Marseille par Aden, Colombo, Poulo-Pinang, Singapore, Saigon, Hong-kong, Changhaï et Yokohama, avec correspondance pour San Francisco.

Les lignes annexes de *Singapore à Batavia* et aux Moluques, et de *Colombo à Melbourne* et Sydney, avec correspondances pour la Nouvelle-Zélande, les îles Fidji, la Nouvelle-Caledonie et Panama, — ou l'île Hawaii et San Francisco.

553. **Télégraphes intercontinentaux.** Les principales lignes télégraphiques intercontinentales, qui relient l'Europe aux contrées les plus lointaines, sont :

Dans l'Atlantique :

1° Les six *câbles* télegraphiques *sous-marins anglais* qui, partant de l'île Valentia (Irlande), aboutissent à Terre-Neuve, d'où ils communiquent avec le Canada et les Etats-Unis.

2° Les deux *câbles sous-marins français*, qui vont de Brest, l'un à Dakar (Afrique occidentale), l'autre à Saint-Pierre, près Terre-Neuve, de là à Boston (Etats-Unis). Un troisième câble va du cap Saint-Mathieu à New-York.

3° Le *câble anglo-portugais* qui relie Lisbonne, par les îles Madère, à Rio de Janeiro (Brésil).

Dans l'océan Indien et le Pacifique :

4° Le *câble anglais* qui, partant de Falmouth, va à Gibraltar, Malte, Suez, Aden, Bombay; — par terre, de Bombay à Calcutta et Madras; — par mer, de Madras à Pinang, Singapore, Saigon, Canton, Changhaï et Yokohama (Japon).

5° La ligne de Singapore à Batavia et Port-Darwin (Australie), d'où elle va par terre à Melbourne et à Sydney, par mer à la Nouvelle-Zélande.

6° Le câble américain de San Francisco à Manille.

A travers l'Ancien Continent :

7° La *ligne russe*, de Pétrograd à Moscou Kasan, Perm, traversant la Siberie par Omsk Irkoutsk, le fleuve Amour, Vladivostok, continuée par un câble sous-marin jusqu'au Japon.

8° La *ligne anglaise de l'Inde* par terre, de Constantinople à Bassora, de là par mer à la côte de l'Inde.

554. **Chemins de fer transcontinentaux**.

1° De Paris à Péking par Berlin, Petrograd, Moscou, l'Oural, Irkoutsk, Vladivostok (Transsibérien), Moukden en Mandchourie.

En Amérique : 2° D'Halifax, par Montréal, à Vancouver. — 3° De New-York, par Chicago, à San Francisco. — 4° De Buenos Aires à Valparaiso, etc.

HISTORIQUE

74 *bis* (p. 7). **Les grandes découvertes.** — Les Anciens ne connurent du Globe que le sud de l'Europe, l'ouest de l'Asie et le nord de l'Afrique.

Au moyen âge, **Marco Polo**, Vénitien (mort en 1295), alla vers l'est, jusqu'en Chine et dans l'Insulinde.

Christophe Colomb, Génois, traversa à l'ouest l'Atlantique et découvrit l'Amérique centrale (1492).

Vasco de Gama, Portugais, fit le tour de l'Afrique et, doublant le cap de Bonne-Espérance (1497), parvint dans l'Inde.

Magellan, Portugais, fit le « premier tour du monde » par le détroit de Magellan et les îles Philippines, où il mourut (1521), tandis que ses compagnons revinrent par le cap de Bonne-Espérance (1522).

Tasman et d'autres Hollandais découvrirent l'Australie ou Nouvelle-Hollande (1642); — *Bougainville*, Français, et le capitaine *Cook*, Anglais, explorèrent les petites îles de l'Océanie (1766-79).

Au XIXe siècle, les *Anglais* cherchèrent le passage du *nord-ouest* par le nord de l'Amérique, voyage accompli en 1906 par le Norvégien *Amundsen*, — et, en 1879, *Nordenskiold*, Suédois, fit le tour de l'Asie par le *nord-est*, jusqu'en Chine; mais ces passages ne sont pas praticables.

Aujourd'hui les continents sont traversés par les *chemins de fer*, et les Océans sillonnés par les *bateaux à vapeur*, tandis que les *lignes télégraphiques* et les *câbles sous-marins* **permettent de correspondre presque instantanément d'un bout du monde à l'autre.**

LA PALESTINE

(*Le texte est numéroté à part.*)

I. La Palestine

1°. **Situation géographique.** La **Palestine** est une petite contrée, située au centre de l'ancien monde, dans l'Asie occidentale, sur les bords de la Méditerranée et dans le voisinage de l'isthme de Suez et de l'Afrique.

C'est là que se sont passés les grands faits de l'histoire du peuple de Dieu et de la vie de Notre-Seigneur Jésus-Christ, et c'est pourquoi la connaissance de cette contrée intéresse tous les chrétiens.

2°. **Bornes.** La Palestine ancienne était bornée : au nord, par la Phénicie et la Syrie; à l'est, par le désert de Syrie; au sud, par le désert d'Arabie; à l'ouest, par le pays des Philistins et par la Méditerranée, que les Hébreux appelaient la *grande Mer*, ou la mer occidentale.

3°. **Etendue.** La superficie de la Palestine égale à peu près celle de trois départements français; elle s'étend du nord au sud sur une longueur d'environ 50 lieues et sur une largeur de 20 à 30 lieues.

4°. **Population et gouvernement.** La Palestine compte environ 500 000 habitants, parmi lesquels il y a peu de juifs et moins encore de chrétiens catholiques. La plupart sont des Arabes et des Turcs mahométans, ou des Grecs schismatiques.

Depuis les croisades, ce pays dépend de l'*empire turc*, et il est administré, au nom du sultan de Constantinople, par un pacha ou gouverneur chrétien résidant à Jérusalem.

5°. **Divers noms de la Palestine.** Elle s'appela *terre de Chanaan*, à cause des peuples issus de *Chanaan*, fils de Cham. — *Terre promise*, parce que Dieu la promettait à Abraham, Isaac et Jacob, comme héritage pour leurs descendants. — *Terre d'Israël*, lorsque les enfants de Jacob ou *Israël* en eurent fait la conquête. — *Judée*, parce que les Juifs appartenaient surtout à la tribu de Juda. — Les Grecs et les Romains la nommèrent *Palestine*, parce qu'elle comprenait alors le *pays des Philistins* ou *Palestins*. — Nous l'appelons aujourd'hui la *Terre Sainte*, parce qu'elle a été sanctifiée par la vie et la mort de N.-S. Jésus-Christ.

II. Géographie physique

6°. **Aspect physique.** La Palestine est une région généralement *montagneuse*, excepté dans la *plaine* qui borde la Méditerranée; elle est sillonnée du nord au sud par la *vallée* large et profonde du Jourdain. — Son *sol* est très fertile et son *climat* salubre. — Elle nourrissait autrefois plusieurs millions d'habitants; mais elle est aujourd'hui dépeuplée et inculte, ne présentant partout que des collines nues et déboisées, des campagnes arides et pierreuses, et de nombreuses ruines de villes et de bourgades.

7°. **Montagnes.** Les montagnes forment deux chaînes, séparées par la vallée du Jourdain, et se rattachant au nord aux monts *Liban*, célèbres par leurs belles forêts de cèdres.

Dans la *chaîne orientale*, on rencontre du nord au sud : le *mont Galaad*, dont le nom, qui signifie *monceau du témoignage*, vient d'un monument de pierre que Jacob et Laban y élevèrent; le *mont Nébo*, d'où Moïse, avant de mourir, contempla la terre promise.

Dans la *chaîne occidentale*, on rencontre du nord au sud : le *mont Thabor*, où s'est transfiguré Jésus-Christ; le *mont Carmel*, où se cacha le prophète Élie; le *mont Gelboé*, où périrent Saül et Jonathas; le *mont Garizim*, où les Samaritains élevèrent un temple pour ne plus aller adorer à Jérusalem.

Dans Jérusalem, on trouve le *mont Moria*, célèbre par le sacrifice d'Abraham et par le temple de Salomon, qui est remplacé aujourd'hui par la mosquée d'Omar; et le *mont Golgotha*, ou *Calvaire*, témoin de la mort du Sauveur, à l'est de Jérusalem, le *mont des Oliviers*, d'où Jésus-Christ monta au ciel.

8°. **Versant de la Méditerranée.** La Méditerranée reçoit : le *Leontès*, qui descend du Liban; le torrent de *Kison*, qui rappelle la victoire de Débora et le massacre des prêtres de Baal; le torrent de *Sorec*, où Samson fut livré aux Philistins par Dalila; le torrent de *Bésor*, où David poursuivit les voleurs de Siceleg.

9°. **Bassin de la mer Morte.** La mer Morte reçoit le *Jourdain* et plusieurs torrents, dont les plus célèbres sont : le torrent de *Carith*, qui rappelle la famine du temps du prophète Élie; le *Cédron*, qui coule auprès de Jérusalem, dans la vallée de Josaphat, et qui fut traversé par David, chassé de sa capitale, et par Notre-Seigneur après la trahison de Judas; l'*Arnon*, à la limite de la Palestine au sud-est.

10°. **Jourdain.** Le Jourdain, seul fleuve important de la Palestine, prend sa source au Grand-Hermon dans le Liban, forme les *lacs de Mérom* et de *Tibériade*, se grossit de l'*Hiéromax*, du *Jabok*, du *Carith* et de plusieurs autres torrents, et va se jeter dans la *mer Morte*. Il est célèbre par le passage miraculeux des Israélites, ceux d'Élie et d'Élisée, et par le baptême de Jésus-Christ.

11°. La **mer de Galilée** s'appelle aussi *lac de Tibériade* ou de *Genesareth*. Ce fut parmi ses pêcheurs que N.-S. choisit ses premiers apôtres Pierre et André, Jacques et Jean. Elle rappelle la pêche miraculeuse de saint Pierre, et un grand nombre d'autres miracles du Sauveur.

12°. La **mer Morte** occupe la vallée où s'élevaient les villes maudites de Sodome et Gomorrhe. Elle est appelée *mer Morte*, parce que ses eaux épaisses sont immobiles et que les poissons ne peuvent y vivre; *lac Asphaltite*, à cause de l'asphalte ou bitume qu'elle renferme. Cette mer n'a pas d'écoulement vers l'Océan. Ses eaux se perdent par évaporation, et son niveau se maintient à 400 mètres au-dessous du niveau de la Méditerranée.

III. Divisions historiques

13°. **Division de la terre de Chanaan.** A l'arrivée des Hébreux, les peuples qui se partageaient le pays étaient : à l'est du Jourdain, les *Gergéséens*, les *Hévéens* et les *Amorrhéens*; à l'ouest, les *Chananéens* proprement dits, les *Phéréséens*, les *Jébuséens* et les *Héthéens*.

Sur les frontières : au sud-ouest, les *Philistins*; au sud, les *Amalécites* et les *Iduméens*, descendants d'Ésaü; à l'est, les *Madianites*, descendants de Madian; les *Moabites* et les *Ammonites*, descendants de Loth.

14°. **Partage de la terre promise.** Les descendants de Jacob formaient *treize tribus*, la tribu de Joseph étant remplacée par celle de ses deux fils, Ephraïm et Manassé.

Josué partagea la terre promise entre douze des treize tribus issues de Jacob.

A la tribu de Lévi, consacrée au sacerdoce, on donna quarante-huit villes disséminées dans tout Israël, et appelées *villes lévitiques*. Six de ces villes étaient en outre des *villes de refuge* : *Gaulon* et *Bosra*, *Ramoth-Galaad*, *Bosor*, *Cédès* et *Hébron*.

15°. **Situation des douze tribus.** A l'est du Jourdain, une demi-tribu de *Manassé*, et les tribus de *Gad* et de *Ruben*.

A l'ouest du Jourdain, les tribus d'*Aser*, de *Nephthali*, de *Zabulon* et d'*Issachar*, une demi-tribu de *Manassé*, les tribus d'*Ephraïm*, de *Benjamin*, de *Dan*, de *Siméon* et de *Juda*.

16°. **Royaumes de David et de Salomon.** Sous les règnes glorieux de ces rois, les Israélites étendirent leur domination de la Méditerranée à l'Euphrate et du golfe Arabique au nord de la Syrie. Ils avaient pour tributaires : les Syriens, les Philistins, les Amalécites, les Iduméens, les Madianites, les Moabites et les Ammonites. Mais, vers la fin du règne de Salomon, ceux-ci reprirent leur indépendance.

17°. **Schisme. Royaumes d'Israël et de Juda.** Après la mort de Salomon, dix tribus, s'étant révoltées contre son fils Roboam, formèrent au nord le *royaume d'Israël*, qui eut successivement pour capitale Sichem, Therza et Samarie. Les tribus de Juda et de Benjamin, restées fidèles, formèrent au sud le *royaume de Juda*, qui conserva Jérusalem pour capitale.

Le royaume d'Israël fut détruit l'an 718 avant J.-C., par Salmanasar, roi d'Assyrie, et celui de Juda, l'an 588 avant J.-C., par Nabuchodonosor.

IV. Provinces et Villes

18°. **Division en quatre provinces.** Au retour de la captivité de Babylone, la Palestine forma quatre provinces qui existaient encore du temps de Notre-Seigneur : à l'ouest du Jourdain, la *Galilée*, la *Samarie* et la *Judée*; à l'est, la *Pérée*, qui comprenait l'Iturée, la Trachonite, etc.

19°. **La Galilée.** La Galilée comprenait le territoire de quatre des anciennes tribus : Aser, Nephthali, Zabulon, Issachar. La partie nord était appelée la *Galilée des gentils*, à cause du grand nombre de païens qu'elle renfermait.

Villes. *Dan*, où Jéroboam fit placer le veau d'or. — *Capharnaüm*, où J.-C. guérit la belle-mère de saint Pierre, le serviteur du centurier, et ressuscita la fille de Jaïre. — *Cana*, où il fit son premier miracle. — *Nazareth*, patrie de la très sainte Vierge, et séjour de J.-C. jusqu'à son baptême. — *Naïm*, où le Fils de Dieu ressuscita le fils unique d'une veuve.

20°. **La Samarie.** La Samarie comprenait à peu près la demi-tribu occidentale de Manassé et la tribu d'Ephraïm.

Villes. *Samarie*, autrefois capitale du royaume d'Israël, bâtie sur une montagne, fut détruite par Salmanasar et rebâtie par Hérode le Grand, qui lui donna le nom de Sébaste. — *Sichem* devint aussi la capitale du royaume d'Israël. C'est près de Sichem qu'était le puits de Jacob, où J.-C. convertit la Samaritaine. — *Silo*, où Josué fit le partage de la terre promise; l'arche et le tabernacle y furent longtemps conservés. — *Ennon*, où saint Jean baptisait. — *Césarée*, bâtie par Hérode, où saint Paul fut retenu prisonnier, et Corneille baptisé par saint Pierre.

21°. **La Judée.** Sous le nom de Judée, on comprend quelquefois toute la Palestine; mais la *Judée* proprement dite renfermait les tribus de Juda, de Benjamin, de Dan et de Siméon.

Jérusalem, 65., fut d'abord appelée Salem, où habitait Melchisédech. Sous les Jébuséens, elle prit le nom de Jébus, et fut soumise par David, qui en fit sa capitale. Salomon y fit construire un temple magnifique. Après sa mort, Jérusalem fut la capitale du royaume de Juda. Elle fut ruinée par Nabuchodonosor, et le temple livré aux flammes. Rétablie après la captivité, elle fit mourir le divin Sauveur et fut détruite par les Romains, l'an 70, après un siège où périrent 1 100 000 Juifs.

Autres villes. *Béthanie*, près de Jérusalem, où J.-C. ressuscita Lazare. — *Bethléem*, célèbre par la naissance de J.-C. — *Hébron*, où l'on montre encore les tombeaux d'Abraham et de Sara. Patrie de saint Jean-Baptiste. — *Galgala*, où les Israélites, après avoir traversé le Jourdain, construisirent un monument; Élie sortait de Galgala, quand il fut enlevé au ciel. — *Jéricho*, la *ville des Palmes*, fut la première ville prise par Josué. Élisée y assainit les eaux d'un ruisseau, et N.-S. y guérit un aveugle. — *Béthel*, la *maison de Dieu*, fut ainsi nommée par Jacob, après sa vision de l'échelle mystérieuse. Jéroboam y fit dresser un veau d'or. — *Emmaüs*, où J.-C.

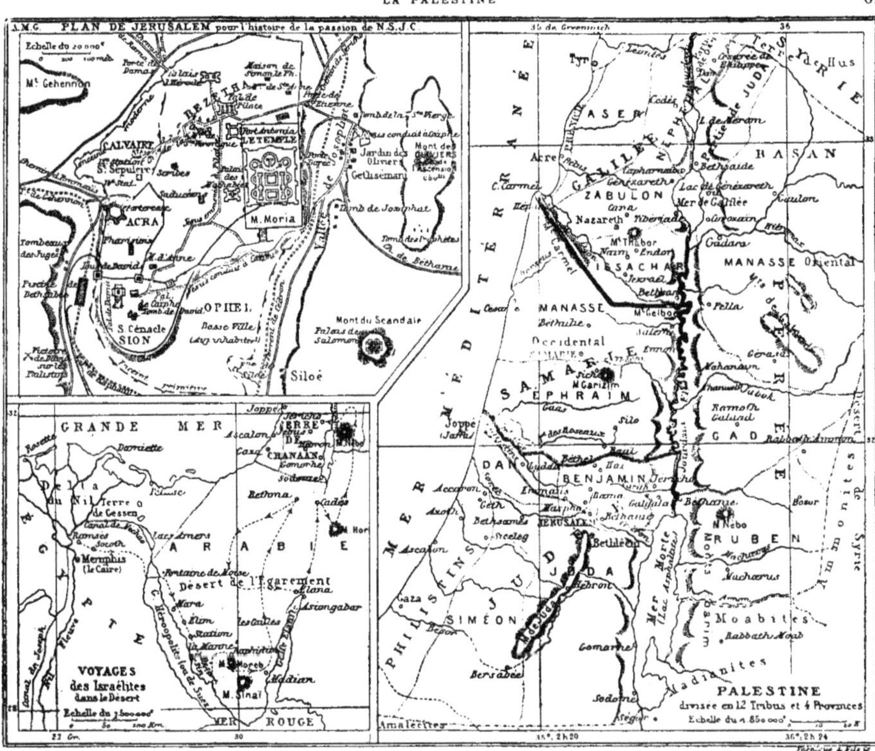

re-suscité apparut à deux de ses disciples. — *Joppé* ou Jaffa, où Jonas s'embarqua pour fuir à Tharsis : saint Pierre y ressuscita une femme. Jaffa est reliée par un chemin de fer à Jérusalem.

22°. La Pérée. La Pérée comprenait toute la partie de la Palestine située à l'est du Jourdain, c'est-à-dire les tribus de Ruben, de Gad et de Manassé orientale.

Villes. *Corozaïn*, près du lac de Tibériade, connue par les reproches qu'elle s'attira pour avoir dédaigné la prédication de Jésus-Christ. — *Gadara*, qui devint sous les Romains la métropole de la Pérée. — *Pella*, où les premiers chrétiens se retirèrent après avoir quitté Jérusalem assiégée. — *Phanuel*, où Jacob lutta avec un ange. — *Béthanie*, sur la rive gauche du Jourdain, où saint Jean baptisait.

23°. La Décapole était une confédération composée de dix villes situées dans la Pérée : *Philadelphie*, *Gadara*, *Gérasa*, *Bethsan* ou Scythopolis, etc.

24°. La Phénicie. La Phénicie, ou pays des Phéniciens, se rattache à la Galilée, dont elle forme la partie maritime. *Saint-Jean-d'Acre*, ou Ptolémaïs, a joué un grand rôle dans les croisades. — *Sour*, autrefois *Tyr*, et *Saïda*, autrefois *Sidon*, furent célèbres par leur commerce et leurs richesses.

25°. Le pays des Philistins forme la zone maritime de la Judée. On y remarque : *Azoth*, où fut transporté le diacre Philippe ; *Ascalon*, célèbre au temps des croisades, et *Gaza*, dont Samson enleva les portes sur ses épaules.

LA PALESTINE

Devoir 145. — 1. Que se passa-t-il dans la Palestine ? — 2. Quels différents noms lui donne-t-on ? — 3. Ce pays est-il étendu ? — 4. Est-il montagneux ? — 5. Son sol est-il fertile ? — 6. Quels sont ses principaux habitants actuels ? — 7. Par qui est-il gouverné ?

Devoir 146. — 1. Indiquez la situation et les bornes de la Palestine. — 2. sa superficie et sa population actuelle. — 3. Nommez ses montagnes, ses rivières et ses lacs. — 4. Indiquez les 4 divisions et les 12 tribus de la Palestine.

Devoir 147. — 1. En suivant l'itinéraire marqué sur la carte, racontez le voyage des Israélites dans le désert. — 2. Tracez cet itinéraire.

Devoir 148. — HISTOIRE SAINTE. — 1. Nommez la ville près de laquelle Abraham vint habiter, et où Sara eut son tombeau. (*Hé...*) — 2. Sur quel mont Abraham devait-il sacrifier Isaac ? — 3. Nommez deux villes qui furent détruites par le feu du ciel. — 4. Citez quelques peuples qui habitaient les confins de la Palestine. — 5. Sur quelle montagne Moïse mourut-il ? — 6. Nommez la ville que Josué prit au son des trompettes. — 7. De quelle ville Samson emporta-t-il les portes ? — 8. Nommez la ville où Saül fut proclamé roi. — 9. Où David surprit-il Saül ? (Dans la caverne d'*En*. et dans le désert de *Z...*) — 10. D'où Salomon tira-t-il le bois pour la construction du Temple ?

Devoir 149. — HISTOIRE DE N.-S. J.-C. — 1. Dans quelle ville est né saint Joseph ? (A *Béth...*, en *J...*) — la très sainte Vierge ? — saint Jean-Baptiste ? — Notre-Seigneur Jésus-Christ ? — 2. Où Notre-Seigneur passa-t-il la plus grande partie de sa vie ? — 3. Où Notre-Seigneur fut-il baptisé ? — 4. Où fit-il son premier miracle ? — 5. Où prit-il ses premiers disciples ? — 6. De quelle ville étaient saint Pierre et saint Jean ? saint Simon ? (De *C...*) Zachée ? (De *Jéri...*) Lazare et ses sœurs ? (De *Bé...* près de *J...*) — 7. Où se fit la pêche miraculeuse ? — 8. Où se fit par deux fois la multiplication des pains ? — 9. Où Notre-Seigneur convertit-il la Samaritaine ? — 10. Où se transfigura-t-il ? — 11. Où souffrit-il sa passion et sa mort ?

Devoir 150. — PLAN DE JÉRUSALEM. — 1. Où est située Jérusalem ? — 2. Quels étaient les principaux quartiers et monuments de la ville : 1° Au nord... 2° Au centre... 3° Au sud... 4° A l'ouest... 5° A l'est de la ville, etc. ? — 3. Suivez le chemin douloureux parcouru par Notre-Seigneur depuis le jardin de *G...* jusqu'aux palais de Pilate et d'Hérode. — 4. Suivez le chemin de la Croix. — 5. Où eurent lieu la Résurrection et l'Ascension de N.-S. ? puis la descente du Saint-Esprit sur les Apôtres ?

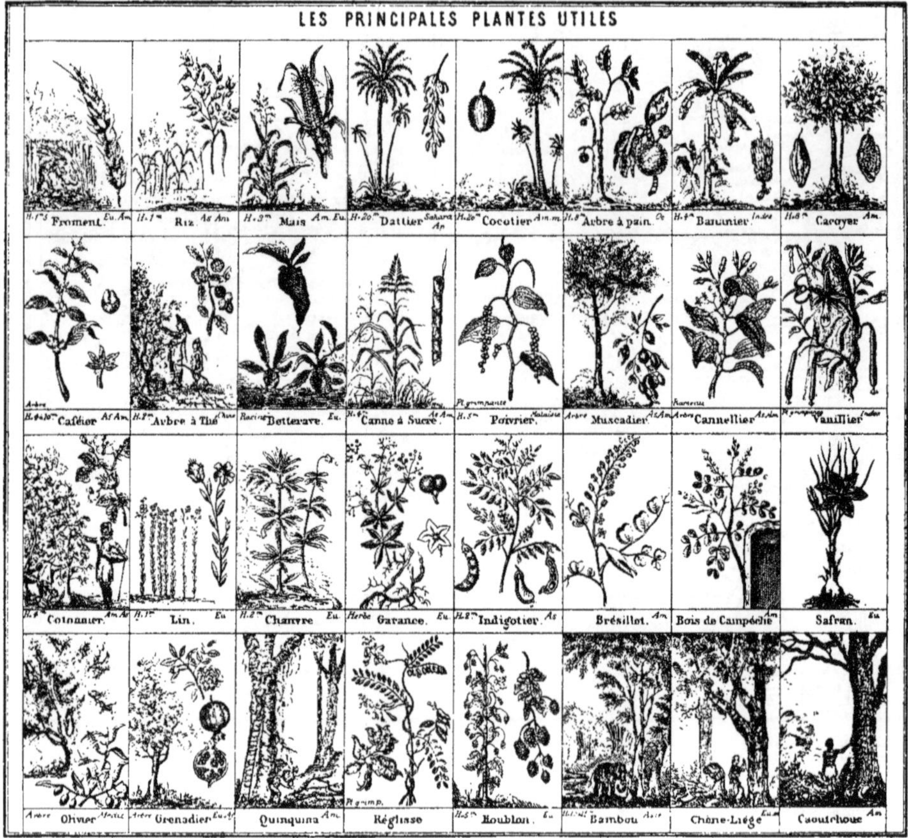

PRODUCTIONS NATURELLES

LES VÉGÉTAUX UTILES

555. **Végétaux.** — Le **froment** est une plante de la famille des *graminées*. C'est la céréale la plus cultivée dans nos pays pour faire le pain.

Le *riz* est une graminée cultivée dans les sols humides des pays chauds. Le grain de *riz* forme la base de la nourriture en Chine et aux Indes.

Le **maïs** est une graminée à gros épis, dont le grain est la principale nourriture dans plusieurs contrées en Amérique et en Afrique.

Le *dattier* est l'arbre providentiel du Sahara et des autres déserts brûlants. Ses fruits ou *dattes*, charnus et sucrés, sont excellents à manger.

Le *cocotier* est, comme le dattier, un arbre de la famille des palmiers, et croît en pays chaud. Ses fruits ou *cocos* sont remplis d'un suc laiteux très nourrissant.

L'*arbre à pain* donne un très gros fruit laiteux, dont se nourrissent les habitants de l'Océanie.

Le *bananier* est une plante à feuilles très grandes, donnant des grappes de *bananes* très nutritives.

Le *cacaoyer* est un arbre de l'Amérique méridionale. Sa fève est le *cacao*, dont on fait le chocolat.

Le **caféier** est un arbrisseau cultivé surtout en Amérique, au Brésil, en Arabie et aux Indes. L'Europe consomme chaque année pour 500 millions de francs de *café*, qui est le noyau du fruit du caféier.

L'*arbre à* **thé** est un arbrisseau toujours vert, dont les feuilles infusées, ou le *thé*, donnent une boisson stimulante, très usitée en Chine, où on le cultive, et même en Europe.

La **betterave** est une plante-racine cultivée pour le bétail. On en extrait aussi une grande quantité de sucre, en Belgique, en France, en Allemagne, etc.

La **canne à sucre**, qui ressemble à un grand roseau, est une graminée cultivée en Amérique et dans les autres pays chauds. On extrait de sa tige une liqueur sucrée dont on fait le sirop, le sucre et le rhum.

Le *poivrier* est une plante grimpante, qui croît dans l'Insulinde. — Le *muscadier* vient surtout des îles Moluques. — Le *cannelier* se trouve à Ceylan et aux Indes. — Le *vanillier*, plante grimpante, vient sous les tropiques. — Ils fournissent des *épices* dont on assaisonne les aliments.

Le **cotonnier** est un arbuste cultivé en Asie et en Amérique. Sa capsule ou fruit contient un duvet floconneux, le *coton*, que l'on tisse.

Le *lin* est une plante textile, comme le coton; mais il vient très bien dans nos pays.

Le *chanvre* est aussi une plante textile de nos pays.

La *garance* est une petite plante dont la racine donne une teinture rouge. — La *gaude* sert à teindre les étoffes en jaune. — L'*indigotier* est une petite plante de l'Inde, dont le fruit donne une teinture bleue. — Le *brésillet* est un arbre du Brésil, qui donne une couleur rouge.

Le *bois de Campêche*, qui croît au Mexique, donne aussi une couleur rouge. — Le *safran*, autre plante tinctoriale, donne une couleur jaune.

L'olivier, qui ressemble à un saule, est un arbre dont le fruit, l'*olive*, donne l'huile à salade. Il vient dans le Midi. — Le *grenadier* est un bel arbre du Midi, qui donne des fruits rafraîchissants. — Le *quinquina* est une plante grêle qui grimpe sur les gros arbres en Amérique. On en tire un médicament contre les fièvres. — La *réglisse* est une plante grimpante des

pays chauds. Son écorce est la *réglisse*, dont on fait des préparations rafraîchissantes.

Le **houblon**, qui vient très bien dans les Flandres, est une plante grimpante dont les fleurs amères ou *cônes* servent à conserver la bière.

Le *bambou* est une graminée arborescente, dont on construit les maisons en Afrique et en Asie.

Le *chêne-liège* est un arbre du Midi et de l'Afrique, dont l'écorce sert à faire les bouchons.

Le **caoutchouc**, comme la *gutta-percha*, dont on fait divers usages, sont des substances produites par le suc desséché de plusieurs arbres des pays chauds.

LES ANIMAUX

556. **Les Singes** sont des animaux *quadrumanes*, ou à quatre mains : cette conformation leur permet de vivre facilement sur les arbres. Ils habitent les pays chauds.

Le **Tigre** est un carnassier des Indes, ressemblant au chat ; mais il est de grande taille et très redoutable.

Le **Lion** est le plus grand des carnassiers, ou mangeurs de chair crue. C'est le roi des animaux.

Le *Chien*, dont les espèces sont si nombreuses, est un carnassier de moyenne taille. Par sa docilité et ses belles qualités, il est devenu pour l'homme un compagnon fidèle et très utile.

L'**Eléphant** est le plus grand des animaux terrestres ; sa taille est de 3 mètres. Il est *herbivore*, habite l'Asie et l'Afrique. On recherche l'ivoire de ses défenses.

Le **Rhinocéros** est, comme l'éléphant, un pachyderme, ou gros animal à peau dure, de l'Inde et de l'Afrique.

L'**Hippopotame** est un lourd pachyderme habitant les fleuves et marécages de l'Afrique.

Le **Cheval** est un grand pachyderme dont l'homme s'est fait un excellent coursier et un utile auxiliaire dans ses travaux — *L'Ane* est le cheval du pauvre. — Le *Zèbre* ressemble à un joli petit cheval, mais il est sauvage. Il habite l'Afrique.

Le **Chameau** remplace le cheval comme coursier et porteur dans les déserts de l'Afrique et de l'Asie. Il donne en outre à l'homme son lait, sa chair et sa peau.

Le *Lama* est un petit chameau des montagnes de l'Amérique méridionale. C'est un animal ruminant.

Le *Renne* est pour les Lapons ce que le cheval, la vache et la brebis sont pour nos climats.

Le **Bœuf** et la **Vache** sont de grands herbivores ruminants, qui nous donnent la viande, la graisse, la peau dont on fait le cuir. La vache donne aussi son lait.

La *Marmotte* est plus grosse que le lapin et le lièvre. Elle se creuse des terriers dans les Alpes.

Le *Vautour* est un grand rapace, ou oiseau de proie, de l'Amerique. Les rapaces de nos pays sont l'aigle, les éperviers, les chouettes, etc.

Le *Cygne*, qui fait l'ornement des pièces d'eau dans les parcs et les jardins, est un palmipède, comme l'oie.

L'*Autruche*, le plus grand des oiseaux, parcourt les déserts de l'Afrique et nous donne de belles plumes.

La *Tortue* est un reptile à carapace dure, des pays chauds. Les serpents, les lézards, les grenouilles, les crapauds sont des reptiles de nos pays.

Les **Poissons**, dont la *morue* est une espèce, habitent les eaux douces et les mers.

Le **Ver à soie** est la chenille d'un gros papillon. On le nourrit en France et dans les pays chauds, et il file la soie, dont on fait les plus riches vêtements.

Le *Corail* est une sorte de pierre produite dans la mer par de petits animaux. On en fait des colliers de parure.

Le **diamant**, qui est du charbon pur, est le plus précieux des minéraux ; il est très rare. En le taillant, on en fait des joyaux pour orner la couronne des rois.

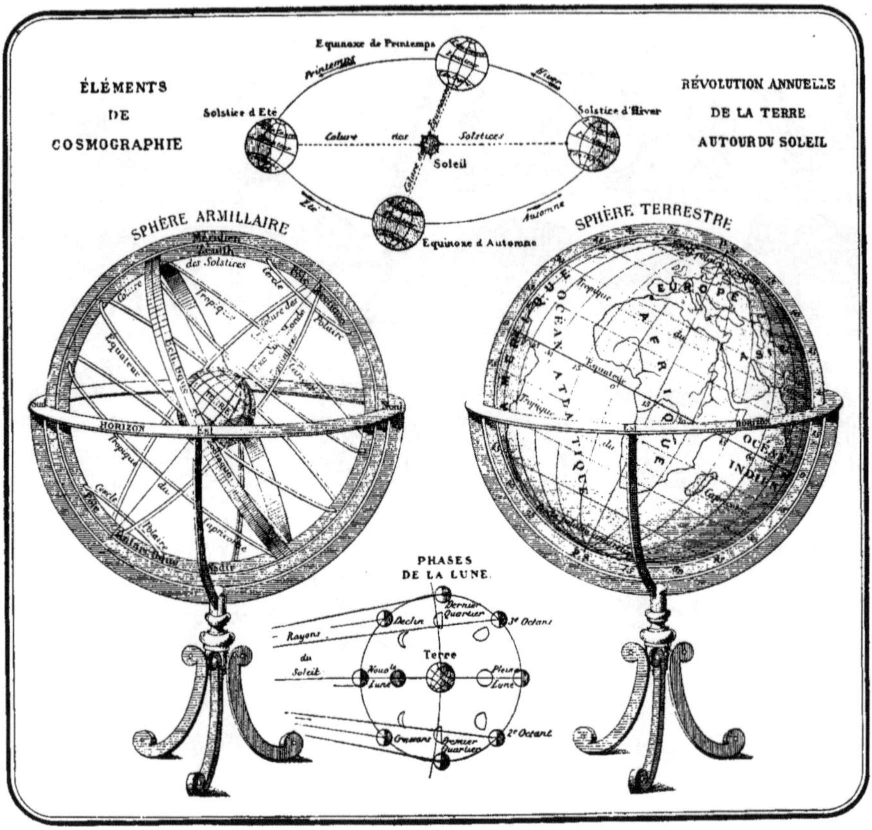

ÉLÉMENTS DE COSMOGRAPHIE

RÉVOLUTION ANNUELLE DE LA TERRE AUTOUR DU SOLEIL

Equinoxe de Printemps
Printemps
Hiver
Solstice d'Eté
Solstice d'Hiver
Colure des Solstices
Soleil
Eté
Automne
Equinoxe d'Automne

SPHÈRE ARMILLAIRE

SPHÈRE TERRESTRE

PHASES DE LA LUNE.

Rayons du Soleil
Terre
Nouvelle Lune
Pleine Lune
Dernier Quartier
Premier Quartier
3e Octant
2e Octant

COSMOGRAPHIE

557. La **Cosmographie** est la science qui s'occupe des *astres*. Les **astres** sont des corps célestes de forme sphérique et circulant dans l'espace. — On distingue le *Soleil* et les *Étoiles*, qui sont des astres lumineux par eux-mêmes; la *Terre*, la *Lune* et les *planètes*, qui empruntent leur lumière au Soleil.

Les **étoiles** sont des astres brillants et très volumineux, comme le Soleil; mais leur grand éloignement nous les fait paraître beaucoup plus petits.

558. **Le Soleil** est environ treize cent mille fois plus gros que la Terre. Il produit la chaleur et la lumière, qu'il nous envoie directement.

Le Soleil tourne sur lui-même et *fait tourner* autour de lui la Terre et les planètes. Son

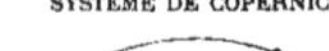
SYSTEME DE COPERNIC

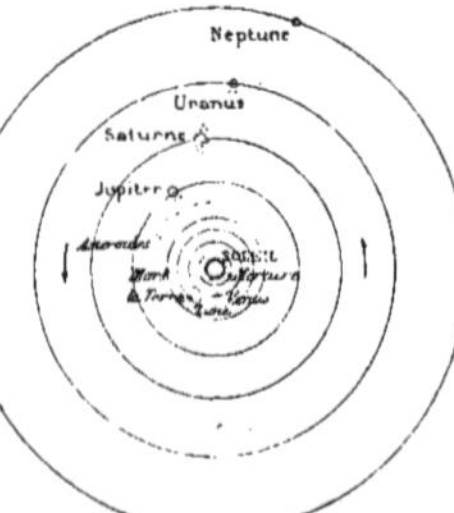

mouvement autour de la Terre n'est qu'apparent.

559. **Les planètes** circulent autour du Soleil. Les principales sont: *Mercure, Vénus*, la *Terre, Mars, Jupiter, Saturne, Uranus* et *Neptune*.

560. **La Lune** est quarante-neuf fois plus petite que la Terre. Elle brille pendant la nuit, en nous renvoyant la lumière qu'elle reçoit du Soleil.

La Lune tourne autour de la Terre, en même temps que la Terre l'entraîne autour du Soleil. Elle se présente à nos yeux sous quatre *phases* ou figures différentes : Nouvelle lune, Premier quartier, Pleine lune et Dernier quartier.

560. **Eclipses.** Il y a *éclipse* ou disparition momentanée *du Soleil*, quand la Lune s'interpose entre lui et la Terre, — et *éclipse de Lune* lorsque la Terre se place de manière à empêcher le Soleil de l'éclairer. L'éclipse est totale ou partielle.

36738. — Tours, imprimerie Mame.

www.ingramcontent.com/pod-product-compliance
Ingram Content Group UK Ltd.
Pitfield, Milton Keynes, MK11 3LW, UK
UKHW031809170726
13836UKWH00003B/1280

9 782329 336688